U0018725

影響世界的哲學家

陳治維◎著

好讀出版

自序

有一個名詞，它不時地會出現在日常生活中，可能來自媒體，或印刷品，甚至是聽自周遭親友之語。總之，對於這個名詞，生於文明環境的人們可是一點也不會覺得陌生。然而，若要仔細追究它的涵義，恐怕就會出現數種不同的解釋！這到底是什麼？就是「哲學」（Philosophy）啊！

「哲學」，一個忽遠又忽近的名詞。當人們辛勤於生計之時，這一名詞對他們而言，似乎是一種沾不上邊、毫不相干的東西，若是一旦他們對於生計這一件事情有所體會與領悟時，那一種感覺經過思維的整理及說明後，就和哲學這一名詞開始有互動了。諸位不見許多相異的領域成爲系統之後（無論其是否爲知識體系），之後就會賦予「哲學」的尊稱嗎？如：生活哲學、人生哲學、政治哲學、教育哲學、科學哲學、歷史哲學，甚至還有攝影哲學、音樂哲學等等。

可見哲學是無所不包的，然而事實果真是如此嗎？我們可以試著找出證據，希臘時代的哲學家蘇格拉底是如何詮釋「哲學」這一名稱呢？他曾說過：「哲學，就是熱愛智慧！」由這句話裡，我們可以確認一件事實：只要是要經過腦袋周密思考後的事物呈現，便可涵蓋在哲學的範圍之中。

然而不可諱言的，現今仍有多數人對於哲學的界定還停留在一些很不實用的理論與玄想當中，甚至不佔少數的人會以爲哲學根本就是無用之學，又不像其他知識來得實際有用，了解這東西有何益處？孔子老子會令我致富嗎？柏拉圖會讓我的生活無憂無慮嗎？

的確，哲學家的學問是不足以讓人的生活有所改善，然而若僅是著眼於此，那也未免太小看哲學了！以「會不會賺進財富」來評斷知識學問的好壞，實在顯得無知又短視！更何況，哲學家只有孔夫子或柏拉圖等人嗎？在說這些話的人們可曾仔細思考過現今這些專業知識是如何而來的？如果他們眞正且認眞地深究過這些問題，相信就沒有人敢再說出類似於上段文字的話了。

在中國先秦時期諸子百家爭鳴的紛擾之中，儒家重視理性道德；道家主張自然人性；法家研究政治法律；墨家與名家則愛好邏輯辯論，前者還涉及物理、光學及機械的初步研究。在學術研究上，他們均列入哲學家之林，還有誰能說哲學不過是討論空泛的理論罷了呢？這是中國先秦時期的哲學。

再看看西方，柏拉圖除了承續理性的光輝外，對於數學與幾何也有一定程度的貢獻，而亞里斯多德更是西方科學基礎的奠基人。到了中古黑暗時代，哲學對於基督教會的學術貢獻更是不可磨滅！而近代哲學就更爲精采啦！笛卡兒、洛克等人，對於近代整個世界的科學與民主貢獻更是直接！

如果稍微注意即知：在西方，只要這一知識有其完整的理論架構，那就是哲學。故而，無論是文學博士、社會學博士、經濟學博士、物理學博士、政治學博士，在學位上一律以Doctor of Philosophy Degree概稱。所以哲學是無用之學嗎？大錯特錯矣！它還是所有理論學問的最高統稱哩！

在這本書裡，筆者當然不會採取學術式的筆法去描述這些哲學家，因爲一來太過枯燥乏味；二來是哲學範圍廣泛，本書的篇幅有限，實在也無法深入各個學說，況且早已有許多學者從事過此項工作，故而筆者選擇以哲學家本身的故事爲主，想要以呈現「人性」的角度來審視這些哲學家，而非單純的僅以「學術性」的角度去描述。平凡人是人，哲學家何嘗不是人？他們自然也會有情緒、有慾望，是活跳跳的一個人！

另外關於書中主人翁的年代，筆者以挑選近代以降之哲學家居多，因於西洋哲學史中關於其介紹較爲稀少，若有者也以專著居多。爲此，筆者乃將近代以降之哲學予以擴大，冀求讀者能多觸及近、現代哲學與明白該哲學家對世界的影響程度。

當然，筆者也會儘量不遺漏其哲學思想部分，在書寫該哲學家故事的同時，也力求做到將其思想的部分菁華呈現出來，以讓讀者了解書中諸位哲學家的影響性與重要性為何。於此，筆者須誠述一點，因本書採故事性寫法，因此會雜入些微如傳說或野史性質之杜撰成分，又因筆者的才學有限，故而必會有些許弊陋之處，還希望諸位先進與讀者不吝指正。

影響世界的哲學家

CONTENTS

西方客觀唯心主義的發軔者

柏拉圖

Plato,427-347B.C

神在造化宇宙時，將一個完整的「善」一分為二，這就致使人有了男性與女性的差別，而男人或女人想戀愛或結婚，就是想要填補本身的不完美。

展翅的天鵝

黃昏的雅典城上空，襲著一片金橘與靛藍相峙的雲霞，人潮已經遠不如先前的那樣子多了，再不一會兒，雅典城即將進入靜眠的狀態。

城中東南一隅，住著蘇格拉底一家人。二樓上，蘇格拉底順利地升起了一盆火後，只見他離開了一陣子旋即回來就著火蹲下，攤開手中的羊皮卷瞇瞇地看了起來。這時天色已暗了，約有一柱香的時間裡，蘇格拉底都專注在這一張羊皮卷上的內容，喃喃自語著。

此刻，樓下傳出了人語，聲音不算細微，連院落裡也可以耳聞，但是蘇格拉底仍兀自喃喃著，似乎不打算理會。樓下傳來的響度愈來愈大，還加上一陣陣急促的腳步聲，不多時，火堆旁多了一個女人的身影。蘇格拉底只得放下先前的工作，立起身子專心的聽著這位不算貌美亦不十分高大的女人「說話」，其實說是「訓斥」還更恰當！

這鄰近的住戶們都知道，蘇格拉底先生對太太是出了名的謙讓。而最主要的原因，就是因爲蘇格拉底擁有一副太過專心的脾氣，當他在做一件事的過程中是絕對不會受到外界干擾的，尤其是對於「學問知識」這一檔事。白天的時間裡，常常可以見著蘇格拉底先生在市集裡、廣場上到處與人聊天、論辯，甚至有時他還會準備起演講稿來講演一番。傍晚過後，他則會將白天獲得的資料或訊息再好好地加以整理、思考。

就是這樣，以至於他的太太認爲他不務正業，雖然是個自由公民，但是如此的行徑實在令她不能苟同！於是乎只要一有機會，她就會藉機唸唸蘇格拉底。一開始，蘇格拉底也很想引領太太進入追求眞理的境地，無奈卻失敗了。往後的日子裡，他仍醉心於眞理的追求，對於老婆的責備，他多半是以「專心聆聽」的態度去面對，從來不會與她展開唇槍舌戰的交鋒，甚至可以這麼說吧！蘇格拉底是以一種同情的角度來審視這種情況。因爲普通人在智慧未開之前，大抵上只能感受以物質爲重心的生活，一旦脫離物質他們就徬徨不安起來，一如他的老婆。

蘇格拉底在火盆邊專心聽完妻子的牢騷後，估量該是睡眠的時間，反正準備的講稿也熟了八九分，那可以休息休息了。盥洗完畢後，他喜孜孜的牽著妻子的手一同上床，在酣睡中，蘇格拉底突然醒了過來，他睜開雙眼後急忙坐起身子並且往窗戶探去，他凝視著東方的天空，輕輕的吁了口氣。這些舉動早已驚醒了他的妻子，她不解地看著他的行爲，懶懶的問著。

蘇格拉底回過頭來，微笑地敘述著一個夢境：「我夢見我同往常一般在廣場上演說，說著說著的同時，從人群中跑出一隻小鵝，雖然只是一隻小東西，但是牠卻吸引了我的目光。妳知道的，向來不曾有任何事件可以干擾我的專注力。但是這隻小鵝的出現卻阻斷了我的工作，我莫名的停下演說，看著這隻小動物向我這邊移來，我彎下身子想碰觸牠，牠卻一下子就攀上我的膝頭，接著很神奇的事情發生了，牠在我的膝上開始長大，身體也長出潔白豐盈的羽毛，接著牠開始鼓舞、振翅，在發出一聲清脆響亮的鳴叫後，這隻美麗的天鵝便向著東方的天空飛去。」他又望了窗外的天空一眼。

妻子一時也沒有生氣，只是靜靜地聽著。蘇格拉底說完後，還在窗口朝外看了一會兒，才回到床上臥著。他躺在床上想著：「應該是有重要的事情會在近日發生，而且是好的事情，否則我不會有這種特別欣慰的感覺。」他瞥了一眼身旁的妻子，發現她已經開始沉勻的呼吸了。

哲學導師之死

翌日的中午，陽光大剌剌地、幾乎照遍了雅典城的每一寸土地。這天是酒神的慶典日，雅典城郊的農民都會在這一天跑進城中來祭祀與慶祝。以往這些慶祝都是由平民們自行分擔費用，但這幾年來，政府及貴族們也開始投入這些活動，並且全額贊助。而且政府還會趁著慶典人多時，一併舉辦戲劇創作比賽，好讓一些年輕有潛力的詩人露露臉，因爲不少貴族子弟正好此道哩！

接近中午時，廣場上聚集了愈來愈多的人潮，因爲這裡即將是戲劇大賽的表演場地，一些奴隸們已快將場地佈置好了。蘇格拉底也早就出現在此，就是因爲今日是慶祝的節日，他料想必定會有許多人潮湧入，故而他昨日已準備好今日的演講，他只有一個目的：要人們一起與他分享探索眞理的道路。他一反常態的坐在廣場邊，仔細觀察場中形形色色的人們。不久，已佈置好的會場上站立著一些官員和侍衛，台下也準備好評審席次及參賽者席次，看樣子比賽即將開鑼了！

約莫在大會開始的同時，蘇格拉底也於廣場的一處角落中站直了身子，以雄厚的嗓音與豐富的肢體動作演說起來。別以爲沒人理會這位老人，他說沒幾句話後，就有一些人佇足在其面前聽他演說，但是若要與流連會場的觀眾比較，自是少得可憐了！

驀然，廣場上起了一陣騷動，就連比賽都暫停了下來。群眾中有人說著：「瞧！是誰來了？」

「是克里底亞的姪子阿里斯托克勒來了。」有人這麼篤定地說著。

只見廣場另一處出現了一隊人馬，之中有一個體格強壯、肩寬額闊的年輕人。所有的人全都注視著這名男子，他沉穩的走進了會場、來到舞台前，隨之以精亮的目光掃遍觀眾。這時，有一個口若懸河的人引起他的注意，雖然那人已離他有些距離。

比賽又開始了，阿里斯托克勒坐在參賽席次中，雙眼盯著舞台上的競爭者。不到一個比賽場次，他已是呵欠連連，不經意的他回過頭去，看到剛才那人仍在原處比劃著，而且周遭也圍了一小群人。於是，他悄悄地站起身來往那人的方向走去。

在阿里斯托克勒眼中，這位演說家雖然其貌不揚，但是言論卻是十分的精采，遠遠勝過會場中的競賽表演。阿里斯托克勒漸漸忘了此行的目的，同這群聆聽者一般，融入其中，甚至比全部的人都還投入。等到演講結束後，阿里斯托克勒迫不及待的想認識這位老人。他衝向前去自我介紹，還將小名「柏拉圖」告知這位長者。此後的時間，阿里斯托克勒一有機會便去拜訪蘇格拉底，從他那裡學習智慧與眞理，但蘇格拉底對於這位學生的正名總是記不住，「柏拉圖」這小名卻因而廣爲傳開。

八年的時光過去了，轉眼柏拉圖已是二十八歲，蘇格拉底也已七十足年了。在這些年當中，柏拉圖的表現實在令他的導師著實地稱讚，他也竭盡所能地來滿足這位愛智勤學的學生，有時他可能還得藉由柏拉圖的思維去擷取一些靈感，好讓自己往眞理的境界更進一步哩。

然而，希臘境內爆發了一場革命，原本執政的「三十寡頭」被推翻了，取而代之的是民主政體。這使得原本對民主政體不抱希望的蘇格拉底頓時成了新執政者的眼中釘，他們苦心思索、連夜計謀，終於以「煽動者」的罪名將蘇格拉底逮捕入獄，並判決他應服毒而死。最末，這位擁有勇氣與智慧的哲人，在一群學生面前，包括柏拉圖在內，從容、安靜的離開人世。

周遊列國

雅典城的白晝又如平日般的熱鬧、喧嘩，但不同的是，再也見不著蘇格拉底的身影了。在這位睿智的導師入殮後幾日，柏拉圖出現在他的故居裡，主要是爲了緬懷老師過去的種種，以及陪陪、安慰師母這個可憐的老婦人。老婦人勸柏拉圖趕緊離開雅典城，因爲有一些風聲傳了出來：「執政當局對於柏拉圖的身分亦十分感冒，一來他是前政府的人，二來又是蘇格拉底的得意門生。」但是礙於其名聲與輿論，當局還遲遲不敢有所動作，縱使如此，柏拉圖的安全卻也已岌岌可危。經過和師母一番深談後，柏拉圖決定聽勸離開雅典。隔天旭日未升之際，柏拉圖即備裝出發，在摯友的目送下，他小心翼翼的離開了故鄉，或許他也沒有想到，這一離開，就是十多年的光景。

其實，柏拉圖老早就有看看世界的念頭，他聽人說過南方的埃及是一個君主專制的王朝，有著比希臘諸城更雄偉的建築物；西方的義大利住著一群刻苦研究學問的數學家，他們擁有神奇的理論與公式。諸如此類的傳聞，柏拉圖一直想親眼去瞧瞧，只是如今他卻是在這種情形下被迫去完成他的遊歷。

算算日子，柏拉圖離開雅典也已經三萬多個日子了，以上的這些地方他也親身經歷過，他的智慧較以往成熟了不少，尤其是對政治與宇宙本體的觀念。在埃及時，他了解到一個國家若是能有卓越智慧的領導者統馭全國，確實比希臘的民主自由政體來得佔優勢。關於這個問題，容我們稍後再論。而在南義大利那裡，柏拉圖加入了畢達哥拉斯學派，成爲學員之一，這個組織給予柏拉圖關於靈魂與數學方面的啓示，另外儉約修行的生活態度也讓柏拉圖驚艷不已！

或許，比較起來蘇格拉底太重視生活上的實踐哲學，因而柏拉圖在剛接觸畢達哥拉斯的學問時，顯得十分格格不入！但聰明的他很快就克服這一個問題，並且從中吸取養分來填補原先的不足，其中關於「靈魂說」與「數」則是柏拉圖覺得最有趣的部分。

畢氏學派認爲人有靈魂，並會累世不斷的輪迴轉生，這卻是一種罪行，因爲靈魂總是不斷地被禁錮在肉身裡，猶如埋於墓中。爲此，人必須脫離輪迴的牽制，這就必須藉由嚴格的生活規律與制定各種禁忌來慢慢的「淨化」，使得靈魂最終獲得解脫，這就是

「畢達哥拉斯的生活法」。從這裡就可以理解為何畢氏學派的學員其生活均是儉約刻苦，而這些是柏拉圖來此之前從未體驗過的，畢竟自小他就是個生活闊綽的貴族公子。

關於「數」呢？畢氏學派以帶有神秘性的觀念來看待，好比是：一為理性，二為俗見，四為正義，五為結婚，六為靈魂，七是健康，八則是愛情，十為完美。當然，不光只是如此，柏拉圖從這裡確定了一件事：「數」是宇宙間通往眞理的道路，因為不論是數學或幾何的答案，絕對不會有模稜兩可的時候。

在畢氏學派裡學習了一段日子後，某一天，他來到海邊散步時，迎面來了一位挺拔帥氣的年輕小夥子。雖然柏拉圖已屆不惑之年，但對眼前的小夥子卻有莫名的好感，甚至可說是喜愛了。這位名為第翁的年輕人方年滿二十，對於學問的好奇正處於熱切的狀態，而他正是敘拉古王妃的親弟。

一經交談後，第翁對於柏拉圖的學問崇拜不已，巴不得柏拉圖能隨他回國去幫助其姊夫迪奧尼修一世。柏拉圖看著這位少年的眼神，似乎感受到自己當年對政治的一股赤誠又浮現出來……「或許，付諸實現的時刻來臨了！」柏拉圖暗自思索著。

淪爲奴隸

敘拉古——位於西西里島上，一個不算起眼的小王國，起碼在柏拉圖的第一印象中是如此的。啓程前，他已耳聞過關於這個王國的一些消息：敘拉古的新王很想有一番作爲，所以很期待有賢者光臨他的土地，指導一切有關政治方面的事務。而第翁的出現，是否意味著柏拉圖將爲命運所導而前往協助敘拉古呢？

迪奧尼修一世安排了豐盛的晚宴接見柏拉圖，他對於柏拉圖的到來十分地重視與欣喜，故而當他由第翁的口中知道有位賢者蒞臨時，心中的期待是不亞於其小叔的，他很想及早見識這位雅典學者的風範。

宴會上，柏拉圖由第翁引領出來，向在場的男女主人及貴賓們隆重地介紹著。這是柏拉圖第一次見到迪奧尼修一世，也著實爲他的王者風采所激賞。迪奧尼修一世見著柏拉圖後，連忙快步到他跟前，緊緊握住他的手，柏拉圖也熱烈地回應著。

迪奧尼修一世首先開口：「睿智的先生啊，敝人有這個榮幸能夠與您一起共進晚餐，實在是上天的安排啊！」

柏拉圖禮貌的回答著：「我英姿煥發的王啊，很榮幸能經由友人第翁而覲見到您，經過了今晚，我將永生難忘。」

經過介紹與寒喧後，在場的每一個人都愉快的融入這場宴會中。最高興的莫過於第翁了，他看著現場的氣氛，心中洋溢著一種無法言喻的感動。

迪奧尼修一世問起柏拉圖：「先生，敝人冒昧的提問，如先生這般外貌魁偉，可曾娶妻了嗎？」

柏拉圖放下酒杯，微笑著：「神在造化宇宙時，將一個完整的『善』一分爲二，這就致使人有了男性與女性的差別，而男人或女人想戀愛或結婚，就是想要塡補本身的不完美。如我——柏拉圖，是完美的整體，並沒有任何遺憾與不足，所以我至今仍是獨身一人。」

宴會結束了，但是隱約見到的是迪奧尼修一世略顯尷尬的僵笑著。

兩天後的一個午后，在皇宮議事廳裡，柏拉圖又見到了迪奧尼修一世。這次國王並不同於上次般的與柏拉圖客套，他單刀直入地問：「先生，我知道您來是想一展抱負，而我也想爲我的國家盡心努力，希望您能給予敝人一些指教。」

柏拉圖一如先前的微笑著道：「親愛的國王，我恐怕不能給予您的王國什麼指正，但我仍會竭盡所能的將我的經驗告知您。」

迪奧尼修一世繼續問著：「那可否請先生說一說關於政治該是如何呢？」

柏拉圖沉吟了一會兒後說：「關於這個問題，容我先爲陛下回溯我的種種過去。我是個雅典公民，而我的家族也曾經執掌過雅典。我的舅舅克里底亞與表弟查米德斯擔任過執政委員，直到一次的政變爲止。說實在的，親愛的陛下，我並不認同他們的執政方式，因為委員們的做法實在太過跋扈，您是聽過我的老師蘇格拉底的，一個堪稱偉大的人啊！他們居然以命令的方式迫使我老師以非法的手段去逮捕他們的政敵。」

原本安坐在龍椅上的迪奧尼修一世聽到此，微微地動了一下。

柏拉圖繼續說：「總之，他們失去了該有的理性。這種行為，若稱做『寡頭專制』實在是很恰當的。不斷的以強迫的手段去宰制人民，甚至嚴重干預人民，只為求得自己的私慾，完全不顧大局，這種人如何能有資格治理國家呢？所以他們必定走向下台的命運。但接著的執掌者是民主派人士，說到他們可眞是令我氣憤不平啊！在雅典貴族們當中再也找不出像那樣子的流氓……」言詞至此，柏拉圖的聲調顯得有些高亢。

他接著說：「我十分的輕視民主政體，並且認為他們一定要被剷除不可！在那段時間裡，雅典城裡到處都是械鬥、報復，一群群的人們結黨營私互相陷害，利用惡勢力操控選舉，我的老師蘇格拉底以嚴正的語氣指責他們，結果居然受到他們的誣告被處以極刑。這種民主政治能將國家帶入完善的境界嗎？當然是不能啊！」

迪奧尼修一世點點頭，說道：「先生對於雅典的民主政治原來是很痛恨的啊！那麼，這幾年來，先生又體悟到了什麼呢？」

柏拉圖又說了：「親愛的陛下，我離開雅典至今已有十二年了，這當中，我眞的又長進了不少。我在埃及深深的體會到，如同他們的政體般，國家若有一個全智全善的王來領導，那麼將會是全國人民的福祉啊！前幾年我又在畢達哥拉斯的學院裡學習，再加上先師蘇格拉底先前授予我的理性觀念及應有的人生態度，總總這些，我得到了一個答案，那就是國家必定要有『哲學之王』來領導。」

迪奧尼修一世伸出右手，「請先生繼續說下去。」

柏拉圖說：「所謂的『哲學之王』是要有一套全國性的配套措施。一個國家應區分爲三個等級：統治階級，這代表理性；監護階級，這代表意志；勞動階級，這代表慾望，而這一切都是經過嚴格篩選、分配出來的。統治階級即是哲學王一人，他必須是大公無私的君王，不可以摻有半絲半毫的慾望，同時他也必是智慧的代稱。而監護階級即是官員與武士，他們擁有較多的意志特質，同時亦不能有半點慾望，他們一生的職志就是維護國家的安全運作。再者是勞動階級，他們是廣大的農、工、商，負責所有的生產，以供給全國與自身的所需。」

柏拉圖停頓了下來，看看迪奧尼修一世。這位國王陷入沉思一會兒後，隨即抬頭看著柏拉圖，問道：「先生說了這麼多想法，到底只是紙上談兵而已，請問先生可有具體確實的辦法嗎？如同您一直強調的『哲學王』與『理性』之間的關聯又是如何呢？」

柏拉圖回答道：「具體的方式是有的，請讓我繼續說吧！首先，必要有一個開明的君主肯讓我來一一實現。最初，把城市中超過十歲以上的人全部遷到鄉下去，以防止受到大人們的壞習慣影響，剩下的孩童就在我的掌握中。頭一個十年，他們接受一樣的教育與訓練。時間到了就得接受『篩選』，挑出來的人再接受更嚴格的十年教育訓練。而之中最頂尖的，又可以接受哲學的訓練，成爲哲學王，其餘的便是監護階級的人選。監護階級以上的人，必須以『共產制度』來維持生活，他們不允許有私人物品，連婚姻家庭亦是如此，實行共妻共子，由哲學王來決定婚配與生育，一旦孩子出世後，馬上由專人撫養、教育、訓練，使之成爲優秀的人才……」

迪奧尼修一世未等他說完，隨即緊張的站起身來，「先生啊！您在說什麼啊？共妻共子的制度、不准有私人財務及家庭，那您的意思是包括國王在內的大臣、軍人，全部都得生活在一塊，而且可能擁有相同的妻子……是這樣的嗎？」

柏拉圖也站起身來，朝迪奧尼修一世說道：「沒有錯！親愛的陛下，共有制度是我從畢達哥拉斯學院中延襲而來的，而幼兒教育制度是從斯巴達城得知的，而……」

迪奧尼修一世又打斷他的話：「夠了！先生，我原先希望您能幫助我的國家成爲兵壯民富的優秀國度，好讓我的家族能歷代榮耀的延續下去，孰料您居然希望我配合您的那一套理論，從全國當中挑選適任者，這根本就不是我的本意啊！」

柏拉圖態度從容，緩緩的說：「親愛的陛下，如果不這麼做，以目前的狀態是無法長治久安的啊！我所說的是最公正、最好的方式了。」

迪奧尼修一世忿忿的離開了議事廳。

往後的幾天，柏拉圖與親近迪奧尼修一世的大臣們開始展開辯論，情況愈來愈激烈，而柏拉圖也反唇相譏，直指迪奧尼修一世是個政客、野心家罷了。最後終於連第翁都保不住他了！

暴躁震怒的敘拉古王下了一道命令：「將柏拉圖貶爲奴隸，押送至市場販賣。誰也不准有異議，違者亦相同處置！」

回航

在一艘載滿貨品的商船上，一身襤褸的柏拉圖正在替船主整理貨物。由於動作生硬，致使貨物掉落一地，船主氣得在一旁咆哮著，引來鄰近的船客注意。

其中一人盯著柏拉圖猛瞧，良久後，他突然叫道：「柏拉圖？」

柏拉圖抬起頭來朝發聲處望去，他笑了：「是安尼克嗎？」

這位柏拉圖的好友以一筆贖金讓柏拉圖重獲自由，而兩人也一起回到了闊別已久的雅典城。經過了十二年的遊歷，以及之前在敘拉古王國的際遇後，既然回到了故鄉，柏拉圖想好好休息一下了。但是昔日雅典城的好友及慕名而來的年輕學者並未能讓他如願，紛紛希望他能教導雅典青年，讓他的學問能廣爲人們所知。

「學園」坐落在雅典城外東北方約一公里處，門口掛著一張告示牌明示著「不懂數學與幾何者，不准入內。」這是柏拉圖堅持的基本規定。當然啦！並非要學生在入學前就對這兩學科有一定的基礎，而是要學生明白數學、幾何的重要性。園子裡有著開放式的空間，柏拉圖喜歡用對話的方式與學生們互動，這也是「蘇格拉底式的教學法」，學園的主人只是沿用而已。

按照柏拉圖的教育法則，進來成爲學園一份子的人，在頭十年內，必須先學習語法、算數、幾何、音樂、天文這些學科，之後再繼續學習辯證思維、柏式哲學體系等等。他的目的，就是要落實心目中的理想國教育，要人人都能腳踏實地的朝向最善的境界走。

「老師，您可以說一說爲什麼在您的『理想國』內不准有詩人的存在嗎？據我所知，年輕時候的您，不也寫了許多字句優美的篇章？」一位年輕學生好奇的發問。

柏拉圖說道：「我們見到學園裡各式各樣的花朵是不是挺美的？而詩人們就會用字句將它們的美給書寫下來，但這只是一種映射而已喔！以我之前說過的『本體界』來審視這些花朵們，在它們之上不是還有一個最高的『理型』嗎？這些花就只是『理型』的映射而已，這就是我們所能用感官知覺到的『現象界』。你們從這裡應該已經知道，若從鏡子或水中倒影去看物體，那物體是不是有失眞的狀況？那麼再從鏡子的鏡子或者倒影的倒影去看呢？是不是會失眞得更多？所以很明顯的，詩人的作品就是再次的倒影，離原先的『理型』更遠、更模糊了！而詩人創作時，總是陷入神智昏迷、恍惚，甚至瘋狂的狀態，如此只會誤導人們做錯誤的判斷，要它何用呢？我們要接近眞理，而非更遠離眞理啊！」

另一位學生發言：「那從老師所說的話再去推敲，似乎藝術只會將人們帶入更蒙昧無知的狀態，這點根據『本體界』與『現象界』的說法推論是完全可以理解的，但是老師又說在幼兒教育中，音樂是很重要的一項因素，唯有音樂才能使人身心和諧，那這是否有一些矛盾呢？」

柏拉圖笑著說：「很好的疑問！但是這也表示你還沒體悟到我的思想核心啊！音樂的元素是『音符』，它跟『數』一樣，一就是一，二就是二！每一個音符都是不變的，這是正義的標準。再者音樂有陶冶性情、達到和諧淨化的功效，十六歲以前的學童，我是認爲必定要有音樂的訓練！但是也並非所有的音樂都具有和諧淨化的效果，這個部分，我只認定祭神的音樂是可以的。我也不是否定所有的藝術，但是有一點是要堅持的，那就是藝術只能爲社會服務，若失去這一層目的，將是毫無意義的。」

自從柏拉圖的「學園」開辦以來，有許多人慕名前來，因此除了柏拉圖之外，他的外甥和一些早年追隨他的弟子也來協助教學，否則光是他一個人是應付不來的。而遠在敘拉古被放逐的第翁，後來也進了學園工作。

時光荏苒，學園的創辦者也已達八十高齡了。多數的時間中，這名老人還是待在學園裡授課，幾乎可說是鎭日與學生們打成一片。

某日的午后，當柏拉圖坐在花園一處的椅上打盹時，一名頗爲熟識的學生興沖沖的跑來搖醒他，「老師啊！後天是我的結婚日，希望老師能大駕光臨！我和新娘子會準備豐盛的餐點來接待老師喔！」

「好啊！屆時我一定會到場恭賀。呵……」老人聽罷，居然一口氣就允了下來。

喜宴如期的舉行了，柏拉圖由一群學生簇擁著進入了新郎家中。席間，只聽見大師的笑聲溢滿廳上，因爲與會的眾人不斷以輕鬆有趣的話題來圍繞著老人。酣飽之餘，畢竟是年歲已高，體力大不如昔了，柏拉圖不得不承認：「我已經累了。」

老人要求至一間安靜的小房休息片刻，其餘人則意猶未盡的仍在戶外鬧笑達旦。隔日一早，弟子們進來要喚醒柏拉圖時，卻發現他已經在熟睡中安息了，面容是滿足而安詳的。

解說

柏拉圖之所以能夠成為西方哲學的偉大先師，除了其一生致力於哲學的提倡外，另外一件重要的貢獻，便是創辦了學園以傳承教育。我們可以這麼說：有了柏拉圖，西方才開始有教育的觀念。在他之前雖已有多位著名的思想家，卻沒有一個如柏拉圖般的影響深遠，因為他的學園一共延續了九百多年！

雖然，柏拉圖的思想是完全偏向精神價值的判斷，尤其是他那套「理型論」純粹是抽象概念的結晶。但是綜觀整個西方歷史，無論政治、文學、教育等等，何嘗不是受到柏拉圖的影響呢？縱使今日，多數的人仍熱衷於了解他，甚至是研究他！如同孔子的地位一般，柏拉圖的魅力仍舊會持續的發光、發熱！只要人類還會思考、還有理性。

年表

公元前四二七年	生於雅典附近的埃癸那，爲名門望族之後。
四〇七年	開始跟隨著蘇格拉底學習。
三九九年	蘇格拉底被控以多項罪名而宣判死刑。同年柏拉圖遠走雅典，開始周遊各地。他先後前往麥加拉、非洲的居勒尼、埃及，又回到歐陸的南義大利、西西里等地遊學，期間參與了畢達哥拉斯學派，了解到數理與輪迴的奧妙，也見識到了修行的精神。
三八八年	在西西里島結識第翁，訪問敘拉古王迪奧尼修一世。
三八七年	因與敘拉古王意見不合，據說被流放爲奴隸，終爲朋友所救。重回久違了十二年的雅典，同年創辦了學園。
三六七年	迪奧尼修一世崩逝，二世繼位。柏拉圖應第翁之邀離開學園作第

三六一年	二次訪問。兩年後因第翁的下臺與二世的迫害而逃回雅典。柏拉圖第三次前往敘拉古王國，用意在調和第翁與二世之間的矛盾衝突。結果比前二次更爲悽慘，第翁的家產全數充公，妻子改嫁，而柏拉圖則被軟禁於御花園內長達一年之久。
三六〇年	回到雅典後，便不再遠遊，專心於學園的教育工作。
三四七年	逝世，享年八十歲。

穩固現實世界的推手

亞里斯多德

Aristotle,384-321B.C

他利用史詩中的悲劇英雄來誘導亞歷山大，使他不致在日後成為一代暴君，他並且將自己對詩作的理論滲入教學之中，期望亞歷山大「淨化」後的心靈能漸至昇華。

抵押靈魂

「雅典學園」的門口栽植著兩排桂冠樹，右邊第一棵樹上，釘著一塊已有十多年歷史的木牌，上頭寫著「不懂數學與幾何者，不准入內。」雖已有些老舊了，但仍可以清楚地看出其內容。一個身形高瘦、肩裹著包袱的少年站立在木牌前面，盯著上面的字有好一陣子了，還不時地往園內探視。這段期間內，並沒有人進出。可以確定的是少年十分地焦躁，此時的陽光應是柔煦暖人的，然而他的額際卻滲出些許清晰的汗珠子來。躊躅了許久，這少年終於一鼓作氣地沿著桂冠樹直踏入學園去。

「你說什麼？簡直是太有趣了！第翁先生，您聽到了這位年輕人的話了嗎？」斯彪西波揚著聲調對著剛剛出現在另外一頭的第翁道，他充滿笑意的看著自己面前的少年，眼神裡卻無半絲輕蔑。

他接著說：「年輕人，你不要弄錯了！你天眞的以爲學園外的告示是眞的嗎？我們的園長只是希望進來學習的人可以明白一件事：學習這些學科是可以幫助人們知道『唯一眞理』的重要性，進而實踐所謂的『理性』。誠如你所言，你不會數學幾何，那其實是無所謂的，只要你肯進來，我們就會協助你。沒有人不需經由『啓蒙』就會擁有這些知識吧？雖然它們是存在於我們的靈魂裡，但是若沒有經過學習，永遠都只是駐留在靈魂的深層當中，而且你永遠也不會知道，其實你有著『數學的因子』啊！」

少年聽到這裡，已經明白了大半，他顯得有些不好意思，搔了搔自己的頭，看看四周，心裡想著：「原來是如此。」

「是啊！斯彪西波先生說得沒錯，你不用太擔心這個問題，我相信你一定能將數學幾何學習得很好的！來，讓我來爲你介紹介紹這裡的環境吧！」已經走到少年面前的第翁亦微笑地說著。

面對親和力十足的第翁，少年的不安感馬上降低不少。他朝第翁點了一個頭，微笑的說：「先生，我的名字是亞里斯多德，今年十八歲了，我來自馬其頓王國的斯塔齋拉……」

斯彪西波突然打斷亞里斯多德的話：「這些話你剛剛也說過了，我很好奇的是，你從那麼遙遠的地方前來，那需要很大的毅力，是什麼原因促使你這麼做呢？」

亞里斯多德很興奮地說：「前幾個月的一天，我依舊在斯塔齋拉的街上與同伴們遊蕩、玩耍著，那是我生活的重心。但是那天在樹下休息時，聽到了附近有人在唸著柏拉圖先生的〈高爾吉亞〉，本來我是無心聽及那人朗讀的聲音，但是之後卻被它的內容吸引住了！我從來就不知道原來有這麼有趣的東西，我連忙和那人攀上關係，詢問他有關這篇文章的一切，等到稍微清楚時，經過幾夜的思考後，我決定親自來向柏拉圖先生學習一切知識！當我來到學園門口時，看見了告示牌，心中十分擔憂、緊張，並且開始怨起從前荒誕的日子，因爲我從來就不知道這些，所以才鬧了個笑話。」

第翁笑著說道：「聽起來是個潛力無窮的年輕人啊！不過剛剛到底是怎麼回事？竟讓斯彪西波先生這麼開心！」

坐在一旁的斯彪西波又開始呵呵的笑了起來，他一邊笑著，一邊指指亞里斯多德，由口中傳出斷斷續續的聲音：「讓這小子再說一次……我還是頭一次聽說呢！」

亞里斯多德訕訕地笑著說：「喔！好吧！我以爲學園會因爲我不懂數學幾何就不讓我進來，所以我剛剛一見到斯彪西波先生時就說：『我一定要進來學園學習知識，縱使我不了解數學幾何，我還是想來！』而斯彪西波先生又問我：『爲什麼？』我回答說：『因爲，我要將我的靈魂抵押給柏拉圖先生了！』大致上就是這樣。」

三個人之間，一時被一波波濃濃的笑意給包圍著。

小駒

幾名年輕男子坐在樹下的石凳子閒聊著，這時候已經進入盛夏了，所以每個人都是赤裸著上身，僅在腰上圍著一襲淡色的亞麻布。他們閒聊的話題是關於昨天開始的奧林匹亞祭神大賽。一個說著某某選手將鐵槍丟擲得有多遠，遠到破了以往所有的紀錄；另一個說某某的肌肉看起來十分的結實、有力，必定可以奪魁而出之類……總之，他們很是輕鬆的談著。

正談笑間，其中一人岔開了話題，「嘿，你們瞧！那不是亞里斯多德嗎？我們學園的『救星』耶！他不知又在做什麼了？我覺得他是個怪人。」大夥兒轉頭順著那人指的方向看去。不遠處，亞里斯多德正蹲在草地上，完全不管頭頂上炙熱的太陽，似乎正專心的看著某種東西。

又有一人說道：「說到他啊，我記得一年冬天，他不知從哪裡撿了一堆枯葉，我問他做什麼，他說要看看爲什麼綠色的葉子會變成褐色。然後隔天在柏拉圖先生的堂上，他不就將先生問得有些招架不住了嗎？先生就笑著對他說：『你眞如同一隻小駒啊！』之後，先生還公開說他是個『聰明之身』哩！」

先前說話的那人道：「哼！怪人就是怪人，縱使老師再如何稱讚他，我還是不大喜歡他的作風，雖然前年的辯論大賽中他幫我們學園奪得了勝利，但是你們仔細看他，他的思想模式實在與學園的人都不盡相同呢！我想，有一天他可能會離開這裡，我的意思是他會背離柏拉圖先生的學問！不信你們看著好了。」

樹下的幾名男子，漸漸地又將話題淡出，不再圍繞著亞里斯多德。

其實，算算日子亞里斯多德進入學園已經十二年了，這些日子當中，亞里斯多德眞的是位稱職的好學生，最可觀的就是他累積的閱讀量，沒有一位學生可以在這方面勝過他的。由於他剛進來時正巧柏拉圖又跑到敘拉古王國去，等到柏拉圖回來，亞里斯多德已經熟悉學園的環境有好一段光景了。柏拉圖開始注意到這名學生時，是因爲他時常會在課堂上發問一些較爲實際的問題。

以枯葉爲例吧！那一次亞里斯多德就問到：「先生，關於您的『理型說』我有一些疑問。您不是說對立性的理型是不會變化的，例如顏色、生死等等，我昨天撿了一些枯黃的葉子觀察到底植物的理型是什麼樣子？是青綠的健康色，還是敗死的褐黃色？爲什麼它會從有用、青綠蛻變成無用、褐黃？如果用『自然律』的理型來含括其變化，那其他的事物也有相同變化啊，那爲何現象間會衍生出如此多的事與物來，這樣不是太大費周章了嗎？若缺少了植物，似乎對『理型』而言並不會造成影響，但是對我們而言，植物卻是有巨大的功用啊！這兩者之間如何解釋呢？再回到中間的問題，您的『理型說』似乎麻煩了些，不是嗎？」

面對這一連串的疑問，柏拉圖仍是一派從容的回答，他說：「關於植物的外在變化，那是我們眼睛所見到的現象，若是以靈魂的雙眼來看植物，那植物永遠就是那樣子，所以你不能只是停留在感官知覺上去思考。記住我一直強調的，用『靈魂的雙眼』，不要被肉體的雙眼所矇蔽了。其實，你說錯了一個地方，『理型說』不是我發明的，它不過是藉由我所發現的，我不存在，它仍然存在。關於你所說『麻煩』的部分，我近來也有些同感，或許是我還有觀察不足的部分，若你們能協助我，那是再好不過的了。」

亞里斯多德不太滿意老師的回答而繼續問：「先生，我還是有問題，難道由這些觀察不能帶來啓示嗎？我的意思是已經有這麼具體的事物呈現在我們眼前了，難道我們還是只能依靠玄渺的『理型』嗎？」

柏拉圖笑著說：「呵呵，小駒啊小駒！我覺得你的觀察力高人一等呢！但是這個『理型』是所有萬事萬物的最高標準，是至善的眞理，我們已經發現了它，爲何還要捨棄它呢？」

諸如此類的對話，在柏拉圖與亞里斯多德之間時常出現，而這也使柏拉圖對於這名學生刮目相看。但是亞里斯多德最讓柏拉圖讚賞的是：有一次，雅典的另外一所由著名修辭學大師伊蘇格拉底主持的學校前來學園挑戰，學園這邊也答應了，因爲這關乎學園的聲望。兩方各派一群得意門生舉行公開的論辯，亞里斯多德是其中之一。在雙方一來一往的辯論當中，亞里斯多德以傑出的表現讓對方相形見絀，終致敗下陣去。

某天柏拉圖心血來潮，拉著亞里斯多德到雅典城中吃喝一番，還參觀了亞里斯多德的住處，見識到了他極其豐沛的手抄藏書，回來後逢人便說：「亞里斯多德的居所眞是多書啊。」從此，他的居所即被學園裡的人暱稱爲「讀書人之屋」。

反動

小亞細亞的高原上，正刮著寒洌的強風，四周佈滿了森森的白雪，氣候實在惡劣得很，只見黑灰色的雲層密密地壓著，冰冷的風刃不斷將附近的灌木叢吹地沙沙作響，連帶也使得地面的落雪揚得四處飄竄。一座突出的土石堆旁有著兩道人影，而人影前方約兩百步的所在，有著一群高原山羊在活動著。

仔細一瞧，那兩道身影正微微的哆嗦著。突然，其中之一開口了：「先生，我瞧那雲層……可能馬上就會下大雪了！我們還是先離開吧，否則待會兒就危險了，我可不希望在這裡出了意外。」

另一個抬頭看看上方，再看看四周，吐了一口濃濃的霧氣後說：「好！我們先離開這裡，大雪應該快來了！而我們的工作也已做了大半，走吧！」

農莊的一間屋舍裡升起了一盆小火，先前在土堆旁的兩人已現身在此，而屋外也正落著皚皚大雪。

「先生，這一次的考察眞是豐收，我們一共紀錄超過一百多種的動物了！不過還眞是辛苦哩！」一名長相較爲年輕的男子對另一名高瘦、滿臉鬍鬚的人說著。這名說話的年輕人是泰奧弗拉斯托，另一名即爲亞里斯多德，這時的他已是個四十一歲的壯年人。坐在火盆旁邊的他露出略顯疲憊的容顏，但是眼神卻完全不是那麼一回事！

他若有所思、反覆看著自己的手掌，悠悠地道：「豐收、辛苦……不是嗎？要豐收前必定是要辛苦的，不累積哪會有成果？所以我們這幾年才有這些成績。」

泰奧弗拉斯托用力的點點頭，「對啊！如果先生還留在雅典教書，就不可能會有今日豐富的動物知識，而我也不會有幸遇上先生了！」

說到離開雅典這事，約在四年前，亞里斯多德原本是待在學園裡任教，那時柏拉圖已經過世，亞里斯多德成爲學園的台柱，許多年輕人都慕名來學園聽他授課。然而，眾所皆知的柏拉圖生前對於「藝術」是大加韃伐的，且立志將詩人趕出他所創立的國度。

亞里斯多德卻反其師道而行，他極力讚揚詩人的作品，努力提升戲劇的地位。

上課中，他是這麼說著：「詩人所創作的並非只是二次模仿而已，實際上，作品是針對事物的內在部分作呈現，它所呈現的反而是我們見不到的『眞實』，這就更接近本體了。既然我說它是眞實的，那就必然是存在且發生的事情，這與歷史紀錄又有何區分呢？你們可能會想：一個是韻文，一個不是韻文。其實重點不在於此，我們看到的歷史紀錄，都是以往所發生過的眞實事件，而詩人的作品呢？則是可能發生的事情，它爲我們預設了一個可能的方向。所以，詩是不是更具有普遍性、一般性？而歷史呢？它只是純粹的個別現象。

再來說一說詩對人的功用吧！你們在觀賞詩人所創作的戲劇時，尤其是悲劇，是不是很容易被內容感動、牽引，而且也會受到鼓舞或警惕？這就是詩的功用，不是嗎？在觀賞悲劇的過程正是一種『淨化』內心的過程，悲劇主角因爲性格上的缺陷，導致某些不可收拾的錯誤！你們觀賞到這裡，不會由心裡冒出恐懼與憐憫的情緒嗎？這就達到了『淨化』的效果。」

雖然學園裡一些教員對於亞里斯多德的「反動」（違背師承）的說法頗不以爲然，但是礙於他是學園裡的明星，也不便公開與他對立。但是就在不久後，因爲北方馬其頓王國在菲利浦的領導下日益強大，不時侵擾希臘諸城，這些動作使得希臘人對馬其頓十分反感。在雅典城內，還有一批人組成「反馬其頓聯盟」，此組織對於城內的馬其頓人採取報復攻擊的手段。亞里斯多德因是馬其頓人，加上與馬其頓宮廷關係密切，頓時成了眾矢之的，迫於情勢，亞里斯多德只能選擇離開待了二十年之久的雅典城。

就如泰奧弗拉斯托所說的，他如果沒離開雅典，一輩子可能就只是個學園的哲學老師。如今經過幾年的遊歷之後，他發現其實有著更多的知識待他去理解，而且就在這個感官世界上，他更加體會到柏拉圖「理型論」的一些盲點，實際上有無「理型論」，對於感官世界是毫無影響的！他甚至想要一竿子打翻他老師的體系了！於是，他開始認眞的收集、整理這世界上所有的資料。而身旁的這位年輕人，從他在萊斯波斯遇上之後，就成了他這些年最親密、得力的助手。想到過去，亞里斯多德不禁微微地笑了起來。

遊歷

諾大的皇家花園內，一座雕工精巧的亭子裡坐著兩位男子，其中一位身穿華服披掛，最引人注目是他戒指上大得驚人的紅寶石，而他身邊則站著一位少年，身上的服飾亦是十分華美，相較之下對面的男子就顯得簡單而素淨。這就是菲利浦父子與亞里斯多德相見的情形。

菲利浦這幾年聽說前任宮廷御醫之子亞里斯多德已經離開雅典，他便想要延攬亞氏成爲宮廷教師，並且將亞歷山大王儲交給他來管教，然而多次都未接觸到亞氏本人，因爲亞里斯多德正熱中於動物的觀察。好不容易等到他告個段落後，才有機會將他接來皇城裡。

亞里斯多德看著年僅十三歲的王儲，心中已經有了一些初步的構想：「老師以前曾試圖在敘拉古王國培育哲學王，終歸是失敗了！但是我可不能像他一樣！眼前這孩子看起來是個具有雄才大略特質的人，日後的發展可能比他的父親更爲驚人，我該如何教導呢？嗯，就這麼辦。」

幾日後，亞里斯多德將改寫過後的荷馬作品當成教材，開始教導亞歷山大。同他的老師一樣，亞里斯多德亦是「理性」的信奉者，他在荷馬的作品中加入了不少「理性」的成分，使得作品呈現出具有哲理意味的史詩，當然啦！亞里斯多德仍是位尊敬荷馬的哲學家，並不會讓原作的方向與味道散失太多。他利用史詩中的悲劇英雄來誘導亞歷山大，使他不致在日後成爲一代暴君，他並且將自己對詩作的理論滲入教學之中，期望亞歷山大「淨化」後的心靈能漸至昇華。

一切的事情都如這位哲學家所預料的持續進行著。這天，他正在爲亞歷山大上動物學時，宮中傳來噩耗：「菲利浦國王遇刺身亡了！」這是發生在馬其頓軍隊大敗希臘聯軍之際，所有人都慌了。這時，亞歷山大噙住淚水，躬身朝著老師說道：「老師，我現在該如何做啊？」

亞里斯多德看著這位學生，平靜的說：「三年了，你也已經十六歲了。雖然，我還想繼續指導你，不過恐怕是不能如願了，有更多棘手的事正等著你去處理與籌劃！現在你必須繼承且完成遺志。沿著理性的道路，放手去做事吧。」

雅典城的大廣場旁，貼著一張極爲引人注目的告示——足以和學園分庭抗禮的來西院，將在雅典成立並招生。人們在告示前議論紛紛著：「亞里斯多德那個馬其頓人要回來雅典了！他就是亞歷山大的教師啊！那個可怕的征服者！」

五十一歲的亞里斯多德終於回到了雅典，這時的雅典城早已成了馬其頓王國的一郡，年輕又慓悍的的馬其頓新王正在亞細亞一帶繼續著他的偉業。亞里斯多德踏進這個離別了十數年的「故鄉」，走著以往走過的街路，看著一些未曾改變以及一些幾經遞嬗的景物。突然，他似乎感受到柏拉圖的感覺——那位同樣離「家」十多年的老師。

頓時，亞里斯多德覺得有些可笑：「我還是走著老師的路啊！當年，他受到政客的迫害才離開此地。我何嘗不也是因爲政客的緣故？十多年後，我們兩人又都回到此地，老師開辦了學園，而我開辦了來西院。只是我晚了他十多歲啊！呵，我以前怎麼忽略了這些事情？」

站在新學院的樹下，亞里斯多德看著眾多雅典年輕人前來，而泰奧弗拉斯托與一些新聘的人幾乎是忙到毫無休息、喝水的時間。待完全處理完畢，已經是一整個工作天的時間了，而離他們正式開課的時刻也隨之來臨。趁著月微星明的夜裡，來西院的領袖與其助手群一行人，一同沿著鄰近阿波羅・來西神廟的走廊漫步著。他們很喜歡這樣的夜晚，喜歡看著天上點點繁星。

亞里斯多德仰著頭：「你們瞧，很美吧！我們所踏的土地正是宇宙的中央，這些天體，每年固定的都會轉了一圈之後，又回到我們眼前，太陽、月亮等亦復如此啊！」

其中有人說道：「請先生爲我們再多說一些吧！」

亞里斯多德看了看他們，笑著說：「好啊！你們可曾知道，宇宙的存在方式是一種單純的鎖鏈？我們可以用一個個的同心圓來做比喻，最中間的就是『土地』，再外一圈是『水』，再外呢就是『氣』，氣外面則被『火』包圍著，再來就是『天體』，最外面的則是『恆星』。

這樣子的同心圓結構，就構成了我所謂的鎖鏈！那接下來，你們一定很好奇他們是如何運動的吧？就是靠推動啊！在恆星之外就有一個『推動者』，我把它稱之爲『不動的第一動者』，由它來推動最外圍的『恆星』，而恆星就會因鎖鏈關係來帶動『天體』，如此一直類推下去。」

其中又有人問到：「可是畢達哥拉斯爲何會與先生的說法不同呢？」

亞里斯多德以得意的口吻說：「我不知他是如何證明『宇宙的中心是一團火球』這個問題，用數學公式做紙上談兵嗎？還是和我一般，肯花時間去仔細觀察所見到的一切呢？我認爲孰是孰非，將會十分清晰的。」

求知的最初步驟

站立在這麼多學生的面前，亞里斯多德開始學院授課的生涯。既然學生人數如此眾多，爲了不讓學習環境有莫名的壓迫感，他決定上課的地點多在林蔭間或是廊道上。

亞里斯多德道：「你們來聽我說課，目的就是學習到眞正的知識。當然，我並不會因此就認定除了來西學院外，其餘地方就學不到知識。你們多數人也應當知道，我以前是在學園成長的，並且也曾在那裡授課。只是我要告訴你們，在來西院裡，你們將會學習到前所未有的知識，這是其他地方所不會有的。我將傳授你們動物學、物理學等等。

首先，我要你們清楚一件事，所有知識形成必須要有一個完整而嚴密的論證過程，我稱之爲『邏輯』。日常生活中的語言，都可以仔細做判斷，看看是否經得起論證。例如我現在說『凡人都會死亡』這句話有沒有問題？如果沒有問題，那接下來，我又說『畢達哥拉斯是人，我是不是人呢？』，是吧！好，所以我再接著說『所以畢達哥拉斯會死』，沒有錯吧！

以上的第一句話，仔細去判斷，它是否爲全面性的說法？有沒有人不死的？當然沒有，除非是神吧！所以『凡人都會死亡』是沒有錯的，而且是全面性的，我們就可以稱它爲『全稱的』判斷，而當我說『都會』的同時，也就是『是』的意涵，那即爲『肯定』的判斷。故而合稱起來就是『凡人都會死亡』爲『全稱的肯定』的判斷。我們在賦予它一個專有名稱，叫作『大前提』。

至於第二句『畢達哥拉斯是人』，你們注意聽，一個人名是『全稱的』還是『偏稱的』？是後者對吧！而『是』呢？又是『肯定』，所以第二句則爲『偏稱的肯定』判斷，同樣的我們再給它一個名稱，是爲『小前提』。那第三句『所以畢達哥拉斯會死』這是『全稱的』包含『偏稱的』，又大小前提皆是『肯定』，那就可以成立這個說法了！這個部分，我們可以稱它爲『結論』。

以上，我所說的就是『邏輯』的基本面貌，我將這種基本邏輯面貌稱爲『三段論證』，在我的推論裡面，凡是眞正的知識，都必定能用這『三段論證』獲得證明。反之則不能成爲知識。我隨手再舉一例，我說『所有的杯子都是木頭做的』這是大前提。再來『瓷杯是杯子』這是小前提，那『所以瓷杯是木頭做的』就是結論。請問，這三段論證可以成立嗎？當然不成！因爲大前提就是假的，結論自然就是假的，不可能會成立了。我只是用比較簡單、容易判斷的事來當作例子，你們當然一聽就懂，一旦遇上你們不常接觸、或是較爲複雜的事物，可能就沒那樣好判斷了！在這裡，我必須要訓練你們這種判斷能力，直到熟練的地步，如此我們才可以進一步利用這種方式來檢視所接觸的一切。」

這是亞里斯多德的創見，他融合了蘇格拉底與柏拉圖等先哲對於眞理與理性的重視，再不斷的思索，利用柏拉圖對於知識企圖體系化的構思，併出一套辯論及思想的根本依據，這時的他顯得十分意氣飛揚。

尾聲

命運之神似乎超越了亞里斯多德理性的信仰，對這位哲學家又開了一次重重的玩笑，城裡又開始了騷動與不安。亞歷山大死了，在遙遠的巴比倫。騷動的是，雅典人雀躍狂歡，他們徹夜嘯歌飲酒，並且宣布獨立！不安的又是如何呢？就屬雅典境內的馬其頓人了。

不到幾天的時間，馬其頓人由原來統治的階層翻落為人人喊打的過街老鼠！主要還是因為前雅典統治者——德摩斯提尼重掌政權了。他生平最仇恨的正是那些外邦人。當他被侍衛們抬著遊街，看見當年雅典人為亞里斯多德所立的頌碑時，當下臉色如同罩上黑幕般地喝道：「來人啊！毀了這雜碎！眾人合力將它扔進井裡！」

一批激進的雅典極右份子團團圍住來西院，嚴格的限制院內的一切活動。授課的工作停滯了，學生們被迫離開，亞里斯多德則是被指控了！罪名是「奉承馬其頓王」及「不敬神明」兩條。

失望的看著當下的情況，亞里斯多德居然笑了，但是十分地苦澀：「呵！『不敬神明』，這不是同我的師祖蘇格拉底一個樣嗎？他們也想讓我追隨他的路子啊！難道我注定與老師、師祖兩人有著某一部分的路是契合的嗎？我也流浪了十多年，現在還要我飲毒藥而死？」

不大喜歡依循前人道路的亞里斯多德，終究選擇了逃離一途，他將來西院交付與他最信賴的泰奧弗拉斯托管理，揮別他一手創立的學校，那些林蔭、廊道及神廟，在回眸中，已是模糊一片……

繞了一大圈，四十五年的光陰，終究還是回到老家了。年邁氣盡的亞里斯多德十分衰弱，他鎮日蜷臥在母親遺留的屋子裡，哀哀悲慟。鄰居們見他已是氣若游絲，幾乎僅剩呼氣的份了，就算此時雅典城又回到馬其頓手中，他卻是哪兒都不能去了！

「安提帕特……我要你幫我一些事。」微顫的亞里斯多德對著唯一可依靠的人努力地說著：「幫我的母親、弟弟及姐姐、姐夫立像，叫我女兒嫁給我姪兒尼加若……而那些奴隸就讓他們回復自由身。六十三年了，我還記得……那年站在學園門口的事……」說完這些話，亞里斯多德仍仔細地睜眼看著安提帕特將方才所言給一一記下來。之後，他就再也沒說一句話了。

解說

亞里斯多德為人所崇敬的一點，即是建立了一個百科全書式的思想體系，他是第一個以科學方法匯聚了各種學科，然後再加以分門別類的思想家。在他之前，所有的知識都只是如混沌般的雜合體。

我們可確切地知道，除了上述之外，亞里斯多德的邏輯學在兩千多年來，一直是歐洲學術中最重要的基礎，這種影響目前更擴及到全世界。更明白的說，如果學術缺乏邏輯的合理性，是不能構成學問的。即便是今日，我們仍不能不去顧慮到邏輯的重要性。另一方面，亞里斯多德也是西方經驗主義的奠基者，比起柏拉圖抽象化的概念，亞里斯多德的學問可說是建構在實驗精神底下所完成的，舉凡生物學到藝術文學，均留下了豐厚的傳世著作。他不滿只遵循著老師的路線，因而也使得西方的思想史上多添了一位巨人！

年表

公元前三八四年	生於馬其頓的斯他拉吉城，父親爲馬其頓王的御醫。
三七六年	隻身前往雅典求學於柏拉圖的學園。
三六〇年	於一場辯論賽當中展露頭角，擊退了伊蘇格拉底的學校，爲學園贏得了榮譽，也成爲學園裡的明星。
三四七年	離開居住了二十年的雅典，投靠同學赫爾米亞斯於阿它爾紐斯城。
三四三年	馬其頓王菲力浦邀請亞里斯多德爲宮庭教師，負責教導亞歷山大王儲，爲期三年。
三三五年	經過近五年的遊歷，亞里斯多德回到雅典，建立了來西院。
三二三年	亞歷山大崩逝，雅典城裡反馬其頓情緒高張。亞里斯多德被迫離開雅典，開始流亡生涯。
三二一年	終日抑鬱加上流亡生涯的雙重打擊，終於病逝於卡爾西，享年六十三歲。

將基督與哲學融合的教父

聖奧古斯丁 St. Augustine, 354-430A.D

人的慾望是個無底洞，如果只是用感官的歡娛來填滿慾望，那是不可能的！唯有用無限、永恆才可能滿足它，而上帝不就是無限與永恆嗎？

誕生

深夜的巷道裡，只剩下徹底的黑色，除了晚風尙挨在壁間遊竄外，幾乎是可以用闃寂來形容了。然而，卻有一陣達達的馬蹄聲漸漸逼近，劃出一道不同平日的規矩來。此時聲音愈來愈響亮，緊接著又是急促的敲門聲。鄰近的幾扇窗戶悄悄地露了個縫，大概是已被擾醒的人們正在覷視商量：發生了什麼大事啊！値得在子夜星稀的時刻跑街？這個持著火把的人是誰？

屋內亮起了橘紅的光，被搥了十幾聲門的住戶開啓了一道窄隙，不一會兒，屋裡就出來一位婦人，肩上還袱了個小包。屋外的那人沒再多說什麼，連忙請那婦人上馬，隨即往馬臀一拍，而他自己再跨上另一匹馬，朝同一個方向追去。

原來，巷道裡的這一戶人家剛遷入沒多久，大約才十多天。男主人是個皮革匠，女主人則是個產婆，起碼在木門上的招牌是這麼寫著的。這個晚上，是她搬來此地的第一宗生意哩。

兩匹馬同時停在約有一里遠的大牆外，牆裡是一座大宅，宅內燈火通明。即刻就有兩個男役打扮的人將馬匹接走，先前的那名男子則催促著婦人入內。在幾間屋子裡轉了幾轉後，來到一間大房，床上正躺著一名大腹待產的女子不斷的呻吟細號著，一位男主人模樣的男子正著急的踱步揑拳，另有一名年輕女僕在一旁仔細服侍著床上的產婦。

「妳就是產婆？內人即將臨盆了！妳動作快一點！」男主人朝著剛進來的婦人說著，態度極爲焦躁。那婦人連忙趨近床邊，一邊端詳著已是滿身大汗的女子，一邊將肩上的包袱取下，她回過頭來，對著男主人說：「您就是帕特里先生吧？尊夫人即將臨盆了，請先生迴避好嗎？謝謝！」最後一句，其實是透著命令式的口吻。

早在她搬來此地後兩三天的時間內，就已經由鄰人口中得知這一帶即屬帕特里最富有了，他是個做買賣的商人，不僅擁有豪宅大房，家中僕役成群，最令他得意的是，前年娶了個文靜良善的美嬌娘回來，聽說疼寵得很哩！但是他那副萬人嫌的火爆脾氣仍是未改，這一帶的人都不大敢招惹他呢！唉，一個近五十歲的人了，脾氣卻還像火山一樣！她想到鄰人費曼女士在向自己說這件事情時的口氣，不禁微微一抿。「今天總算見識到了！想不到第一次接生，就是他的嬰孩。」這段話，當然只是留在心上滑過而已。

她故作冷漠的看著帕特里，直到他嘀嘀咕咕的邁步走出爲止。隨即，她又轉過去，對女子低聲地道：「夫人，不需要太緊張，是第一胎吧？沒關係！有我呢。」拿出包袱裡的用具，她輕柔的握住女子的手，又問著身旁的女僕：「溫熱水和火盆準備端來，夫人馬上就要生了！」

隨著愈來愈淒切的喊痛聲，在外頭的帕特里心裡也跟著抽痛與恐懼起來，他心疼愛妻分娩的痛苦，更害怕隨時會有意外出現，但是此刻的他卻只能乾等。庭院外，一堆家僕都不敢怠慢地乖乖站著，有一些女僕甚至口中還喃喃禱祝，雙掌合十，希望耶穌基督可以保佑主母生子平安。但是，這些聲音都被痛楚聲所掩蓋，顯得渺微。

終於，在天色即將泛光之時，一聲應該要有的啼哭聲總算響了出來！眾人算是稍稍鬆了口氣。帕特里家要多個小主人了！然而夫人的情況呢？不久，產婆走出房來，高興的對著帕特里說：「帕特里先生，恭喜你囉！得了個健康的小男孩，母子都平安。你可以進去瞧瞧她們了！喔，看樣子我得回去好好地睡上一覺囉！」

帕特里不等她說完，便急切的進房看去，隨即見到憔悴蒼白的愛妻正仔細看著枕邊襁褓裡的小肉球，表情有種謝天的感動與喜悅。他輕輕地步到一旁，帶些顫抖地說：「親愛的莫尼加，家中因妳而多了個新生命，我真的以妳為榮耀！」莫尼加緩緩伸出手來，讓丈夫握著，微笑而虛弱的說：「帕特里，我剛剛突然想到一個名字給寶寶了。」帕特里也微笑的說：「妳說吧，我們就用。」她更開心了，繼續說著：「嗯，我想叫他奧古斯丁！」

學習之路

這些年的帕特里家，因為生意愈做愈好，連當地的行政長官都不時的走訪探望，而帕特里本人也十分熱中此道。藉由這種雙方互惠的模式，讓帕特里更加染上了劣紳土豪的惡習，近而襲之的結果，一些平日親近他的僕役們，在外頭也開始惡形惡狀起來！唯一較持本初性格的，莫過於嫻靜溫柔的莫尼加。從她十五歲受洗後，對於生活與待人，就是以善良為基礎的，故而帕特里府中的眾多奴僕都十分尊敬這位虔誠的夫人，而自小的奧古斯丁就是在這種對立性高的環境中長大的。

年方八歲的奧古斯丁，這天上午就已經由教師押著唸了一個上午的希臘文。這個時候已經靜不下來，母親莫尼加又正巧不在家，一個小孩子就在家中遊來蕩去，一會兒去馬廄裡數馬，一會兒又上花園抓蟲子，但是實在太燠熱了，他又匆匆的奔回屋內，在裡邊轉來轉去！雖說有僕人隨侍，但小奧古斯丁老早就將他們視若隱形，絲毫不去理會。

轉著轉著，他來到父親的記帳房裡，見到正趴在桌上的父親。他跑上前去搖搖帕特里的臂膀，試圖喚醒他，可惜帕特里太想休息了，對於兒子的企盼毫不動心。而識趣的小奧古斯丁只好悶悶的離開，一個人坐在走廊底下看著外頭發呆，他心裡想著：「在這裡好無聊喔！我想搬去外面，不想跟爸爸、媽媽一起住了！」

對於一個八歲的孩童而言，玩樂大概是最爲重要的，偏偏他生在一個殷實的富商家中，父親對於生意自是十分看重，幾乎可說是鎮日在貨物與帳堆中打滾，不時還要與官府應酬！母親則是天天虔誠地做禱告、上教堂，如同父親一樣，她也是將精神寄託在家人以外的事物上。雖然帕特里夫妻倆對於奧古斯丁是寵愛有加，還爲他延攬家庭教師，希望他日後能有所成就，但是這些都不是小奧古斯丁目前想要的；很單純地，他只想要家人能眞正的陪伴他而已。

時間持續流動著，小奧古斯丁處在這樣的環境下，也學習了不少希臘方面的語言，這與他喜歡愛好文學有著密切的關係。多數時間裡，他都拿著希臘荷馬等詩人的作品在閱讀。他的父親帕特里見到兒子似乎醉心於文學的吟詠上，便決定送他再去學習拉丁文。羅馬帝國建國數百年來，就是以希臘文與拉丁文爲主要的通用語言，然而這幾十年來，拉丁文有愈來愈多的人學習，大有取代希臘文的態勢，因此帕特里才會有這個念頭。

他開始打聽哪裡有較好的教授拉丁文學校，沒多久，他就得知位於麻倒拉城的修辭學校是個值得考慮的選擇。帕特里向莫尼加說出他的意見，莫尼加本來極度反對，她認爲小奧古斯丁才十一歲就要離家就學，於一位母親來說，實在很難接受！但帕特里卻不這麼認爲，他認爲男孩子就是要脫離依賴、學習獨立，況且那所學校可以學習到很好的拉丁文。在經過不斷勸說下，莫尼加才勉強同意以兒子的意見爲意見。

帕特里將兒子喚到跟前，摸摸他的頭說：「兒子啊！你想不想學習拉丁文呢？我知道你喜愛文學，現在有這個機會，你想不想？」看著一臉清秀的孩子，他突然也覺得有些不捨，不等奧古斯丁回答，他馬上又說：「不過，我要你知道，如果你的答案是肯定的話，那麼你將面臨到自己獨立生活的狀況，也就是說，你必須到別的地方去才能學習到好的拉丁文，知道嗎？」

奧古斯丁一聽到這裡，頓時覺得十分新鮮，他心想：「學習拉丁文？必須離家？很刺激的樣子！我在八歲那年就曾偷偷告訴自己：『想搬到外面去，不想留在這裡了！』沒想到現在爸爸居然親口問我願不願意？這應該是不錯吧！反正遲早也是要離開的。」當下，奧古斯丁雙眼轉了轉，高高興興的說：「好啊！我想學學拉丁文。」

沉溺

落日後，麻倒拉城的某一處角落裡——一間幾乎黯淡無光的酒館，正上演著令人磨志銷魂的春宮戲。酒館裡所有的人都是觀眾，而所有的人同時也是主角，老翁、少女、地痞與闊少，全部都同酒精共處在一個如同魔神雜置的空間中。絕大多數的人均是衣衫不整，甚至還有全身赤裸的；有些倚在牆角，有些癱在桌椅上，有些乾脆躺在地上……總之他們三三兩兩交疊著，淨幹著男女苟合之事。

其中，有四個青少年，他們圍坐在最接近酒保的桌子邊，每人的懷裡都摟著一名年紀相差不多的妓女。這群年輕人不時的與自己的伴侶搔髮暱吻，同時也不忘豪飲狂食，恣意歡樂。

其中一名少女向著眾人道：「喂！你們這群修辭學院的學生呀，這樣子玩沒關係嗎？你們兩三天就往我們這裡跑，會不會哪天被學院的人逮到，然後叫你們幾個全部滾蛋？那樣子就好悽慘呢！對不對？」她故作關心的說著，最後還將她男伴的頭輕輕壓在自個兒的胸部上，在座的人都笑翻了！

「啐！他們哪裡會叫我們幾個滾蛋！」其中一名少年驕傲的說：「不是我們在吹牛，我們幾個可都是學院裡的優秀份子哩！是不是啊？尤其又屬我們的奧古斯丁大爺最頂尖了！每次貝賈拉古那老頭總是在課堂上稱讚奧古斯丁，說他日後必定是個傑出的拉丁文學家，是不是啊？奧古斯丁！」

被指名的少年，正是由北非的他賈斯特城遠赴至此的奧古斯丁，只見他咧著嘴假笑，右手在女子身上磨蹭著，左手卻擎起酒杯來邀大夥兒一起乾了，一副滿不在乎的神情。

他等到眾人都乾了這巡酒後，才悠悠的道：「是又怎樣？反正我們就是這樣！該好好玩樂的時候，就要盡性的享受！不需理會那些學院死板板的規定，誰規定當個學者就不能玩樂？不能找女伴？我最不認同古代畢達哥拉斯學派的生活態度了！過那種生活是『人』過的嗎？我也沒親眼見過有人這麼過著的，對不對？起碼在麻倒拉城裡。」

眾人又是一陣歡呼狂笑。坐在奧古斯丁懷中的女孩悄聲在他耳鬢問道：「喂，你剛剛說的什麼？我從來就沒聽過什麼『畢……哥……』的，那是幹嘛的？」奧古斯丁聽完，轉過頭狠狠地吻了那女孩雙唇一陣子後，才大笑道：「諸位紳士們，我們可愛的曼利微達問：『什麼是畢達哥拉斯？』有誰要解答的？來，就安狄為我們的女士解說吧！」

名叫安狄的男孩笑嘻嘻地反問他的女伴：「妳知道嗎？說一下嘛！」那女孩也不甘示弱地回道：「我當然知道呀！就是你老爹嘛！」聽到那女孩的回答後，大家笑得更大聲了，反而令安狄有些尷尬，他只得為自己找台階下。「沒學問就給我安分一點！他是西元前六世紀的義大利學者，離現在將近有一千年了！他提倡一種修行的法則，那是十分清苦的生活，目的就是要淨化自己的靈魂，可是我們才不信這一套。這樣知道了吧！」

才說沒幾句，話題便被帶開了！大夥兒仍舊嬉鬧浪謔的，似乎是永無休止的模樣。然而隔日，幾個男孩仍舊準時地出現在學院裡頭乖乖地聽著課，在老師眼中，他們是優秀的好學生，沒有一個老師會懷疑他們在夜裡的行逕是如何放蕩，從頭到尾，這幾名十五歲男孩的保密工夫眞是做得滴水不漏啊！

這四年來，奧古斯丁很認眞的學習拉丁文，因爲他的語文基礎相當良好，加上領悟力也不錯，所以一直很能融入狀況。一開始，他在麻倒拉城賃屋而居，並且還有兩個家奴隨侍。之後，他在學院裡熟識了三名好友，他們亦爲外地求學者，四人於是在上午完課後，下午便聚集在一塊，有時討論學問，有時則一起找樂子，尤其是最近這幾個月來，他們都迷上了酒館裡的玩樂方式，或許，也是因爲他們都屆臨了情慾已開的年紀。

經過了這幾年的獨自生活，奧古斯丁漸漸地與家人疏遠。對他而言，家人並非是最重要的，從他來到麻倒拉城求學後，尚不曾回去探望父母親過哩！只寫了幾封書信託家奴帶回。充其量，「家人」就是他的經濟開銷來源罷了！大約每隔一個月，帕特里就會叫親信送錢到麻倒拉，而奧古斯丁從來就不會吝嗇於揮霍這些金錢！

然而，十七歲那年的某日，當他與一名女孩正在房內戰得火熱之際，一陣倉促的敲門聲打斷了他們——帕特里死了！這個六十五歲的老頭死之前才將家中多數的貨品轉換成中國來的絲綢，因爲絲綢對於歐洲來說是與黃金等價的高級貨品，連羅馬宮廷的主子都愛不釋手哩！老帕特里好不容易換到這一批上等的貨物，便計畫要賣到羅馬去，孰料絲綢在半路全被劫走了。在急憤交心之下，老人隨即一命嗚呼！

面對家中的丕變，奧古斯丁只得輟學回鄉。他開始思考如何學習謀生的技能，因家中的經濟情況已大不如前，沒幾個月，他又壓不住蠢動的思緒，於是告別了莫尼加前往迦太基城，他進入了那裡的學院，一面攻讀修辭學，一面在當地酒館工作。在這種情形之下，奧古斯丁的私生活並未有任何改善，反倒是藉由酒館的工作，使他的生活更加糜爛，還與一名女子未婚同居。兩年後，居然也為人父了，在摩尼教徒的祈福下，他還故做虔誠的為兒子取了個阿第加德的名字，意思為「神所賜與」。

或許是母親的遺傳所致，他在接觸了摩尼教後，開始也對其教義經典感興趣，沒事時也會翻翻《摩尼經》，對於其中討論善惡的問題斷斷續續地思索著。然而多數唸書的時間裡，他還是針對拉丁文與修辭學做研究。當處在酒館與床第間時，奧古斯丁依然只是個沉溺於感官慾望的年輕男人而已。

信教

傍晚的酒館裡，仍舊是一片蛇牛虎狼交織之語，地上雜亂丟棄著的衣物與酒杯，沒有一個人是被閒置的、孤獨的。在這裡，身爲酒保之一的奧古斯丁，正與一個剛到迦太基的旅客漫聊著。

旅客啜了一口酒後，問道：「嘿！你在這裡工作多久了？看樣子還很年輕啊！」奧古斯丁笑笑說：「兩年多了，我在浮士德學院裡攻修辭學，在這裡工作嘛——就是爲了生活！之前我還回到故鄉教授拉丁文呢，不過，受不了家鄉太過枯燥的生活，所以教了半年又回到迦太基來！」

那旅客一副難以置信的睜大了眼，「你這麼有學問，幹嘛在這裡工作？」奧古斯丁聳聳肩說：「唉！誰說做學問就不能來，我的原則是『研究歸研究，私生活歸私生活』，你懂嗎？不過這次回來，我也不想再待在這裡了，過一陣子，我會創辦一所專門教授修辭學的學校吧。」

旅客一聽，馬上舉起酒杯，鏗鏘有力的道：「好呀！你眞是夠奇特的了，我祝福你成功！乾了！」

一個月後，奧古斯丁果然兌現了當晚的諾言。他已經成爲迦太基中能夠獨當一面的修辭學者，而當時他不過二十一歲。漸漸的，人們都知道，迦太基修辭學院的院長是個很有自我「原則」的人。白天裡，他是個學問精湛的年輕學者，他教修辭學，也懂得希臘的文學與哲學；晚上時，他就成了一個道道地地的酒肉之徒，在酒館裡到處獵取年輕浪蕩的女子來共度春宵。

但是經年累月下來，奧古斯丁對於這種生活開始感到疲憊，甚至對於迦太基城的一切也漸漸覺得厭倦。一天的深夜裡，他突然由睡夢中醒來，看著懷中攬著一個一絲不掛的陌生女子。他想像著：「剛才的這個房間內，兩具赤裸的肉體正在相互地玩弄著對方，接著一陣激烈瘋狂的翻雲覆雨後，就什麼都沒啦！沒有了激情，也沒有了刺激，更不用說有什麼精神慰藉！空空的，就是那麼一回事！」

他推開那女人的身體，翻下床來，赤裸裸地走到窗邊，望著遠處，思緒中很想要開啓一道什麼新的念頭出來，但是就如同夜裡的微星一般，要照亮這片大地是不可能的！奧古斯丁簡直毫無所獲，他頹喪地退回床邊坐著，低著頭暗暗地嘆息。

驀地，他又站起身來將衣服穿上，打理了一些東西後，留下一封書信在桌上，然後輕輕地退到門邊離開了！信中寫著：我將離去尋找眞正的道路，眞正能讓我平靜的道路。三十二年來，我知道還沒遇到一種生活是適合我的，所以我要去尋找，直到發現爲止，或是直到走不動爲止。關於學院的工作，就交給我的多年摯友——安狄，他會妥善經營一切！

離開了迦太基城，奧古斯丁一路往東走，經過了羅馬，他停留了一陣子，也在羅馬教授修辭學的相關課程。隨後他又來到米蘭，認識了阿博羅斯主教，兩人一見如故。在阿博羅斯的引導下，他開始接觸《聖經》。對於基督教其實並不陌生的奧古斯丁，在這樣的氣氛之下，漸漸覺得《聖經》上的內容是合理的，他還不時拿出柏拉圖等人的作品對照，益發感到契合與有趣。

一日的上午，奧古斯丁出門閒逛著打發時間，迎面正巧走來阿博羅斯一行人，正愁無聊的奧古斯丁高興地湊上前去，問道：「您要去哪裡啊？」阿博羅斯見著了老友，就笑著說：「喔！我們正要去郊外的修道院呢！」奧古斯丁一聽，接著又問：「『修道院』？那是什麼機構？我似乎不曾聽說哩！」

阿博羅斯見他發問，還是笑笑的回答：「那是基督教新創的機構！『修道院』顧名思義就是『修行正道的地方』。這是安多尼神父所創立的，他認為教士們藉由刻苦自勵的生活專心研讀《聖經》，就可以更了解上帝的旨意。我的朋友，你有沒有興趣去瞧瞧『修道院』，也見見安多尼神父？」

當天晚上，奧古斯丁難過得睡不著覺！他呆望著自己擁有的書卷，心理面則不斷浮現今日白晝的所見所聞。坐在床上，他喃喃自語地道：「我比不上他嗎？安多尼？一個同鄉的愚者……我奧古斯丁可是個學者哩！為什麼今天一見到安多尼反而會覺得自慚形穢？因為我見到了真正的修行者嗎？呵，畢達哥拉斯，你後繼有人了！」一整晚，他像著了魔般，不斷地重複搔頭、囈語著。

天未亮，一名男子站在阿博羅斯的居所門口，靜靜不發一語。直到曦日浮昇，主教也醒來了，他開啓門來，驚呼著：「奧古斯丁！你在做什麼？快進屋來，瞧你都被露水濡濕全身了！」只見奧古斯丁注視著主教，緩緩、平靜的說：「不！我只想要受洗！」

兩種道路

一艘由北非航向歐陸的大船上，裝的大部分都是商人們的貨品，當然也會有一些隨船的夥計，他們總是三三兩兩地聚在一塊兒，隨便聊聊天或小賭幾局。然而這幾日船上卻多了一位稀客——一個教士。他似乎是個沉默寡言的人，幾乎沒見他說話，與人照面時也只是微笑點頭。船上所有的人都很好奇：「教士不應都在教堂嗎？他獨自一人做什麼？」沒有人清楚，也沒人發問，一切都只是猜想而已。

米蘭教區仍是阿博羅斯的管轄地，這天，他接待了一位來自他賈斯特城的修士。「阿博羅斯主教，奧古斯丁主教託我帶書信來給您！他說等主教看過內容後，可以給他回個信息。」這名年輕人從容地說完，並且由包袱裡拿出捲著的信件，遞給阿博羅斯。

阿博羅斯笑著說：「哈！必定是他有什麼新發現了！這種時候，我只有乖乖學習、受教的份而已。嗯，待我仔細看看。」

吾友阿博羅斯：

自上回的復活節後，我們已有十餘年不見，然而仍不時的可以聽到您的消息，皆是令我十分欣慰的！

這些年來，我不斷的在思索如何將教義理出一個較爲完整的體系，如今終於有一些眉目了！所以我迫不及待地想告知您，也希望您能多給我一些啓示。

首先，我理出了兩條道路來，第一個我稱爲「向上之道」。古希臘學者認爲哲學就是愛智慧，這點我解釋爲「智慧就是上帝」，所以敬愛上帝，就是智慧的開啓。亞里斯多德認爲人要靠理性才能通向宇宙的眞理，這就是我說的「向上之道」。上帝本身就是眞理，這是千眞萬確的事實，而理性又是什麼？即是上帝遺留給我們的誡諭及啓示。

柏拉圖曾說過人本來就帶有「善」的根，只是被「慾望」矇蔽了！經驗告訴我，他說對了一部分！我曾經沉溺在感官的享樂之中，但是完全得不到平靜的感覺！人的慾望是個無底洞，如果只是用感官的歡娛來塡滿慾望，那是不可能的！唯有用無限、永恆才可能滿足它，而上帝不就是無限與永恆嗎？唯有將上帝放入人的慾望之中，人才會平靜與滿足，這就是「善」啊！我發現，善不是被慾望矇蔽了，而是要滿足慾望後，善才會顯現出來。

再者，我稱爲「向下之道」。上帝在造人時，就將「良知」、「智慧」等念頭放進人的心中，這就是柏拉圖說的「記憶」。人天生有這方面的記憶，然而由於感官、環境的潛移默化，影響了原有的記憶，導致了行爲思想的偏差。因此，上帝便藉由摩西之手頒布了「十誡」，作爲人類道德的標準。回到我先前所言，這「十誡」與《聖經》就是理性的範式。

總之，我整理出的向上與向下之道，最終都是通往上帝的光輝之中。「向上」簡而言之，是人類對於上帝的理解；「向下」則是上帝對於人類的啓示。雖說它們似乎分爲兩條道路，但實際上是合而爲一的。

另外，我也想跟您談談「自由與罪惡」，這應該有助於釐清善與惡的問題。我認爲，「惡」的存在，是因爲人們自由地去選擇它的結果，就如同以往的我，總是自由的去選擇墮落放蕩的生活一般。當時我認爲：那是我的自由！但是現在來分析就不是那麼一回事了！我只是被「我的情緒」牽著走而已，其實是不自由的。

眞正的自由應該是「我想要做什麼，但偏偏可以選擇不要」。如果我能做到這樣，那才算自由。一個人能夠跳脫出來控制自己，而絲毫不受情緒的牽引，這不是很美好的一件事嗎？從內在來看，我得到了精神上的自由；從外在來看，就是「我要做什麼，就好好的做」，這樣人類就不容易再去選擇「惡」的行爲。

信件中，可能也不能完全地詳述，待日後我整理完整再謄一份給您！在此等您的回信。

奧古斯丁

基督保佑

殉道

他賈斯特城裡的石板路，因這幾年來官府都未派人修整，有些已經碎裂不堪了，甚至還被人們盜去當作建材，看上去一條路坑坑破破地，很是蕭條！奧古斯丁看著這些石板路，心中覺得有些擔憂，不禁蹙起眉心來。眼尖的年輕修士問著：「主教，您怎麼啦？心情不大好的模樣！」

奧古斯丁嘆了口氣，以蒼老的聲音道：「阿米基，你沒見過以前的石板路吧！呵，你當然沒見過！因爲它已經有三十年沒整理過啦！你知道這代表什麼嗎？」年輕修士思索了一會兒，回說：「這代表皇帝不管了！或者是他管不了了！主教，是嗎？」

奧古斯丁苦笑著說：「是啊，皇帝管不了了！近十幾年來，羅馬衰弱得很快啊！聽說皇帝已經要遷都了，因爲日耳曼人大量的湧入帝國的西半部，軍隊鎮不住啦！而這裡遲早也會落入日耳曼人的手中的！唉，我擔心邪惡會佔據掉大半的土地，我也擔心羅馬百姓、擔心基督教的未來啊！」

修士聽著聽著也皺起眉頭來，但隨即又開心的說：「主教，您不用這麼擔心，只要我們將基督教傳播給日耳曼人就好了！相信他們必定會接受上帝的感召的。」主教聽完修士的話後，由表情看來似乎稍微寬了些心，但是他仍是一派嚴肅的說：「我也相信你所說的，但是，這不是一蹴可及的事情啊！我已經七十五歲了，恐怕也等不到那個時候了！」

不出這位老人的預言，日耳曼人完全佔據帝國的西半部後，果然又大舉入侵北非，這僅是短短幾個月的時間而已！而他賈斯特城的人民全都陷入了恐慌之中，因爲軍隊老早就潰散了，一切都爲時已晚。

粗暴的日耳曼人攻入他賈斯特城時，該區的主教早已有了心理準備。當晚，他安排妥當後，獨自一人平平靜靜的跪在十字架之前。他開始回想著過往的種種——年幼時的他、求學時的他、墮落時的他、初信教時的他以及傳教時的他……

他知道自己「這一生已經夠了！」他老早就獲得心靈上的平靜，是上帝給予的，而現在，他要追隨於祂的身旁了。

解說

把希臘哲學與基督教信仰融合在一起是奧古斯丁對西方哲學偉大的貢獻之一。他在哲學裡強調了「人格」的意義，並且巧妙的聯結了基督教信仰中的上帝，使得人與上帝之間聯繫著一層「人際關係」。

同時，奧古斯丁也在人生哲學中尋獲了人性的價值所在，這當然是與他的生活經歷有關，他指出：唯內心存有著愛，在與人的交流中才會凸顯出人的價值為何。而另一方面，在以心靈為主軸的哲學觀念中，他也發現到「知」與「信」的關聯性，唯有這兩者密切合一，才能造就出人的整體性。

總之，奧古斯丁的思想架構全部都與人性裡的心靈價值有關，他一再地強調出人的向上性與其潛在能力，無非是冀望所有的人類都能將這一股力量發揮出來。在中古歐洲，奧古斯丁學說有力的支撐了基督教會長達數百年之久。

年表

公元三五四年	生於北非他貫斯特城。父親爲商人，母親爲虔誠之基督教徒。
三六五年	前往庥倒拉城專攻拉丁文學。生活放蕩。
三七一年	父親逝世。因家中經濟出現問題，輟學一年。
三七二年	轉往迦太基城攻讀修辭學。生活愈形糜爛，與一女子同居。
三七三年	信奉摩尼教，熱愛拉丁文學。

三七四年	一度回鄉教授拉丁文，半年後又回迦太基城創辦修辭學院。
三八四年	開始懷疑摩尼教之教義，隨即離教前往羅馬，又創修辭學院。
三八五年	遷往米蘭，始接觸基督教，並研究《新約聖經》。
三八七年	開始因生活過於沉溺於肉慾享樂中而自慚形穢，於復活節前夕接受洗禮，成爲基督教徒。不久後回到北非，加入了傳道的行列。
三九一年	被祝聖爲神父。
三九五年	被封爲主教，於閒暇時開始著書。
四三〇年	死於蠻族入侵北非之際，享年七十五歲。

爲基督教鋪出生路的人

聖多瑪斯 St. Thomas Aquinas, 1225-1274A.D.

理性必定是哲學的範疇，而且還是最高的極限，哲學絕對不能超出理性的界線，然而，超越理性的意志卻是可以的！它就是屬於神學的範疇。

花祭

巴黎大學的校園內，種的是滿園子的紅玫瑰與白玫瑰，每到開花的季節裡，校園總是會舉行「花季彌撒」。祭壇上，穿著正紅聖袍的主教與神父們會一齊奉著基督的名，爲所有的師生及國民祈福。當然，「花季彌撒」的主角——玫瑰花，必定會象徵性的各摘取一種顏色，恭恭敬敬的擺置在聖皿之中，經由主教一陣喃喃禱語後，再持著花枝蘸上聖水，朝向四面八方揮灑一番，緊接著唱詩班登台，這祭典也就接近尾聲啦！而祭後，一些學校的官方消息也會利用這個時候做宣布。

「嘿！安提多。」一位學生打扮的年輕人，正朝著前方幾步路遠的另一位同是學生模樣的人喊著。被喚名的人轉過頭來，直接立在原地等著。追上來的學生繼續說：「你剛剛有沒有聽到學校公佈的事情？」

安提多朝同伴的肩部狠拍了一記，不屑地道：「你暈啦！遇上了這種什麼法會的，我哪一次參加過？」

「哇！會痛呢！我一時忘了嘛！你知道他們發佈了什麼消息嗎？應該是你會注意的喔！」他一邊用手揉著肩膀，一邊說著。

安提多有些不耐地說：「尼古拉先生，第一、我沒參加那個法會。第二、你又一直不說。綜合這兩點，我如何會注意？」

「好！好！」尼古拉笑著說：「我說了。剛剛烏爾本那老頑固宣佈說：『以後在任何公開的場合之中，希望能避免講授有關亞里斯多德的一切思想，尤其是神學這一門學科，因為這樣可能會犯了褻瀆基督的罪名。』你聽，這是不是很該注意的消息？因為這好像是衝著聖多瑪斯教授來的，對不對？」

「嗯，那——」停頓了一會兒兒，安提多接著問：「聖多瑪斯教授的神情是怎樣呢？你有看見嗎？」

尼古拉努力的回想著，他的目光看向遠方，似乎是要擷取一些迴光流憶，只聽得他道：「有啊，在場的聖多瑪斯一聽見這幾句話後，微微地皺起眉頭，之後就回復平靜。但是上過他課或知道他的人都偷偷地瞧著他呢！而且烏爾本大聲地說完後，眼睛似乎也往聖多瑪斯的方向瞧過去，雖然樣子好像很不經意，但是他在暗示著什麼，每個人應該都清楚吧。」

安提多嘆了一口氣，「其實我很喜歡聽聖多瑪斯教授的課！聽他上課，會有一種全新的收穫，不是嗎？我眞搞不懂教會的人員在想什麼？爲什麼一提到亞里斯多德的哲學就怕得像是看到了撒旦一樣？還禁止一切關於亞里斯多德的著作流傳，說他是異教徒故意要攻擊基督教的思想工具，他有那麼可怕嗎？」

尼古拉也附和地說：「我也和你有一樣的想法，其實聖多瑪斯教授已經在利用亞式的哲學爲教會做有利的辯護了，可是教皇等人好樣還不太清楚！認爲講亞里斯多德的哲學就是對基督神學的反動！我看啊，現在這種情形，聖多瑪斯教授日後的上課狀況可能會被嚴加注意喔！希望不要有事才好。」

「嗯。」安提多點點頭說：「明天我們上課時，聽聖多瑪斯教授怎麼說好了！他應該會有回應的。」

翌日上午——

「呃……各位同學。」身材魁偉的聖多瑪斯站在講台上，神色有些黯淡，清了清喉嚨後接著說：「我來到巴黎大學任教，至今也滿三年了！現在，我要通知各位一個消息：我即將離開這裡前往我的母校亞培大學裡繼續任教！因爲亞培方面一直希望我能回去執教，而適逢教會方面昨天也批准了亞培的要求，所以今天可以算是我最後一次站在這裡上課了！」

一時，整批的學生全都悄然無聲。

談話

夜裡，從森林中傳來陣陣令人毛骨悚然的鴟梟鼓譟聲。暈溶溶的月色照在林中的小徑上，兩名行動略顯匆忙的身影正在步行著，服貼在地面上的紫灰色影子隨之飛掠。

「教授！」安提多與尼古拉站在聖多瑪斯的寓所前，見屋內的燈火還亮著，兩人便在門外喊著。

一時，門開了，聖多瑪斯本人出現在門口。他瞇起眼看著這兩個年輕人，笑著說：「喔！是你們。快進來吧！」兩人後腳踏著前步，跟在教授身後。

屋內的擺設十分簡單，壁爐火正升著，一邊則是幾只書櫃與書桌，書桌上堆著幾疊紙張及書本，近座位的前上方正壓著一張書寫到一半的論文。

尼古拉好奇的看看書桌，「教授，眞不好意思！打擾到您寫論文的時間了。教授，您現在寫的是關於什麼？」

聖多瑪斯揮揮手，笑著說：「那桌上寫的是《神學大全》，已經寫了七年啦！不過，我適巧也寫得有些累了！你們剛好來，可以陪陪我這個糟老頭兒。」

兩個學生異口同聲的道：「哇！七年了，那一定很精采囉！」安提多又補充道：「教授，可不可以說說它的內容大意呢？」

聖多瑪斯又笑著說：「唉！也沒什麼値得對你們說的，因爲你們老早就在上課時聽過我所說的內容了！這些東西，不過是我這幾年上神學課程的講義罷了！」

聽到「神學課程」這個詞語，兩位年輕人的眼中馬上就飄出一絲愁悵的神情。這些教授當然是看在眼裡，他嘆了口氣，暫時沉默。然而，他隨即又回復愉悅的表情，伸出雙手按在兩個年輕人的肩膀上，「來！你們一定渴了！我去煨一些熱湯，我們三人一塊兒喝！」

尼古拉先發言：「教授，我們知道……學校一部分的人聽不慣教授的新觀念，也害怕自己的學說即將沒有根據，所以聯合教會的人故意要排擠教授，而現在，您不得不離開巴黎大學了，我們都覺得很不公平啊！可是……」

聖多瑪斯伸出右手，示意尼古拉不必再說了。他說：「這個問題，我們無法去爭取什麼……好啦！我去煨一煨湯吧！你們要幫忙嗎？」

一鍋熱濃濃的湯由尼古拉端出來，安提多則將它們分盛在三個碗中。師生們圍在壁爐邊慢慢喝著，也慢慢聊著。

連著喝了幾口湯後，安提多道：「教授，眞對不起，我們實在不能幫上什麼忙，雖然是這樣，我跟尼古拉還是想來見見老師。」

教授擱下湯碗，愉快的說：「其實，你們能來看看我這一點就夠啦！我在這裡也太過招風了，惹人怨也是正常的！而我現在要回去亞培了，我在言語上會學著收斂一些，他們安排得還不算差，亞培是我的故鄉呢！呵……都四十七歲了，這一點還做不好！人啊，要堅持正確的事外，還要不忘圓融些，你們也要注意，可別學我這樣！」

尼古拉說：「教授，您可是我們眾多學生的榜樣哩！每次上辯論課時，您說話時的堅定與流暢，常常會令其他教授招架不住！而且您一定能抓住眞正的重心，說得清晰而明確，讓我們眞的佩服得不得了！」

聖多瑪斯聽完，笑著說：「呵呵！以前在當學生時，那時在亞培，我的老師是阿爾伯特先生，他就是不斷的訓練我們辯論的技巧。我是受他教導的，但是，是我自己糟將辯論時的態度帶進了待人上頭……」

尼古拉又說：「教授，我們是眞的很崇拜您呢！是他們太過食古不化了！我相信，日後您的學說必定會被教會接受的，並且還會奉爲最終原則呢！眞的，我跟安提多都這麼覺得！」

聖多瑪斯看了看尼古拉後，站起身走到壁爐前拿起火鉗子，往火堆裡撥了撥，背著他們說：「我也覺得用亞里斯多德的哲學來解釋基督神學，是比以往都合理得多，所以他們一定會有接受的一日。這一點，我跟你們一樣。所以，我決定不論我在哪裡，我的看法並不會有任何改變！除非，我能證明它是錯的！」

坐回椅子上後，聖多瑪斯拿起碗來，喝了幾口湯汁，接著又道：「來，我們別再討論這些嚴肅的話題了！我來說一說故事好了！是我以前的故事，你們大概都還不清楚吧！因爲我也不曾在這裡說過。有興趣嗎，年輕人？」

安提多與尼古拉兩人猛點頭。

「好，那我就說囉！」聖多瑪斯開始敘述過往：「我的父親是個貴族，我的兩位哥哥也是德意志帝國的皇家軍官。到大學畢業爲止，父親一直期望我能當個高階的神職人員，但是我卻違背了他。那時在亞培大學裡，我加入了道明會的團體，並且要從托缽僧侶做起。我的家族得知後，當然是極力的反對。他們認爲貴族怎麼能當乞丐！當然啦，道明會也知道了，於是他們改變主意，要我到巴黎深造。結果，我的兩個哥哥半路將我架回父親的城堡裡，我被軟禁起來了。」

尼古拉驚訝的道：「天啊！原來教授還有這一段故事哩！那後來又怎樣了？」

聖多瑪斯笑了笑，他又說：「這段時間長達一年又四個月，每天，我的活動範圍就以城堡四周爲限，隨時都有人看守著。他們不斷的試圖說服我，哈哈！一想到我就覺得好笑。有一天，我房外出現了一位女孩，她叫歐麗娜，是個迷人的金髮美女，雖然我當時年輕氣盛，但是並沒有因此而動搖意志，因爲我很清楚我的目標在哪裡。但是那女孩眞的很美，我一度差點爲她著迷了，她說起話來聲音很輕、很柔……父親的「美人計」失敗後，不久，他們終於放棄了，於是我再度前往巴黎完成碩士學位。之後，我就在大學裡教書，一直到現在了。」

兩個年輕人聽到聖多瑪斯年輕時的「豔遇」，不禁笑了起來。尼古拉還說：「想不到教授這麼有定力！換做是我，恐怕會受不了誘惑的。」

安提多也道：「現在教授可是出了名，有著一定的地位，相信您家族都會感到光榮的！」

聖多瑪斯喝完最後一口湯，微笑道：「還好啦！在我取得學位在大學教書後，我和家族的關係也就沒有那麼糟了。」

安提多端起碗，一口飲盡。「教授，您打算什麼時候啓程前往亞培？」

聖多瑪斯想了想，站起身來走向書桌，從書堆中抽出一封信函。「大概是明天……我會將這裡收拾收拾，後天一早就出發了！」

「教授。」安提多又說：「請讓我們幫您整理，因爲這是我們可以做好的事！」

尼古拉也趕緊附議：「對啊！這些我們來就好，您只要告訴我們您要的方式，哪些要分類等等……總之，就是這樣。」

聖多瑪斯看著這兩名學生，笑瞇瞇的點點頭。

超越理性

「上帝存在」

聖多瑪斯在板子上寫下這幾個字之後，對著在場的學生朗聲道：「這是我們這門『神學與哲學』課程中最先要釐清的部分，那我先就上帝存在的問題來說明。上帝存在嗎？我的答案是肯定的。而作爲全知全能的祂，正在注視著我們的一舉一動！或許，絕大部分的人一輩子都見不著上帝，但我敢說，祂眞的看得到我們，且清清楚楚地。

我爲何敢肯定的這麼說呢？首先來看看，希臘時期的亞里斯多德認爲，現實間物體都是不斷的變化與運動。這用『潛能』與『現實』來分：青年是少年的『潛能』；而少年是目前的『現實』，這是不是一天天的在運動變化？那這種變化是自動的嗎？如果缺乏外在的協助、推動，那少年如何能成爲青年？當然是不能！所以，凡是運動變化者，必定都有著另一物在推動著，如此不斷的往上推，就會推到一個極限，就是第一推動者，這第一推動者是不受任何事物的推動，祂是推動者又是自動者，而祂就是上帝。

第二，我說所有的事物都在運動，他們會生成，會消失，爲什麼會這樣？我問你們：你們會自己出生嗎？會自己死亡嗎？當然不能由自己決定啊！這種生生滅滅的現象，就說明了『事物不能夠成自己的原因』，而是有一個外在的力量在掌握的，那誰有這般力量呢？我不必再多說了吧！

而第三個，我要從『必然性』與『偶然性』來論述。假設『人』是一種必然性存在，那麼『約翰』或『瑪莉』就是偶然性存在。偶然性之所以會存在，一定是有必然性在背後作爲支持。而我們不斷地追究下去，一定會發現到一個『絕對必然性』的存在，作爲絕對必然性存在者不會再有別的，這就是上帝啊。

第四則可以由『等級』這個觀念來說。任何事物，都可以將他們劃分出不同的等級。愈高等級的，離眞善美的境界也愈近，如此往上推論，必定會有一個最至眞、至善與至美的本體存在。當然，這本體未必就是實體，你們要清楚！而這代表著什麼呢？自然即是上帝。

最後一個，我再由『秩序』來觀察。這個宇宙的一切現象，大體上有一個秩序，或者可稱之爲規律。那諸位想想，這種秩序是自己安排的嗎？若是你們的物品沒有經過整理、沒有安排，那它們會自己安置得整整齊齊地嗎？同理，我們見到天體的運行若沒有刻意的安排，它們會自動的上軌嗎？當然不！除了上帝有這份能耐外，還有誰可以？

我這裡所說的這五種推論，都是從一個來源衍生出來的，那就是亞里斯多德的學說。你們不用懷疑，亞氏的學說並非你們所想像的那樣與神學不合！相反的他的思想正可以用來解釋神學。日後的課程中，我會爲諸位解釋亞氏哲學中的論點如何來爲上帝做詮釋。」聖多瑪斯解釋到這裡，稍稍停頓，他看看學生們之後，繼續說：「對了，你們可能還不大清楚爲什麼教會方面對亞氏哲學如此排斥。」

只見底下的人紛紛搖頭。有學生喊著：「請老師爲我們解釋好嗎？因爲我們只知道『排斥』，但是卻不了解『原因』。」

聖多瑪斯笑了，心想：「教會眞是圍堵得厲害，完全不讓學生知道！上帝啊！這是好的嗎？我一心一意要用最好的方式來榮耀您，但是好像還得不到您的垂愛，還是您是繼續在考驗我呢？」

他說著：「原因——說給你們聽吧！你們目前所學的『神學』是奧古斯丁引用柏拉圖學說而來的『教父哲學』，其實它也沒什麼不好，原因是出在異教徒身上！伊斯蘭教徒翻譯、注釋亞里斯多德的哲學，並且輸入歐陸諸國，造成了某一些學派對教會方面做了不禮貌的攻擊！他們認爲理性才是最終的眞理，上帝不過是亞氏邏輯推論下的第一推動者而已！如此一來，教會方面就緊張了，直斥亞氏哲學爲荒唐！

實際上在我看來，這只是那些學者對於亞氏哲學的誤解而已！誠然理性是非常的重要，這在奧古斯丁的哲學中也得承認不是嗎？奧古斯丁將理性依附在上帝底下，認爲上帝讓人類認識理性後，人類才知道信仰上帝。但是它的說法其實是比較不精細的，經過我這些年的分析，發現到人類除了理性外，還有一個是『意志』。

這個『意志』的定義爲：它可以使人類立定志向，努力地追求。它的範疇則遠遠超過理性，不僅是在理性的範疇中，也可以超出理性的領域。因此，我們說，『意志』不但是可以接受理性所了解的事物，而且更可以接受非理性的、超理性，甚至是所謂反理性的事物，這即是『信仰』的範疇。

若是經由這樣子的解釋，那亞里斯多德的學說是絕對不會影響到上帝是唯一眞理的命題。因爲亞里斯多德的哲學就是哲學，你們懂我說的嗎？理性必定是哲學的範疇，而且還是最高的極限，哲學絕對不能超出理性的界線，然而，超越理性的意志卻是可以的！它就是屬於神學的範疇。

我說到這裡，你們應該也明白了！神學是超越哲學，而這就如同意志是超越理性的。假設不能認清這一點者，就會陷入之前某些學派的謬思中。」

這時，底下又有學生提問了：「教授，您所說的意志說是我們現在可以了解的，然而，它們——就是理性與意志之間的關係又是如何呢？因爲您剛才有提到，意志甚至是非理性的、反理性的，那他們的關係是否是衝突的呢？」

聖多瑪斯吐了口氣，「會提出這個問題，表示你們很進入狀況！太好了，那我就繼續！理性簡單的說就是眞實與邏輯兩大支柱所架構出來的，關於這點我們不必多說了！那意志呢？就我剛才所說的一些詞彙：超越理性、非理性與反理性等等，現在就來一一解釋。

第一點，意志的本質是非理性的，因爲它不是理性嘛！很可笑吧，但是卻是眞的喔！第二點呢，若單單只有意志而無理性，那是否可能會出現反理性或者超理性的情形？但實際如何我們無法辨識，對吧！嗯，就像有人不崇敬上帝，但是信仰撒旦，這還是一種意志力的表現啊！而這卻是反理性的情形。

若是意志加上了理性，那會如何？首先我們都知道理性可以讓我們清晰明白某事某物，而意志是追求；在認清了某事某物之後，立定志向去追求，那這個基礎是不是理性？是啊！那是不是超越理性？當然是！因此，『理性引導意志』就是這兩者之間的關係。理性在前，它負責認知與判斷；意志在後，它是盲目的，是負責追求。

當然，我也知道同學們是第一次上我的課，慢慢的，我會將這些說法再詳細的加以解說的。」說到這裡，聖多瑪斯還是習慣性的停下來看看學生們的反應。只見台底下開始竊竊私語，但是許多學生的表情都充滿著驚喜，像是發現了一件新鮮有趣的事一樣。

天使博士

象徵耶穌熱情的紅玫瑰與代表聖母純潔的白玫瑰被整齊地安置在教堂兩旁的角落，穿著黑袍的神父正站在中央，手中握著十字架，神情肅穆的啓口：「我們感到悲傷，我們的聖多瑪斯教授將要回歸到上帝的身邊，並且永遠的榮耀著祂，這是使我們在悲傷之中唯一可以感到欣慰的。他的一生是許多人所企盼不及的，因爲他爲教會、爲學術貢獻了他畢生的精神與時間，雖然……」

底下的人群除了家族，多數是曾經聽過聖多瑪斯上課的年輕學生，而另一些則是他的好友們。他們全都著上暗深色的衣服，表情十分凝重。他們大概想不到，這位一生捍衛耶穌基督的學者就這麼突然離開了。

就在神父祝禱完後，負責的工人們便恭恭敬敬的將棺木運往教堂後埋葬，幾乎所有的人還停留於此，久久未離。或許他們在好奇著：「通常某人過世時，悼念的人們幾乎在神父唸完禱辭後就散啦！爲什麼今天來悼念這位死者的人們都還不離開？難道這位多瑪斯先生生前這麼受人愛戴嗎？」

「到底是發生了什麼事？」身穿黑服、神色哀戚的安提多問著附近的一位年輕人。「爲什麼聖多瑪斯教授會突然走了？」他身邊的尼古拉表情也是一般哀戚。

那年輕人看看他們，問道：「請問你們是？」

安提多道：「我們是聖多瑪斯教授以前在巴黎大學的學生。我是安提多，他是我的好友尼古拉。」

那年輕人向他們伸出右手：「我也是老師的學生，叫我威廉吧！關於老師，他是染上肺病過逝的。其實，最近他的身體就不是很好，不時的頭痛、聲音沙啞，有時還會發燒！大約是在十天前，他接到教皇的書面通知，希望他去里昂出席宗教會議。你們應該也知道，老師一輩子就是在確立基督教的神聖性，他自然是要參與的。當時，一些人勸他就別去了，先將身體養好再說！可是，老師不願意，最後還是啓程了。那幾天天氣不好，加上下雨，沒想到他發燒的毛病又犯了！勉強到了里昂，老師已經不能下床了，急忙又送回亞培來，醫生診斷是肺炎，當天夜裡就——」

「可惡！怎麼又是教皇，上次被調離巴黎大學是他下令的，這次令教授喪命的還是這個傢伙！」尼古拉咬牙切齒的，神情相當憤恨。

安提多拍拍尼古拉：「你怨教皇有什麼用？還是少說兩句，若是教授聽見，未必會高興吧。」

「畢竟——是他自己所選擇的。」突然，從旁邊冒出這麼一聲低沉的語句來。三位年輕人轉頭看去，是來自一位老者之言。他略微彎彎上身，爲剛才的冒昧表示道歉。三人也禮貌性的回禮。

「走吧！時辰也差不多了。」安提多提醒他的好友，兩個人默默地走出教堂。

「安提多，若我是教皇的話，那我一定會冊封教授爲『天使博士』，你覺得呢？」尼古拉問道。

安提多看著他的好友，笑著說：「好啊！這個名字很美。嗯，『天使博士』！教授若知道的話，應該會很高興的。」

解說

處在一個奧古斯丁主義面臨崩潰及阿拉伯世界積極向基督教世界挑戰的時代中，聖多瑪斯的挺身捍衛的確是促使羅馬教會神學延續的主因之一。在當時的阿拉伯世界，亞里斯多德的思想又重新被賦予新的生命，其客觀、實驗與理性的思想因子，正無情的撞擊著只因信仰而信仰的歐洲人。

當聖多瑪斯認清了傳統神學無法再有所突破時，便在上帝這個前提下，開始致力於將亞里斯多德的思想給「基督化」。然而剛開始總是極不順利的，但是教會能一味的排斥以理性為主的思潮嗎？在歐洲人尚未與東方世界接軌前或許還行得通。直至近代，羅馬教會仍是極力地推崇聖多瑪斯的哲學體系，而且也更形精巧地加以運用，將各類的科學成就全部附屬為信仰上帝而開展的。基督教之所以至今還能屹立不搖，這應得歸功於聖多瑪斯為其舖設起一條公式之路吧！

年表

公元一二二五年	生於義大利那不勒斯鄰近的洛卡西卡城堡，爲貴族家庭。
一二三〇年	送至蒙特卡西諾修道院裡學習。
一二三九年	因修道院爲德意志軍隊所佔領，聖多瑪斯只得離開修道院。不久，隨即前往那不勒斯大學就讀。期間加入多米克教團，與父母發生衝突。
一二四四年	多米克教團秘遣聖多瑪斯往巴黎深造。因中途洩露機密，而被其兩位兄長綁回父親的城堡幽禁。
一二四六年	家人終於首肯，聖多瑪斯如願來到巴黎大學，成爲阿爾伯特的學生。
一二四八年	阿爾伯特奉多米克教團之令，前往科隆主持神學研究院，聖多瑪斯也一併前往。
一二五二年	聖多瑪斯離開科隆，受教團委派至巴黎大學協助主持神學講座。
一二五七年	被教皇任命爲巴黎大學教授，獨自主持神學講座。

一二五九年	奉命至教廷裡供職，因而結識精通希臘文的威廉，從而掌握了豐富的第一手資料。開始創作《神學大全》等書。
一二六八年	結束教廷供職的任務，隔年回到巴黎大學任教。
一二七二年	赴那不勒斯爲多米克教團創建了新的神學研究院，同時繼續創作《神學大全》。
一二七三年	突然停止所有的著作。
一二七四年	不顧體弱病纏，奉教皇所召啓程前往里昂出席宗教會議。旅途中一病不起，於福薩諾瓦修道院中去逝，享年四十九歲。

近代西方哲學之父

笛卡兒

Rene Descartes, 1596-1650A.D.

「我」這個人是不是我存在的原因呢？如果我本身是作為我存在的原因，那麼，我就是最完全的存在囉？

遇劫

西風徐徐的暖陽天裡，一艘航行在大西洋上的商船由原本定速移動的狀態下，突然莫名地減緩了航速，三桅大帆都被收束起來。最後，整個船身就靜止在漫漫無際的藍色海域中。十數名假扮成商客與水手們的海賊在船行駛到離陸地較遠的地方時，便露出了猙獰兇狠的面目來！他們手持著彎刀與槍砲，押住船上所有的人員，開始一一地搜括財物。在過程中，有一個身材癡肥的商人因企圖將鑽石隱藏在嘴裡，結果被海賊頭子一刀劃開他的臉頰。在奪得數十顆沾裹血腥卻又晶瑩耀眼的鑽石後，那個可憐的胖子便給一腳踹入了大海，瞬間只留下一灘濁紅在海面上渲染開來。

「嘿嘿……相信你們都看到啦，膽敢不從的人就會有這種下場！所以勸你們乖乖的將身上的財物全都交出來，這樣可以免你們一死！」海賊頭子站在船頭，神情得意地朝著一群驚恐的乘客說著。

「現在，你們去把船上的人都找出來，將他們集合到甲板上，動作快一點！兩個兩個一組行動。」海賊頭子繼續對著屬下發號施令。

號令一下，就有八個賊子分爲四組，開始往船尾及船艙逐一地搜尋。每個人手裡都舉著亮晃晃的利刃，光是那架式已十分地駭人。

當兩個賊子走到船尾時，發現那裡還站了兩個乘客。

其中一個賊咆哮道：「喂！你們兩個給我過來，現在這艘船已經被我們佔領了！趕快把身上的財物交出來，聽見了沒？」他舉起刀，作勢要砍殺他們。

其中一名乘客連忙說：「我只是個可憐的人啊！身上幾乎沒什麼値錢的東西，可別殺我啊！」他跪在地上，雙手不住地在額前搖動著。

兩個海賊見狀，起初是哈哈地大笑了一陣子之後，他們問另一位乘客：「喂！那你呢？是嚇傻了還是怎地？把錢交出來，不然就受受刀子吧！」

外型瘦弱不堪、面部蒼白的男子盯著海賊說道：「我是有一些錢，就在這裡了！」他從腰帶裡掏出一個小袋子，倒出其中的金幣，約有十來枚之多。這令海賊們睜大了眼睛，連忙說著：「嘿，交過來！」

這名舉止冷靜的男子將金幣全數塞回小袋子中，隨即往海賊的方向拋了過去。當這一袋金幣落在賊子的跟前時，賊子的神情是極度的得意！他們將刀子插回腰間，四隻眼睛直盯著袋子瞧，其中一個就要彎腰去撿拾時，這名男子快速地拔出藏於腰後的利刃並喝道：「別動！」這突如其來的舉動，使得賊子們一時間也嚇得往後退了幾步。

男子趁機逼上前去，撿起了袋子，「你們敢亂動的話，我就將這袋金幣丟入海中！」眼裡只有錢財的賊子，此時自是不敢妄動，只是睜大了眼睛、一副快氣炸的模樣。他們大概很難想像，眼前這個外型不怎麼樣的男子居然這麼大膽。

只見男子謹慎、緩慢的往後退去，並且說道：「朋友，趕快站起來吧！你會不會游泳？」他問著還跪在地上的男子。

聽到這句話後，那乘客趕緊由地上爬起來，回答著：「會啊……不過不太好。」

「會就好，現在跟我退到船尾端，然後逃走！」男子小聲說著。

兩個海賊似乎忘了有同伴的事實，他們仍呆呆地站在原地不動，也許是他們從未遇見過有人敢在他們面前這麼做吧。

男子退沒幾步，就已經到了船尾，他稍稍地瞄了眼繫在船尾的小船，確定無誤後，他將袋子猛力扔向海賊的方向，同時示意同伴一塊兒躍入海中。很快地，兩人就游到了小船處，在割斷了繩索後，他們便拼命地使勁划動船槳，經過了幾十個小浪頭後，終於成功的遠離了爲海賊們所控制住的商船。

在海上

好在船上留有一木桶的清水與一些乾糧，讓兩人暫時免去了飢與渴的惡夢。小船張起了白色的風帆，歷劫重生的兩人這時才放下了船槳，癱坐在船上休息著。

「你好。」英勇的男子向同伴說著，「我叫笛卡兒，是個剛退役的軍人。」他伸出手來想與同伴握個手。

這名同伴回握住笛卡兒的手——他以雙手緊握著，並親吻、磨蹭著他的手，還朝笛卡兒跪了下來，口中不斷地說著：「先生，您是我的救命恩人，請讓我爲您效勞吧！」

笛卡兒將手抽回來，說道：「你這是幹嘛呢？我不過是爲了保命順道救你而已，因爲你正巧在一旁啊！」他站起身來要將同伴給扶起。

那人坐下來後，說：「我叫陶麥，是西弗里斯蘭人。原本是一個木匠，後來想學著做生意，便到處碰碰運氣，但是一年多來也沒賺到什麼錢。趁著還有一些車馬費，就想回家鄉去重操舊業，雖然辛苦一些，但是總比在外面一事無成來得實在多了。沒想到居然會遇上強盜，還好有先生救了我一命，否則我不是死在海上，就是會被賣去當奴隸，那我可能一輩子都回不了家鄉了！對了，請讓我擔任你的僕人好嗎？這大概是我唯一可以做的事情吧！好不好，先生？讓我擔任你的僕人吧，我會很努力的。您不答應的話，我就不起來了！」說完，他雙膝又是一跪。

笛卡兒看著這個模樣憨厚的老實人，心中覺得有些不捨，但是又見他意志堅決，便說：「好吧！我就先應允了你。不過我有一個條件——」

陶麥抬起頭來看著笛卡兒，開心的問道：「請說，我一定照辦！」

笛卡兒道：「上了岸後，你就不能再跟著我了！我希望你能平平安安地回到家鄉去完成你先前的意願，而我則要往荷蘭去。當然，我一樣會付你金錢，所以你不用擔心在回到家鄉的這一段時間內的經濟問題，懂嗎？這就是我的條件。」

陶麥看著他的新主人，略顯激動地說：「眞是太感謝您了，我的主人！我願意在這一段時間內爲您赴湯蹈火，絕不敢有半點的疏失！」

夜晚，天空上滿是星斗，笛卡兒仰躺在船首看著星星，而陶麥則側坐在船尾控制著方向，一路往東北方移動著。四周的能見度還算不錯，起碼不是伸手不見五指的程度，星光籠罩下的氣氛倒也令笛卡兒覺得挺美的。

「陶麥，你知道伽利略這個人嗎？」笛卡兒突然問道。

陶麥想了一下，搖著頭說：「先生，我沒聽說過他。他怎麼了？」

笛卡兒指指夜空，「他是一個天文學家，這陣子他確定哥白尼的理論叫作『地動說』，推翻了以往的天文知識，雖然教會很仇視他，但是你如果知道眞相的話，就會佩服他了！」他停頓下來，繼續欣賞著夜星美景。

「爲什麼呢？先生能告訴我嗎？」陶麥好奇地問著笛卡兒。

笛卡兒笑著說：「因爲他用數學公式算出天體運行的軌道後，發現與教會的說法不一樣，他開始懷疑，並且用望遠鏡去觀察天空。最後，他終於確認了太陽才是宇宙的中心，地球不過是圍著太陽旋轉的其中一顆行星。

當然，這是經過他用數學一算再算的結果，不會有錯的！你知道數學是什麼嗎？它可是一把通往眞理的鑰匙呢！你想想，眞理是不是唯一且正確的？數學正符合這個眞理的原則啊！所以我說伽利略就是用『數學計算』這把鑰匙開啓了通往眞理的道路，而這眞理就是『太陽中心說』！」

陶麥是個完全不識字的粗人，對於笛卡兒的話多半是聽得模模糊糊的，但是他還算是個聰明人，知道笛卡兒在稱讚數學的偉大，而且這個叫作伽利略的人即用了數學揭開一個新的說法。但是他不懂的是：爲什麼數學有這麼大的力量？

「先生，數學爲什麼可以成爲眞理的鑰匙？我不能理解耶！」陶麥發出了他的疑問。

笛卡兒笑著說：「我問你一個簡單的問題：一加一等於多少？」

陶麥想了一下，說：「應該是二沒錯吧。」語氣中有些緊張。

「沒錯！就是二。一加一等於二，不會再有別的答案出現，所以呢，答案絕對是唯一的，你不需要懷疑，數學的特性就是如此！伽利略就是掌握了這個特性，才得知宇宙是以太陽爲中心的。其實，不光是伽利略，較早的哥白尼及現在的克卜勒也都深信數學能夠解釋宇宙的事情。」笛卡兒以十分堅定的口吻說著。

笛卡兒又想到什麼似的，突然道：「陶麥，我告訴你一個有趣的故事如何？」

陶麥點點頭。笛卡兒說：「克卜勒的老婆去世後，他很想再續絃，於是他就用了數學計算法，挑出了全城的眾多美女們，一一的算出了她們的平均值。然後，他就向分數最高的那個美女求婚，你猜，結果怎麼著？」

陶麥搖了搖頭，笑著說：「先生，我眞的不知道耶！」

「哈哈！當然是沒獲得那位美女的首肯囉！之後，他又去找第二名、第三名的美女，當然沒有一個女孩願意搭理他！因爲他老早就是個瘦瘦癟癟的老頭子了！哈……」

笛卡兒仍舊在笑著，而陶麥聽到這件事之後也覺得相當有趣，跟著也笑個不停。

「先生，數學眞的有那麼偉大嗎？爲什麼連那位克卜勒都要用它來挑選老婆呢？」陶麥問著，因爲他很難想像這種加加減減的東西可以有這麼大的魔力。

笛卡兒笑著回答：「這個問題很好！我相信所有人一開始必定會懷疑這個問題的。

你想想，假如知道我們這個宇宙間天體運行的規律是靠一套數學公式的話，那不就是告訴我們：上帝用數學的方式創造了這個世界，而我們又存活於這個世界之中，那我們不也被數學所支配著？簡單的說，數學可以解釋這個宇宙運行的規律，這樣它究竟偉不偉大？」

陶麥似乎是聽懂了笛卡兒的意思，他若有所思的點點頭。

「再說，遠在兩千年前的希臘人就已經知道數學是一種可以揭示眞理的學問，而且他們也的確留下了許多的典籍供我們參考，無論是畢達哥拉斯、柏拉圖、亞里斯多德等等，都持著這種觀點。而我們現在才知道，也只算是跟在他們的腳步後頭走而已！唯一不同的是，我們明白了更多的數學原理，也發現了更多的公式。」笛卡兒又兀自補充了一些。

陶麥看著他的主人，聽著他所說的話，都是之前聞所未聞的內容，他對於這個主人是更加的懾服！白天已救了自己一命，晚上又說了一些很高深莫測的言語……陶麥頓時覺得笛卡兒必定是個偉大的人物。

「先生，您相信上帝嗎？我是說……您相信教會的話嗎？」陶麥好奇地問著笛卡兒，他想知道「偉人」是不是也會做禮拜，跟他們一樣會禱告……。

笛卡兒嘆了一口氣，沉思了一會兒才說：「我是相信的，但是我不知道天主教會所說的眞理究竟是不是眞的？它經不經得起考驗？我……目前還不敢肯定。」

他將目光投射在飛越天頂的白鳥座上，心中就像那一條霧茫茫的天河般，尚釐不清何處爲分界。

三個夢境

斜照的晨曦將笛卡兒給喚醒了，他揉揉雙眼，仔細地瞧瞧四周後，發現帆已張了起來，陶麥老早就在進行著他的工作了！

「先生，早安！」陶麥面帶笑容地朝笛卡兒道早安。

笛卡兒正想說句話時，卻發現喉頭與氣管十分的乾裂，肺部感覺也相當的虛，忍不住的就開始咳嗽，而且連咳了十數次，幾乎都快喘不過氣來了！陶麥一見到如此，連忙趨向前來輕拍著笛卡兒的背脊，希望主人能停止咳嗽並且好受一些。

過了約兩分鐘，笛卡兒才漸漸的平復下來，他揮揮右手示意陶麥自己已經沒事了，然而陶麥仍是一臉緊張的模樣關心著笛卡兒的狀況。

笛卡兒笑著說：「沒事了！我這是老毛病，從小就犯上了，呼吸器官比較不好，容易咳嗽，尤其是早上起床的時候，通常是過一會兒就好了！對不起，我想喝些水會好受一點。」他自行走到木桶邊舀了一碗水，咕嚕嚕地大口喝著。

陶麥拿一塊硬餅給笛卡兒，自己也吃起了另外一塊。他說：「先生，或許我們快接近陸地了，因爲從昨天開始我們的小船都沒有偏離過方向。我昨晚做了一個夢，夢見我們回到了陸地，然後就跑到一家館子裡吃著美味的大餐喔！」一說起陸地，他就想起了西弗里斯蘭這個故鄉，笑意不由得又爬上了雙頰。

笛卡兒說：「說到夢啊，就讓我想起了我在軍中曾做過的三個怪夢！那時是冬天，那晚我夢見的第一個夢是我走在一條街上，走著走著，身子不由自主的偏向右邊，我覺得很不舒服，企圖要將自己給拉正回來。但就在此時，狂風暴雨驀然從天上席捲而來，並且將我的身子帶向左邊，接著又有一陣怪風把我吹得轉了三、四圈，等我落地穩定後，就看到跟前站著三、四個可怕的幽靈。

我被嚇著了，趕緊拔腿就跑！這時一座教堂出現在面前，我毫不猶豫的就鑽了進去，然後就醒過來了。醒來之後，還是覺得很緊張，因爲我相信那是惡魔在作祟。我起身在床前禱告了一陣子，之後才回到床上，漸漸地睡去。

之後，我又進入了第二個夢境裡。我還是走在街上，但是天空中佈滿了陰沉的烏雲，不多時就開始放出驚人的雷電，那聲音之大，令我的耳朵幾乎都快被震聾了！我又醒了過來，而且當我睜開眼睛時，發現我的房間裡都是火星，亮得刺眼，過了幾秒後才消失不見。

當時，我在想自己爲什麼會做這些怪夢，應該是有什麼事情要告訴我吧！第一個夢境是可怕的，第二個夢也夠嚇人的，但是感覺不相同，第二個夢好像是上帝要傳達訊息給我，但是我不知道內容是什麼！因此，我在床前又做了一次禱告，才繼續睡。

很快的，第三個夢在我睡下不久後就來臨了。我看見一張大桌子，上面放著兩本書籍，一本是辭典，另一本是詩集，一個拉丁詩人的作品。此時，一個陌生人出現了，他問了我一些問題，我知道這兩本書都找得到答案。當我想要去翻閱這兩本書時，卻發現它們突然消失了。我開始在房內尋找著，終於被我找到了，可是它們已經變得殘缺不堪。我翻著那本詩集，他的第一首是〈我要走向何方〉，是一首道德勸化的詩，我就說我知道這個作者還有另外一首更好的作品，那個陌生人又要我找給他看！我翻來翻去，就是找不到那首詩，我只好唸給他聽。之後，我就醒過來了。

醒來之後，我發現這三個夢若是連貫起來，似乎是要讓我去追尋某種東西，或者是說要提示我眞理的方向……呵！總之，就是這三個夢讓我至今難忘，而且我在隔天的早晨就將這些夢境一一地紀錄下來。」

陶麥聽完了笛卡兒極長的陳述後就說：「會不會是天主降臨給您的指示呢？否則怎麼會有這麼奇妙的夢境啊？我可是一輩子都夢不見的啊！我的夢大概都是一些很平常、很無聊的東西吧！」他抓抓自己的頭，顯得有些不好意思。

「我不敢排除這個可能性，但也有可能無關於宗教，也許在將來會有恰當的解釋也說不定，但也有可能就是一輩子無解！」笛卡兒看著湛藍色的天空與深藍色的海水，心中同時也思考著：「眞實」的定義到底是什麼？夢境裡的景象也很眞實啊？現實生活當然也是眞實的，但是它們的區別是什麼呢？

突然，陶麥高聲的叫道：「先生，我看見陸地了！就在那兒！您瞧。」他用手指著極遠處的天際線。

笛卡兒順著他的手勢望去，只見到海天的交界處彷彿有一道極細微的黑線浮了出來，他不確定那是否就是陸地。「你確定嗎？我們沒有望遠鏡哪！」笛卡兒說著，臉上並沒有特別地高興。

陶麥轉過來道：「應該是沒錯！相信我，先生，那個就是陸地。」他仍是相當地興奮，並且堅信自己的眼睛。

「好啊！那等找到了有人煙的地方後，我們就去吃他一頓，實現你的美夢，如何？」這次笛卡兒帶著微笑鼓勵著陶麥，他當然也希望陶麥的判斷是正確無誤的。

「眞的嗎？可是我們沒錢啦！您的金幣又給海賊搶走了……」一想到現實的狀況，陶麥不免覺得失望。

笛卡兒拍拍他的肩膀，笑著說：「放心，你既然視我爲主人，我自然就有辦法的！我們去挑一間上好的店家，吃著最高級的餐點吧！只要找得到，我就負責讓你享受美食！」他再次拍拍陶麥的肩，表示自己絕對不會令他失望的。

西風還是不疾不徐地吹著，但是他們卻不擔心！的確，那條淡黑色的細線漸漸地擴大，那是不折不扣的陸地——有建築、綠樹，還有港口……鮮味的美食也在街上的某一處，靜靜的卻熱烈地等著他們的到臨。

通過「光」的智慧

斯德哥爾摩的皇宮裡，克莉斯提納女王正在寢宮裡由宮女們服侍她盥洗。雖然今天與往常一樣在同一時間起床，然而，女王期待已久的事情就要實現了——延請笛卡兒來到瑞典教導女王有關哲學的課程，以及制定斯德哥爾摩的學術規章。

其實這件事早在瑞典宮廷裡爭論了一段時間，不少保守的大臣們反對笛卡兒來到瑞典，他們的理由是：因爲羅馬教會對笛卡兒十分反感，而他寫的許多文章或是著作均遭到禁刊、禁售的規定。除了梅瑟納爲首的神父們不歡迎他外，連荷蘭烏特雷市議會都下令通緝他，足見笛卡兒是個問題人物。若將這號人物請進瑞典宮廷，大臣們害怕會因而得罪諸國與教廷。

但也有一部分人持贊成的意見，認爲笛卡兒熱中於擺脫傳統的規範，而且他本人對於光學、力學、物理學、幾何學及數學等各方面都擁有傲人的研究成果，尤其是他倡導「普遍數學」原理，將一切知識推向更精密的方法論，如果能將他延攬至瑞典，相信對於瑞典的學術界必定會大有幫助的。

克莉斯提納本人是相當崇拜笛卡兒的，所以當宮廷裡出現這兩種對立的意見後，她便毅然地決定要請笛卡兒來到斯德哥爾摩。她告訴那些反對者：「如果請一位學者都要這麼害怕的話，那請問你們還能做什麼事？」這段話頓時令那些保守者啞口無言，於是乎，就由女王親自寫了一封正式的邀請信，懇切地請求笛卡兒能協助瑞典的學術界，使其達到成熟的境地。

在一間由女王專闢出來的講堂裡，笛卡兒正在為女王解說關於哲學的「方法論」。「以往的哲學思維當中，似乎很欠缺『精確』這個概念，所以會造成既有的知識系統無法接受嚴格的考驗而紛紛被打上問號。關於這一點，其實並不需要過於緊張與焦慮，既然我們已經明白了這癥結所在，那就只需要用精確而嚴謹的方法再一次重新審視傳統的知識即可。」笛卡兒開宗明義地這麼對女王說著。

在咳了幾聲後，他繼續說：「而這所謂精確而嚴謹的方法，我稱之為通過『理性之光』，如同原本混濁不清、處於黑夜裡的事物，在光的照耀下，它的輪廓、大小、顏色等等都會清晰的顯露出來一樣。然而如何才能算是通過理性之光呢？這有四個步驟：

第一、不要輕易地接受未經明確認知的一切觀念或事物。也就是說，凡是模稜兩可的全都不可以接受。在我們心中，只能接受清晰明白且不容置疑的觀念或事物。

第二、對於遇上的麻煩事或複雜事，盡可能的仔細檢查每一個部分，而且要將其分解成最爲合適的小單位。再來是逐一的進行觀察與反省，可以由最簡單的理解對象開始，漸漸的轉向最複雜的對象知識。最後則是再一次的徹底檢討，俾使所有步驟都無遺漏與疏失爲止。

以上四個步驟就是我所謂通過理性之光的基礎內涵。它們看似很簡單，但是要確實地將每一個步驟都做好，可得經過一段時間的適應與貫徹。」

克莉斯提納女王想了想後說：「呵，先生是花了多久的時間啊？我覺得如果遇上每一件事情都得經過這麼繁複的手續來辯證其價值的話，眞的是很費心。難道每一件事情都需要懷疑嗎？」

笛卡兒答道：「陛下，在我的觀念裡，確實是每一件事情都值得我去這麼做的，而且每一件事情在未經過確定與透徹前，也有必要將它列入懷疑的範圍之內。就像作夢好了，我們在夢中的感官知覺都是眞實的，可是醒來後，卻發現那只是一場夢而已！然而，我怎麼保證我現在不是作夢呢？我可能是出現在別人的夢中，而您也可能只是出現在我夢中的其中一人而已。我該如何確定我見到的、聽到的、觸摸到的等等一切，都是眞實不虛的呢？

所以我必須弄清楚是怎麼回事啊？在一切都未明朗之前，是不是就該懷疑呢？包括數學命題也是可以懷疑的，因爲搞不好就有一個魔物企圖製造假象來迷惑我們的理性呢！那也許您會想：這麼說還有什麼不能放進懷疑之中呢？

有的！我們可以懷疑一切，但是唯一不能懷疑的，就是『我在懷疑』這件事是眞的。從這裡，我又可以導出另一件眞實的事情，那就是：我在懷疑的同時，也就表示我必須存在！當然，這裡的『我』並不是實體的我，而是思維的我，兩者不能視爲一體。」

女王又問道：「那是否意味著我們的日常生活中，只能靠著懷疑才能確定自己的思維、意識還確實存在著？」

「並非如此的！其實，在我們的日常作息中，您不需要摻入懷疑的因素，我所說的懷疑全物都是在思維之中進行著。如同我們睡眠、進餐及走路等等，那是自然的反應，與我說的『懷疑』並不相干。我所稱的『懷疑一切』是指懷疑經由思考且在腦海中運作的事物，不需涉及實際的日常生活。」笛卡兒從容地回答了女王的疑惑。

「你的意思是思維與物質是分開討論的？」克莉斯提納繼續發問。

笛卡兒道：「是的，陛下。我相信創造了這個世界的是上帝，唯有全知全能的祂，才能賦予這個世界的『心』與『物』同時存在。然而『心』與『物』之間並無直接的關聯，他們各自與上帝有互相的聯繫。」

女王笑著說：「嗯，我很想知道先生關於上帝的看法，能說一說嗎？」

此時，笛卡兒又咳了幾聲。他喝下一杯水後才道：「關於上帝的看法啊，我有兩個論證。第一、一件事物絕不可能來自虛無，更不能由低階者產生出高階者。不論是您或是我都不可能來自虛無吧！沒有『無中生有』的事，無論是實體或是觀念！而低階產生不出高階來，就如樹木能生出人類嗎？自然是不能！同理可知，誰能同時產生出人類與其他萬物呢？必定是來自一個最高層級的事物嘛！那就是上帝，只有『最完全者』的祂才符合造生的條件。

第二、『我』這個人是不是我存在的原因呢？如果我本身是作爲我存在的原因，那麼，我就是最完全的存在囉？但是第一項論證裡說明了只有高階才能產生低階，那我作爲我的存在原因的命題可能嗎？當然不可能！因爲我知道自己不是上帝，我存在的原因必定不是我，當然也不會是父母，因爲同屬人類。那會是誰決定了我的存在呢？自然是上帝了。這是我關於『上帝』的兩點證明。陛下，您還有沒有疑問呢？」

克莉斯提納女王笑著說：「先生解釋得夠清楚了！我看，今天上午就先上到這裡，以後可還要時時煩請你問題呢！」

笛卡兒微笑的報以回禮，並說著：「哪裡，我實在非常榮幸能夠在瑞典宮廷裡爲陛下講解哲學問題。先前我在法國或荷蘭等地，還被列入不受歡迎的人物之一呢！」剛說完，他又開始咳了起來。

女王關心地問：「先生，你還好吧？我見你似乎經常咳嗽，聽僕人們說，你早上咳得最厲害，要不我請御醫來給你看看病？」

笛卡兒揮揮手，過了一陣子才說：「這是幼時就帶來的病，可能是剛來到這兒比較冷，尚在適應中。不過，從小也就給許多醫師看過了，就是這樣，不礙事的，請陛下放心。」

的確，他老早就對這件事不大放在心上了，幾十年都這麼過來了，更何況現在受到瑞典王室的重用，不趁這個時候再多花一些心思在學術系統上，順便報答陛下對自己如此的厚愛，那還要等待何時啊？

「就算在這兒終老，那又何嘗不可呢？」望著女王離去的背影，笛卡兒心裡頓時閃過這樣的念頭。

解說

從笛卡兒對世人諸多的影響裡，我們約略的揀出了幾個來說。「懷疑」是笛卡兒看待知識的第一印象，當然他不會只是單純的懷疑而已，而是於懷疑的背後，他想建立起一套絕對可靠的哲學方法，這即是他所謂「普遍的數學」的構想。雖然數學終究無法主宰世界，但是其嚴密的方法論卻成為日後所有學術倚賴的對象。

另一個則是「機械論的確立」，笛卡兒將整個宇宙視為一個巨大的機械體，如此一來，所有的生命體也都被視為是機械裝置，進而抹殺了生命原本應有的價值意義。雖然今日這種論點已不為多數人所接受，然而在十七至十八世紀歐洲啓蒙時代裡，這一機械觀念卻是相當受到歡迎的。

既然我們說到數學，那就也得談及笛卡兒對數學上的貢獻。在數學史上，笛卡兒是第一位確立了幾何學為一門學科的數學家，意思即為：現代幾何學原理的奠基者就是笛卡兒。

年表

公元一五九六年	誕生於法國北部的杜漢省，雙親皆爲貴族。
一六一六年	於波瓦提葉大學取得法學士學位。
一六一八年	赴荷蘭，加入部隊。認識哲學家貝克曼，並開始研究數學與自由落體規律。
一六二五年	回巴黎研究光學，認識梅瑟納神父等人。
一六三三年	因伽利略「地動説」被判罪，笛卡兒決定停止出版新作《宇宙論》。

一六三七年	出版《宇宙論》及三篇關於物理學論文，受到梅瑟納神父等人批判，參與多場學術論戰。
一六四一年	新作《形上學沉思錄》出版。
一六四二年	因《形上學沉思錄》一書被視爲無神論者，被禁止於大學裡授課，隔年因其哲學思想險遭荷蘭烏特雷市議會逮捕，一六四五年再度與烏特雷市議會發生衝突，其文章被禁刊。
一六四八年	最後一次赴法，原打算定居，然因內戰而取消，隔年應瑞典女王之邀前往斯德哥爾摩。爲斯德哥爾摩制定學術規章。
一六五〇年	二月，病逝於斯德哥爾摩，享年五十五歲。

泛神論的典型

史賓諾沙

Spinoza, 1632-1677A.D.

這個宇宙間沒有「惡」的本質存在，人們所謂的「惡」，只是世俗價值觀念的差異而已。這個世界的每一件事都是依照著上帝的規律所衍生出來的，既然如此，自然就不會有「惡」的本質存在。

逐出教門

一個「異教徒」所居住的區域——阿姆斯特丹城裡的眾基督教徒們是這麼看著的，但沒有人會因此而強烈地排擠他們，畢竟於現實上「異教徒」們掌握了不少關於該城裡經濟方面的資源。

夏日的傍晚，橘紅色的天壁上映著一幅形象逼真的繪畫——帶有雙翅的天使手中握著一具長號，瞧那神情，似乎正努力吹奏著！抬頭見到此景的人無不連聲稱奇，還有不少老者與婦人均認爲這就是神跡，因而感動地跪頌基督的聖名。

正當他們在熱烈的討論奇景之際，這廂「異教徒」們個個的面色卻如鐵霜般的凝重，他們多數聚集在教堂門前，現場呈現一片死寂。沿著教堂前面往東方路上的轉角處，出現了約莫三十人所組成的火炬團，他們每個人身上均罩籠著漆黑的僧袍，連身帽的下緣處幾乎遮住了他們的視線，然而僧侶們卻像無事般十分熟練地走著，行動完全沒有遲滯。

在眾僧侶之中，有一位年約二十多歲的年輕男子，神情顯得有些惶僡，雖然他的衣著並非如牢犯般污穢不堪，但胡亂套在衣服外的「粗麻裝」卻已道出他可能犯下的過錯。一干人等將這名「罪犯」簇擁著進入了教堂之中，而聚集在教堂門口的人群則被阻擋在大門外頭，由兩名持火炬的僧侶看守著。

「罪犯」被帶至教壇之前，跪立在上帝耶和華的神像下方，一干僧侶們排成兩列一直延續到門口，教堂內的森嚴氣氛被火光照耀得更爲肅穆，搖曳的火苗像極了一波波鼓譟的潮水，騷蝕著在場的每一顆心臟……倏然地，教堂的深處響起了濁重的號角聲，審判開始了。

「史賓諾沙——」站在教壇上的祭司開口了，他沉重威嚴的說道：「有人說你到處造謠，說是所謂的神只不過就是物質世界的代稱罷了！而天使只是一種幻象，人的靈魂只能依附在肉體上，一旦人死亡了，靈魂也就跟著消失！我還聽說，你也說過《舊約》上面根本沒有提到永生是嗎？孩子，我念你年幼無知，對於以上這些問題，你只消說明『是我錯了！我願意跪到天父耶和華的尊前認錯，祈求祂的赦免』之類的話，我可保證，你非但不會被逐出高貴的教會，並且還可以獲得五百元的年金。以我、祭司之名！」

這位立在神壇、祭司、僧侶與火炬重重包圍下的年輕人在聽完祭司的話後，微微地抬起頭來看了看教壇的方向，身子顫動了一下，遲遲不發出任何聲音。這時，由教堂外邊傳來了一陣哭喊聲：「孩子，你趕緊認錯啊！我們的神必定會原諒你的無知啊！史賓諾沙……我跟你父親都希望這惡夢能儘快地結束……」史賓諾沙的母親站在教堂門外哭喊著，她幾乎不能想像家中居然會出現一個懷疑傳統猶太教且即將可能被逐出族群的異端，更讓她難以接受的是那個「罪人」竟是自己的親生兒子！起初，她還直忍著，然而在審判開始、祭司問話後，她再也受不了地，朝著孩子的背影哭喊。

史賓諾沙緩緩的轉過身去望了門口一眼，肩臂抖動了起來，眼前的一切光景也跟著模糊了。他閉上雙眼，淚水快速地滑向下頷。他並非因為親人的哭喊而落淚，而是關於著一段記憶。他腦海中淡出一幅景象來：

「等等我啊——小史，你別跑那麼快呀，我追不上了啦！」小布急切的呼聲由後方傳來。

小史停下來，回頭喊著：「小布，你快一點！數到三再不出現，我就要先跑囉！」話一說完，他很是得意地大笑著。

尚未笑完三聲，小布的聲音又傳來了：「不要啦！我要告訴媽媽說你欺負我喔！再等一下下，就快到了！」

「誰怕你了！去說吧！我要開始數了，一——二——三——待會兒河邊見了，我要走了，小布！」小史真的又開始小跑步地移動起來。

這一帶是接近一條小溪的樹林子地，生著許多高大的混合樹木及漫竄的灌木叢，除了白天有些窮人來撿材外，很少會有人進入此地。因而在孩童之間流傳著許多駭人的故事，如：狼人、吸血鬼、騎掃帚的巫婆等等。偏偏小史不怎麼害怕這些怪物，還不時的往樹林裡鑽，帶著玩伴小布。然小布的行動永遠比不上小史，也難怪小布會擔心假如他一個人落了單的話，恐將會遭遇到什麼可怕的東西，或是看到不該看的……總之，孩子的心理就是這樣，好在這回他仍舊不是第一個目擊者。

一雙隨著風吹而晃動的腳在小史眼前幽幽地擺盪著——是一具吊亡的屍體！初見此景象的小史不由得倒退了幾步，他幾乎忘了怎麼呼吸，直到小布從後方發出尖叫聲來。

優力爾，一個約十年前和他現在年紀相仿的猶太青年。自從他開始接觸基督教徒的「文藝」後，便也感染了那股新派的思維風格——什麼都要先懷疑再說！他興致高昂而且得意的寫下了一篇關於批評來世信仰的傳統問題後，受到了教會的注意。於是乎在同樣的位置上、同樣的場景中，祭司逼迫優力爾悔改、認錯，高傲的年輕人自然是拒絕了！因而他被強壓至教會的門檻底下橫臥著，讓所有的人踐踏——這是猶太教規中一項最直接的侮辱性嚴懲。

身心均受到嚴重打擊的優力爾，在飽受了眾人的羞辱後，心裡萬分地忿恨不甘！在房內寫下了痛斥猶太教會的血淚書後，獨自出了居所，來到一處偏僻的樹林裡自殺了。

「史賓諾沙！」祭司已經等得不耐煩了。

被拉回到現實來，睜開眼睛看著祭司，他搖了搖頭，居然笑了！

祭司十分詫異，問道：「你笑什麼？才哭過，馬上又笑了，你瘋了嗎？」

對於祭司的問話，史賓諾沙已無意理會。他笑的是：如果「她」也在人群中觀看這一切的話，必定會慶幸自己當初的選擇是正確的。

關於恩登小姐——美麗的教師之女，從二十歲那年開始，史賓諾沙便積極地愛上了她，為了表現自己不凡的一面，他在拉丁文的成績上不斷突飛猛進，冀望的就是獲得美人些許的垂憐，然而她始終是漠視於他的需求！在兩人相偕參加完一次私人聚會後，恩登小姐的心就永遠駐留於那俊美多金的少爺掌心中，再也移不開啦！由那時開始，史賓諾沙的專注力也沉埋在書堆中，距今已有三年之久。關於那姑娘的倩影，也僅剩模糊、飄揚的片段……此間的氛圍似乎又將那片段漸至縫補起來。

史賓諾沙再度地搖動著頭，他終於開口了：「我覺得我並沒有錯！因為，我並沒有因為懷疑這件事情而感到絲毫的良心不安，那你們要我認什麼錯？再說，假使我這個懷疑是不對的，那上帝老早就應該知道了，並且會及時地糾正我的言行，而不是等到過了好幾個月後，才由你們出面逼我認錯！又假設教會如果是正確的，那你們也犯不著如此大驚小怪地急於將我帶來審判。

你們該認眞地聽聽我的！十年前，優力爾爲自己的新發現而獻出了生命，而現在我應當也步上了他的道路！告訴你們，就算你們現在可以逼迫我們，然而當有越來越多人相信後，你們就會知道了。告訴我，你何時見過『永生』了？人死了就是死了，肉體腐朽後靈魂在哪裡？天上？地獄？我用望遠鏡看來看去也只見得著天體的運行而已！它們在哪兒？嘿，你們該好好看看笛卡兒怎麼說的……」

鼓起勇氣後，史賓諾沙一連串地爲自己辯護著。這個舉動可激怒了祭司，他睜大了眼睛，似乎難以理解這種情形的發生。他狠狠地瞪了年輕人一眼後，從牙縫中擠出幾個字來：「年輕人，你眞的非得要這樣嗎？考慮清楚後果了嗎？」

史賓諾沙既然已經說出了這番話，也就下定決心了。他眼中閃露出不肯妥協的鋒芒！祭司愣了一下，隨即雙手朝上一揮，叫道：「我不管你受到了何種異族魔鬼的干擾，既然你不想被挽回，那今晚就是你的末日！」祭司吼罷，教堂內的火炬隨即就滅了兩把！

由教堂後方走出了幾名老者是教會裡的長老。他們坐定於教壇的兩側，個個均面無表情，只散發出制式而蒼老的氣氛。祭司拿出一部老舊的黑皮《聖經》恭敬地置於教壇的台上，閉上眼睛，嘴裡細細碎碎地唸唸有詞著，諸位長老也站起身來，低著頭雙手合十。

突然，祭司睜開眼，口中喊出：「史賓諾沙，你是族裡的罪人，因爲你較十年前的罪者犯了更嚴重的罪過！而代價就是——奉著上帝之名，將你永遠驅離猶太一族！」濁重的號角聲又響起，一陣低鳴過後，火炬又滅了兩把。

祭司右手按著《聖經》，改以緩緩的語調，但仍十分冷酷地說著：「史賓諾沙，今日之後，你將會受到上帝無情的詛咒，過著悲慘的一生！你將無時無刻離不開偉大的詛咒！詛咒你白天會逢兇，黑夜裡逢兇，睡覺時逢兇，起立時逢兇，出門時逢兇，入室時逢兇。你將永永遠遠的背負著上帝的一切詛咒，只要是關於史賓諾沙的一切都離不開上帝的詛咒，所有猶太的子民都會抹殺你的名字，將你隔離在黑暗之中！

從現在開始，不許有人同你說話，不許有人同你書信來往，不許有人爲你服務，不許有人和你居住，不許所有人在四尺之內接近你，更不許有人讀取你的書信文件！我以祭司之名與在座諸位長老、僧侶們一同作證，宣布這個審判正式生效。」祭司每說完一次詛咒與戒規時，火炬就會應聲熄滅兩把，直到整個教堂完全陷入漆黑之中。低沉的號角聲又在黑暗深處響起，聽起來就如同是深夜裡野獸的嚎叫——陰森而慘澹。

隱士生活

黑暗中，許多民眾手裡拿著火把與鐵器農具將房屋完全包圍起來，他們高聲怒吼著，急呼要將「罪犯」給逮住。男人們持著棍子、鐵鏟不斷的張牙舞爪，女人們則抓起地上的石塊奮力地朝前方扔出，老人們持著火把在後面鼓譟撐腰。屋子的窗戶被石塊扔碎了，大門也被武器敲開了，眾人蜂擁而入，不久就由裡面拖出了兩個驚慌失措的男子。就著火光下，這兩名男子頓時成爲暴民攻擊下的犧牲品。

坐在床頭的史賓諾沙不斷地大口喘著氣，他下意識地摸摸自己起伏不定的胸口，幾秒鐘後又將頭埋在膝蓋之間，全身蜷縮爲一團。

「又作夢了……」他喃喃自語著，「魏特，我又夢見你了。」

自從史賓諾沙遷居至海牙城後，便與魏特相處得甚爲和樂，兩人簡直就如親生兄弟般地親密，時常一塊在史賓諾沙居所裡談天說地，而史賓諾沙的思維必定也都先與魏特共享。這種平淡而愉快的日子直至今年的荷法戰爭開打，荷蘭敗給了法國，海牙居民們認爲是魏特兄弟偷偷洩密給法軍統帥，才致使敵方獲勝！這個傳言馬上傳遍了全城，海牙人失去了往日的悠閒性格——忿怒凌駕了一切。夜裡，魏特兄弟便給拖上街頭活活打死了。

史賓諾沙對於痛失密友十分難以接受，這幾個日子來，史賓諾沙經常在睡夢中被驚醒，爲的就是黑暗、武器、攻擊無辜等等幾幕，不斷的在他的腦海中流轉著。他下了床，走到窗邊推開一看，涼颼颼的空氣灌進了房內，史賓諾沙不由得打了個寒顫。

寂靜的海牙城裡實在嗅不出曾有瘋狂與殺戮的味道，他掩上窗，退回床沿坐著發呆，不久又起身，這回他披上了外衣，開了門踱步到室外。走在無人跡、無燈火的街道上，史賓諾沙覺得自己彷彿成了一個空間中的遺世者一般，概念很虛無但是感受卻很眞實。吸著冰涼的空氣，上弦月的餘輝使得他約略可以見著一旁作爲路樹的菩提，再往右側就是運河了。

史賓諾沙橫過街道，靠在菩提樹下看著波光粼粼的運河面，在好幾天前，魏特與他常在午后就靠坐在這裡看著來來往往的小船，那是他最愉快的時光之一，可惜現在卻剩下他獨自一人看著舊景了。

呵，我以前常說「上帝」的本質即是「宇宙」，也就是「自然」，同樣的上帝也就是一個「實體」，上帝創造了這個世界後，祂就是這個世界，然而這個世界爲什麼會讓我的好友遭受到如此的悲境呢？難道我是無法認同我自己的說法嗎？爲何常常還會在夜裡夢見好友的慘狀？

不過，我還是堅信這個宇宙間沒有「惡」的本質存在，人們所謂的「惡」，只是世俗價值觀念的差異而已。對啊！之前才與魏特討論過這個問題啊。這個世界的每一件事都是依照著上帝的規律所衍生出來的，既然如此，自然就不會有「惡」的本質存在。

以前我年輕時，被猶太教會逐出，他們認爲我就是「惡」，其實分析下來，僅是世俗的觀念差異。如果不是人們自作主張地產生了那麼多的世俗差異的話，眞的是不會有「惡」這個觀念出現的！唉，人類就是如此啊！自以爲掌握了什麼證據、眞理，就妄想掌控他人了。從我年少時所見的優力爾到我親身經歷的事情，以及最近好友魏特的遭遇，哪一件不是出自於人的「世俗觀念」本身呢？唉！我相信這類的事件還會持續下去吧！人啊……

史賓諾沙看著冰涼月夜下的運河景致，腦海中卻仍想著與魏特相關的事情，他想在哲學上尋求解釋，然而答案也只能歸結到人爲的價值觀因素。他搖了搖頭，又嘆了口氣，慢慢的沿著菩提樹與運河間的小徑走著。突然，他又想起了關於「人性」的問題，藉著灑落一地的銀色月光，史賓諾沙尋到了一條長凳子，索性就坐了下來開始思索著。

除了「世俗價值」外，應該還有其他更接近原初的東西吧！霍布斯說過，人與外界事物都有著一股保持「自我存在」的原始衝動，這個應該還可以加上「自我完成」的部分，這樣子就比較完備些。嗯，這麼說來，不論是「自我存在」或是「自我完成」，都應屬於「慾望」的範疇。「自我完成」若是接近圓滿就是一種「痛快」，反之則爲「不痛快」！

「慾望」、「痛快」與「不痛快」三者應該是支配人類情緒的三大根本吧！先前我會被逐出猶太族群，就可以解釋爲他們因爲「不痛快」，所以有驅逐我的「慾望」，所以他們視我爲「惡」的。就如同魏特被暴民攻擊的事件一樣，他們的「惡」，也是產生於「不痛快」的因素上！

嗯，這麼說的話，除了「世俗價值」的成分外，再從人性論去印證，也是可以得知「惡」的來源處！然而歸結下來，終究「惡」還是出於人的身上，這與先前的結論沒啥兩樣啊！不過，話又說回來，也是探討到「人類」時，才會有善與惡的對立。

史賓諾沙似乎爲自己的問題找尋到新的出路，而有些欣慰。他從長凳上站起來，循著舊路慢慢的走回去。沁涼的空氣讓他覺得呼吸起來挺舒服的，然而史賓諾沙又覺得睏了，他寧可回到床鋪上，那樣會更舒服些。

叩！叩！不疾不徐的敲門聲喚醒了正在休息的史賓諾沙。他應了一聲後，緩緩地下床前去應門。

「你在休息嗎？那眞是抱歉啊！不過這裡有一封你的信，請你收下吧！那我就不打擾你啦！」是房東斯匹克先生，他笑著向史賓諾沙致歉後，又遞上一封信給史賓諾沙。

史賓諾沙回以笑容，雖然還是有些疲憊，不過他開口道：「不礙事，我也休息一陣子了。最近中午一到，就覺得渾身不對勁，只想回來好好的休息。謝謝你啦，斯匹克，要不要進來坐坐？」

斯匹克遲疑了一會兒：「也好，我覺得你應該把磨鏡的工作辭了！你又不是沒學問，何必執意做個磨鏡工呢？這樣遲早會將身子搞壞的！」他邊說邊走進屋裡。

史賓諾沙將信件放在桌上，隨即倒了杯水遞給斯匹克。斯匹克喝了一口水後，看著史賓諾沙。史賓諾沙聳聳肩，回答著：「我覺得當個磨鏡工人也不錯啊！起碼是份正當的工作，可以供我生活及其他一切，應當滿足了。」

斯匹克見他不聽，便將話題一轉：「咦，你不看一下那封信的內容是什麼？」

史賓諾沙將信件取出，攤開一瞧，原來是亥德爾堡大學的聘書。斯匹克一聽是大學的聘書，連聲催促史賓諾沙趕緊唸出內容讓他聽聽。

史賓諾沙攤開信紙，唸道：「嗯，我開始唸了。『該校獲知你在哲學上還有一些微不足道的建樹，特別允許你來該校任教，並且在哲學理論上可以獲得完全自由的授課，關於這種自由，親王殿下相信你不會濫用，以至於對制定的國教產生疑問來的。』就這樣。」

斯匹克聽完，覺得好生奇怪，他問道：「信上眞的是這麼寫的嗎？我覺得奇怪，爲什麼他們會說你在哲學上有微不足道的……是貢獻嗎？他們應該會寫那種很……我不大會說啦！你知道的嘛！」史賓諾沙將信紙摺妥塞回信封裡，笑著說：「你要說很恭維我的意思嗎？」斯匹克很高興的點點頭。史賓諾沙繼續說：「那個不算眞的，我就略過了！不過他們還眞有些矛盾哩！既然要給我完全的自由開授課程內容，又擔心我會說一些與宗教相牴觸的觀念，而且還搬出親王的頭銜來，想逼迫我嗎？就像猶太教一樣……呵呵……」

斯匹克看史賓諾沙又笑了起來，忍不住又問：「你要不要去教書啊？我覺得不管怎麼樣總比你待在房間裡做著磨鏡的工作來得好多了，不是嗎？大學教授耶！這可是很讓人羨慕的呢！如果是我啊，馬上就答應了！嘿嘿，可惜我認識的字不超過十個哩，嘿！」說到後來，他都自覺丟臉，不好意思地笑著。

史賓諾沙思索了一番，說：「嗯，我考慮考慮吧！也的確是，若一般人聞見一個大學教授，多半是會報以尊敬的眼神的。不過，實質上，這一點都不算什麼，你、我還不是都要生活？都是人啊！還不是需要靠著其他人的提供才能生活？就像一個大機械，你負責這個部分，我負責另外的部分，抽掉任何一個部分後，整個機械運作就會停擺啦！至於要不要在大學裡任教，實際上對我而言是無差別的。我就是做我的事，學問在哪裡解決都一樣，在房間與在學校，領磨鏡的工資與領教書的工資有多大的差別？不過基於禮貌，大約是今明兩天，我會回個信給他們的。」

兩人又閒聊了一會兒，斯匹克說到前兩天運河裡發生了撞船的事情，結果兩艘小船上所有的貨物都沉進運河裡了，好像是一些布匹及日用品類的東西，雙方約定今天一起請人下去打撈之類的事……約一刻鐘後，斯匹克便告辭了。

就著昏黃的燈火，史賓諾沙從抽屜中拿了一張嶄新的信紙，坐在書桌前，他又取出亥德爾堡大學的聘請書細細地瞧了一遍後，他用手掌壓著額頭，閉上了眼睛思考著。好一會兒的時間後，史賓諾沙拿起鋼筆，開始寫著給亥德爾堡大學的回信。

某某閣下：

假使我有志於貴校的學院裡擔任教授，那我眞是大大的如願以償了。承蒙帕拉庭親王的賢明，更有賴先生的厚愛，將這個職位加寵於我，且賦予哲學理論課程上的「自由」，更讓我覺得加倍的可貴。然而，我卻十分的愚昧、不解於應該如何在不牴觸國教上的範圍內去「自由」的上哲學理論，這也是千眞萬確的事實啊！

若先生有時間參閱拙作，應該也知道「自由」對於我的意義爲何了，如果先生不知，那也請容我在此多添幾筆贅言。先由上帝的部分說起吧！上帝無法不創造世界，也無法創造不同於祂已創造的有限事物，因此上帝的活動並非來自意志的自由，當然啦！我所謂的上帝絕非宗教的上帝，祂只是宇宙的另一個代稱，絕不是具有人格式的神祇。

上帝既然無自由意志，人類當然也就沒有自由可言了。因爲「人」的範疇必定小於「上帝」的範疇，也不可能有「逸出」的部分。所以呢，人所謂的「自由」原是基於一種「無知」，那是人們虛構出來的概念，因爲人類已經先虛構出有所謂的「目的」，其實宇宙中沒有「目的」的概念存在，祂沒有爲了什麼而想要達成什麼目的，「自由」只是人類慾望、行爲等等衍生出的假象而已。

所以，請先生明察，當知道我的理想爲何，我並不冀望能夠得到任何世俗間的地位，現在我十分樂於我的生活環境，因爲我素來愛好寧靜，這亦是目前最看重的部分，但如果我願意到貴校任教後，恐怕很難有這種機會吧，故而，我不得不推辭這一個可能美好的前程。

史賓諾沙於一六七三年

寫完這一封信後，史賓諾沙反覆地細讀了兩次，覺得大致上都妥當了，便將信紙疊收於信封內封好，等待明日送去郵寄。

躺在床上的史賓諾沙腦袋中一時還未有睡意，他心裡想著：或許，我已經習慣當個縮在小天地裡的人了吧，若真的要我面對那麼多陌生人講課，恐怕花上半天也適應不來的！畢竟，我只喜歡靜靜地過著生活，身邊只需要幾位老朋友就夠了。想到這裡，他覺得自己真的還滿幸運的，可以擁有隱士般的平淡生活。

這個世間原本就沒有天生的目的存在，本當平平實實地來著、去著……史賓諾沙很滿意地微笑著。

解說

史賓諾沙的哲學可解釋為一種泛神論的體系，這當然與他年輕時就反猶太教有關，而後他也見到了基督教的諸多盲點，更加深了他「自然即上帝」的思維。我們得要釐清的是：泛神論並非等於無神論者，之所以稱史賓諾沙的思想為泛神，乃因為他極度看不慣強加於「上帝」這概念所衍生的諸多荒謬處。

本質上，史賓諾沙是絕對尊敬「上帝」這個名詞的，但與一般宗教人士有所分別的是：他將上帝視為自然宇宙中的神性，而非人格化的神祇。

然而他卻也受限於當時極受歡迎的機械論影響，而將其應用在其哲學體系之中，成了摻雜有科學機械論式的生命價值，這也是史賓諾沙思想的特殊部分。這一泛神論思想不但為當時思想界注入活水，亦影響了近代浪漫主義的文藝思潮與德國哲學。

年表

公元一六三二年	生於荷蘭阿姆斯特丹，父親爲一成功的猶太商人。
一六四七年	猶太青年優力爾事件烙印在史賓諾沙心裡。

一六五六年	因與荷蘭一異教徒學習，而被族人控爲異端。結果史賓諾沙慘遭教會長老以駭人的儀式逐出猶太教。之後幾天，在生命飽受威脅之際，他搬至奧忒得克的基督教家庭，同時隱姓埋名，潛心於研究工作。
一六六〇年	屋主遷至林斯堡，史賓諾沙亦跟著搬遷。一六六五年再遷至福爾堡，同年間也完成了《倫理學》的底稿。
一六七〇年	移居海牙城。與魏特產生了極好的交情。
一六七二年	荷軍敗給法軍，海牙人將魏特兄弟視爲洩密賣國者，群起而將其殺害。史賓諾沙亦差點爲暴民所害。
一六七三年	亥德爾堡大學聘請史賓諾沙前往該校任教哲學講座，然終被史賓諾沙回絕。
一六七七年	因工作環境欠佳而病逝，享年四十四歲。

英國古典經驗主義之掌門

洛克

John Locke, 1632-1704A.D.

現在一個國家能不能強盛，除了經濟力量穩定外，主要靠的還是政治的安定，而政治的安定又是直接影響經濟的根本主因。

礦泉水

這幾年的牛津城，最出名的不是哪一位大哲學家又發現了什麼新的定律，而是這裡出產了一種水，稱做「阿斯托普的礦泉水」。據當地的人們說，只要喝了這種礦泉水，保證身體與心理都會變得十分健全。這個消息經由牛津人傳遍了全英格蘭地區，漸漸地，所有的英格蘭人都知道這件神奇的事情。

「聽說喝了一口阿斯托普的礦泉水之後，你的嘴裡馬上就會產生出一股相當清爽的感覺，說它冰嘛，也不會冰到直打哆嗦！而是一種很舒服、令人陶醉的冰鎮感喔！」

「我的一位親戚長年患了皮膚病，一直治不好，聽說牛津那一帶的礦泉水很神奇，可以醫治一些怪病，他就半信半疑的去試試啦，結果喝了幾次之後，不到半年，他的皮膚病就不藥而癒了，是眞的呢！」

「據說，牛津那裡的礦泉水是當年耶穌所指名喝的水呢！因爲他是直接由上帝那裡接引過來的，很多人都跑去喝了。好像有一個瞎子，他才剛喝下去，眼睛上面黏了好幾年的眼屎與癬痂馬上就脫落了，而且眼睛就像閃電一樣的發光喔！」

這是許多英格蘭地區的民眾不斷口耳相傳的消息，不少人眞的認爲「阿斯托普的礦泉水」具有如同聖水般的神秘力量，可以顯現出不可思議的神蹟！而這些消息也從百姓口中，蔓延至宮廷貴族與學術領域上來，不少貴族、官員與學者，甚至還有更多的神職人員都亟欲一探究竟。「到底那個傳聞中的水是有著什麼樣的魔力啊？」

「大衛，你去幫我打聽清楚，那個坊間傳得很盛的神秘水是什麼情況？記住喔！我要知道的是眞實的況狀，如果它眞如傳聞中的那麼神奇，那我倒要親自去嚐嚐呢！」阿希萊爵爺就是其中一位有興趣的上層人士，他囑咐了一位年輕的僕人前去收集資料。

大衛原本即是個頑劣的小夥子，平日在爵爺家就是個混水摸魚的懶人，如今要他出門去問個什麼水的玩意兒，自然是極度地不甘願，但是又不能推辭。他索性就拿著一些爵爺賞的錢，鎮日泡在酒館裡「打聽消息」！酒足飯飽數日後，大衛又窩在妓院裡「收集情報」順便「休息一下」，等到時間差不多了之後，再光明正大的回到主人家報到。

就這樣，爵爺決定親自前往牛津城去。當然，沒有人會戳破大衛這幾日來的行徑，因爲沒有那個必要。主人一走，底下的人樂得輕鬆些不好嗎？

阿希萊爵爺就這麼來到了牛津。在住所打理好之後，隔天上午，他一方面遣人去問水，一方面則在牛津城裡閒晃。他老早就對牛津城裡的各個學院有著濃厚的興趣，於是便趁這個機會參觀、參觀。這麼東逛西逛的走了約莫一、兩個小時後，兩條腿也覺得痠了！他左顧右盼地，終於挑了一間在街上算十分醒目的咖啡店。

「您不是阿希萊爵爺嗎？還記得嗎？我是大衛・多瑪斯啊！上回在倫敦曾經見過幾次面的那位多瑪斯醫師。」一名年約三、四十歲的男子對著剛進店內不久的爵爺問候。

阿希萊看著這名男子，起初只覺得有些面熟，後來經過他的自我介紹，才知道原來算是幾年前認識的朋友。阿希萊也站起身來說道：「原來是多瑪斯醫師啊，好久不見！你也來了牛津城？在執業或是教學啊？」他熱烈地握著男子的手。

多瑪斯開心的回道：「喔，都算有吧！除了在這裡替人看病外，我也結交了一些想要從醫的朋友，就順便指導他們一下。爵爺，您要不要與我們一起坐？我那裡還有一位朋友，就在那邊。」多瑪斯指著一張靠著店裡內側的桌子，那裡正坐著一位男士。

阿希萊看了一眼後，覺得沒什麼不妥，就對醫師說：「好啊！能夠在異地裡巧遇朋友，自然是要好好地開心聊聊不是嗎？就請你那位朋友一起過來我這裡坐吧！我們可以吃個午餐。」

醫師朝著原來的座位走去，在與那位男士說了一些話後，兩人便一前一後的來到了爵爺的面前。而多瑪斯免不了又要重新地爲雙方介紹一次。原來，那位與多瑪斯一道前來的男士是牛津大學的教師，同時也是個醫師，名爲洛克。

他們起先聊著一些關於牛津的歷史與故事，因爲洛克已在牛津大學待了十幾年，所以他對這裡的一切，倒也像是在敘述著故鄉事一般地熟悉，雖然他終究是個桑莫塞郡人。漸漸的，他們聊到了爵爺此行的目的——礦泉水。

「關於『阿斯托普的礦泉水』你們應該都有嚐過吧？」阿希萊首先開啓了這個話題。

多瑪斯與洛克聽完之後，兩人互看了一眼。多瑪斯回答道：「是的，爵爺，我們都喝過那種礦泉水，味道很甘、很醇，大約是我喝過最好喝的水了。」

洛克也補充道：「嗯，它在這一帶可說是相當的有名。因爲是阿斯托普這個人先發現的，他再去告訴大家，名稱就是這麼來的。我和多瑪斯醫師也常常去喝呢！」

爵爺聽完之後，心裡有些歡喜，他又問道：「我聽說它具有神奇的力量，這是眞的嗎？」

多瑪斯微笑了一會兒後才說：「我們都聽聞外郡的人們將這種礦泉水說得好比是聖

水般具有神蹟，事實上我們都不曾見過哩！」

爵爺一聽，臉色略顯尷尬，他皺起眉頭說道：「哼！大衛那個小子，我叫他去打聽消息，卻給了我那些莫名其妙的訊息！回去之後，看我怎麼修理他！」

多瑪斯與洛克見到這種情形，連忙打著圓場。多瑪斯首先笑著說：「爵爺，您犯不著與一個下人發脾氣，您想想，他又沒親自來這邊證實過，自然也是聽人說的，別人都給他這種消息，他能不信嗎？所以，爵爺既然來了，也就嚐一嚐這個水，不說其他的，光是喝上一兩口，那種甜味就會令您難忘了。」

「其實，若從醫學的角度來說，礦泉水本來就比河水來得有效能，雖然我們沒有親眼見過傳聞中的神蹟，但是不能就說它是假的，可能是沒那麼誇張罷了！所以爵爺來這一趟，並不表示就白來了啊！」洛克也這麼接著說。

之後，他們又談了一些其他的話題，也說到了政治。阿希萊原本就對政治有著強烈的興趣，而洛克正巧也對政治有些理念，兩人一拍即合。在牛津的這些天裡，阿希萊就冀望著洛克天天陪同他討論聊天，他真的是愈來愈喜歡這名教師了！

隔年，回到倫敦的阿萊希爵爺就寫了封信，要洛克來到倫敦當他的私人醫師與顧問。洛克在仔細地考慮過後，他決定暫時放棄牛津大學裡的教學工作，到倫敦好好經營新的生活。

政治鬥爭

白金漢宮的會議大廳外停駐著一輛輛的華貴馬車，每一輛馬車都閃著油亮的漆黑色，加上諸樣金銀雙色的鑲飾品，已是讓人覺得高不可攀，而領頭的黑色高大駿馬那肌強骨壯的模樣，更是令人心生敬畏。

一隊十二人的皇家禁衛軍由大型建築物的門裡踏步出來，他們身著正式的儀服，頭上頂著高聳的軍帽，腰間也都佩帶著白鞘長刀。衛士們分爲兩列，整齊的一字排開，等候著剛開完會議的內閣大臣們出來。

過了一會兒兒，果然見到會議大廳的門被打開了，三三兩兩的大臣們緩緩的出現在大門口，他們之間有的還在熱烈地討論著，有的則是一出門隨即就上了等候多時的馬車揚長而去。

晚間，伯爵官邸裡凝著一股沉重的氣氛，府裡內內外外的人都繃著一張嚴肅的臉。此時，兩名男子正坐在書房裡的座位上，其中一名正是洛克，另外一名則是官邸主人阿希萊爵爺，不過自從他成爲伯爵並接掌英國的政治事務後，他已經改稱爲沙夫茨伯里。從現場不發一語的狀況，可以想見必定有著不尋常的事情將要發生。

驀地，門外響起了敲擊聲，伯爵驚覺似地喊道：「什麼事？」

「爵爺，是羅素勳爵與愛塞克斯伯爵他們來了。」總管約翰在門外謹慎地應話。

裡邊的兩名男子一聽到有人來了，馬上從座位上站起身來。伯爵說道：「趕快請他們進來吧！」洛克則是走向窗邊，拉開窗簾往外探視著。

不到兩分鐘，另外兩名男子就出現在書房門口，沙夫茨伯里的神情至此已較方才和緩不少，正面露微笑地迎接兩位客人。「歡迎兩位，我正擔心著二位呢！見到你們的出現，我心頭的一塊石頭才放了下來。」

四個人一齊坐下來後，羅素首先說：「今天的會議眞的對我們很不利啊！保皇派的那批人老早就想要遊說所有人支持王權擴充的法案，而最近更是變本加厲，連威脅的口氣都出來了！」

沙夫茨伯里嘆了口氣，「唉……幾年前，當但貝那個老頭子還在跟我唱反調時，我就應該警覺到了。要採取君主立憲的作法，恐怕還得經過一段不小的阻力與時間啊！當初是查理二世還尚未坐穩他的王位，所以才會對我十分地尊敬，然而現在的情況老早就不同囉！」

適巧，僕人送了茶進來，所有的人也就暫時先沒開口。

「我想，這幾年費爾馬會這麼得到國王的信任，就是因爲國王本身也想要走上鞏固王權的路子，所以他應該有暗地裡支持保皇派的一切舉動，否則今天的會議他們不敢這麼張狂。雖然查理二世一再地否認……」待僕人走後，愛塞克斯就說話了。

羅素又說：「不管他們在背地裡如何地勾結、亂搞，現在最爲重要的是關於詹姆士這個天主教徒，我們必須竭盡所能地不讓他當上下一任的英王！如果這個惡夢成眞，那我們這些年辛苦鼓吹的民權主張全都會付諸流水啦！」他恨恨地端起茶來一口飲盡。

洛克在一旁看著三位貴族的言論，這時也打破沉默了，「我們這幾年在政治上面不斷地努力想要創立一個全新的政治體系，那就是要求立一部最高的憲法，不論是英王或是百姓，統統要遵守這部法典的一切規章！當然，這只是我們幾位的構想而已，關於內容則尚未有明確的立則，不過，經由我這一陣子的思考，大約是有一定的譜了。

我建議各位先生先不用急著討論保皇派的那批人如何如何，我們應該先將自己內部的原則建立好，一旦我們強壯了自己，就無須擔心敵人如何地攻擊了。先生們覺得呢？之前我寫過一本闡述沙夫茨伯里爵爺的反政府綱領，而現在，我也即將完成另外一本著作，就是延續著前一本書的內容……」

沙夫茨伯里說：「嗯，還是洛克較爲冷靜與務實，的確不管別人怎麼運作、胡來，我們最首要的就是得堅強自己！洛克，你所說的就是《政府論二講》吧？內容上你可以大致對他們兩位說明一下。」

「我這一部文章主要是批評費爾馬的政治理論。當然，各位也知道，現在一個國家能不能強盛，除了經濟力量穩定外，主要靠的還是政治的安定，而政治的安定又是直接影響經濟的根本主因。我將人民與政府之間的關係視爲一種『契約關係』，就好比買賣一樣，當商人有好東西、優良信譽時，才會吸引顧客上門，反之則沒有人願意消費。政府也是，唯有好的制度、優良的人才，才會值得人民信任與依賴，若是這個政府表現得很糟糕時，我認爲人民是有權力發動革命，將這個政府推翻掉，即使這政府是合法的！」洛克如此堅決地說著。

羅素與愛塞克斯兩人在聽完洛克的簡述後，均顯得有些難以置信。羅素道：「洛克先生，你這個言論若是傳了出去，肯定會被當局給安上個『煽動叛亂』之罪、重則即死，輕則入牢的！不過，話說回來，我一聽就中意你的看法，眞是不錯啊！」

「當然，這只是我個人的看法，而且暫時是不會公佈的！容我繼續說明下去，我認爲現在第一個要努力的就是將國會下院的席位與權力永久地保留住，以便箝制英王的濫權，這在憲法上應該先明確的訂立出來。

如果這一項目實現的話，那相對於英王繼承權的問題也就會減少不小的阻力，畢竟國會上下院都有投票權。現在的法律尚不能保障下院的席次，那我們就應該先努力的維護住，因爲下院代表著正是廣大的人民，這一點是非常重要的！

另外還有一項也挺要緊的，那就是必須確切落實分權制度，絕對不能讓行政單位擁有立法的權力。也就是說，立法的職責將由國會專權負責，而行政的工作他們不得參與；同樣的，閣員大臣們亦不得干預立法，他們只能行使行政範圍內的權責。如此一來，政府才不至於走向絕對的專制。你們想想，若是行政的人也可以立法，那所立的法會是個什麼樣子呢？」

這些意見馬上就獲得了另外三位先生的贊同。以沙夫茨伯里為首的反英王組織也開始積極地想保護以選舉而產生的國會下院之一切權利，並加強制定憲法規章，以達到對國王權力的限制。他們的最終目標，就是使得政府單位能夠確實達到「分工合作」的境界。當然，反對他們的人士也在暗地裡佈局，甚至與查理二世密告、串通，他們派出了一些眼線積極的調查。

縱使如洛克所建言先鞏固好自身的原則，而沙夫茨伯里他們也依著這個方向在努力，然而短時間內，他們仍是宣告失敗了。

首先，是沙夫茨伯里的完全崩盤，他與查理二世在進入白熱化的對立之後，其政治地位一日不如一日，最後，他終於黯然的離開了英國的政治舞台。再者，一項企圖綁架英王及其王儲詹姆士的計畫居然也被揭發出來，諸如羅素勳爵、愛塞克斯伯爵等主事計畫者紛紛被捕入獄。可憐的羅素勳爵被判了死刑，宣告後沒幾日，他就被無情的劊子手給屍首分離了！而捱不過酷刑的愛塞克斯伯爵，趁著獄卒不注意的當口，自殺於倫敦塔的牢獄裡。

在這些可怕的事件尚未發生時，洛克等人就秘密逃離英國潛藏在荷蘭。雖然他不曾參與這次綁架行動，但是英國政府的爪牙都知道洛克寫過不少匿名批判英國政治的文章，尤其是《政府論二講》，在查理二世等保守人士的眼中，簡直就是擺明了要掀起一場政治風暴的惡書！即便是洛克對於自己是不是作者的這項指控仍是謹慎地三緘其口，然而英王卻是想盡辦法地亟欲將他抓回倫敦治罪。

所幸，在歐陸國家方面，總是無法滿足英王無理的要求。

人類悟性

地點仍舊是在英國高級官員所熟悉的白金漢宮裡，只不過這次換作了皇家御花園，幾何圖形的花圃中最耀眼的應該就算是正值花期的鬱金香了；這是新英王威廉由荷蘭大量引進的花種，佇立在宴客廳的階梯上往花園望去，紅、黃、白、綠等等的色塊十分整齊地鋪展開來，很是壯觀。

今天是威廉登基的週年，他早幾天就邀請了所有的行政官員與國會議員一同在御花園裡共進午餐，雖然他未邀請各國的使節與領事參與，但仍是相當重視此次的安排。天還未全亮時，宮裡所有的執事、內官與下人，統統都起來爲中午的盛宴作準備，連國王本人也較平常早起近一個小時，爲的就是親自看看有沒有任何遺漏的部分。

準十一點鐘時，被邀請來的賓客們紛紛華服盛裝地緩緩步入御花園中，男士們均穿著優雅合宜的絲質禮服，女仕們也都穿戴著繽紛亮眼的套裝與飾品，而國王威廉與皇后也以主人的身分熱情地向每一位來賓打招呼。待所有的嘉賓都進場之後，國王夫婦就請大夥兒一起來到宴客廳，此時已在廳裡備候許久的樂隊開始鳴奏起樂器來，一時之間顯得百般的熱鬧與歡愉。

一國之尊的威廉面帶笑容地站在宴會廳中最醒目的位置上，他先是寒暄了一番，並且說了許多感謝與讚美之詞，自然是博得與會人士的熱烈掌聲。接著，他繼續道：「在幾年前，當查理與詹姆士在位時，曾經迫害到不少的大臣，以致我國損失了不少優秀的人才！當然，時值今日，這種情形我將保證不會再發生，而且我也一定會以致力提升我國國力、人民的安定爲終身目標！

這一年來，我最要感謝的就是洛克先生，是他引導我進入政治狀況的，洛克先生不但是位鞏固憲法規章的功臣，也在近幾個月內整頓了我國的貨幣制度，使我國的信用與經濟漸漸有了起色。我想，他若作爲『全英國最具聲望的人』應該是一點都不爲過啊！現在，我們就爲洛克先生的貢獻作最誠摯的鼓勵，同時也邀請他作爲我們今日宴會裡的最佳上賓！」威廉一說完，自個兒馬上就鼓起雙掌來。

席上的男男女女們都在盡情地享用一盤盤的佳餚，不時也傳出輕微的交談及笑語。而主位上，威廉特地與洛克鄰席而坐，他們十分禮貌的享用著自己的餐點，然而卻也不忘互相交談著。

威廉喝了一小口酒後，轉頭問道：「先生，我還是一直希望請您來政府裡頭擔任官職，爲什麼你總是再三推辭呢？我相信以您的能力，必定是最適當的人選啊！您就不再考慮了嗎？」

洛克從容地呑下口中的食物，拿起餐巾擦拭著嘴角，笑著說：「呵，國王啊！您若是早個十年要我擔任總理大臣我都願意，但是，現在不同啦！我歷經了這些事件，已經對政治看淡了。您若眞的要我這個老頭子做個官，那好，就派個閒閒的肥缺給我吧！」

他的確是已經老了，但是他的腦袋可還是精敏得很哩！他怕的就是政治鬥爭……威廉看著這位本國的智者，心裡想著要如何再說服他。

威廉笑著說：「先生未免太客氣了吧！我可是眞的希望您能來幫幫我處理政事啊！你瞧普英國之中有誰可以與你一較高下？若是有，也麻煩先生告訴我好嗎？」他仍是緊追不放。

洛克啜飲了一口香檳，吐了口氣，「親愛的陛下，我眞的很願意幫您的忙，但是請不要將重要的官銜加諸在我身上了！呵……我說過，只要給我一個有錢有閒的肥缺就足啦！其實呢，這幾年來我開始想一些哲學上面的問題，是關於人類知識來源的問題，進而發現到這個問題遠勝過政治問題有趣，所以我開始整理我的思路，並且動手寫下來，正打算要出版了呢！」

威廉見洛克仍舊是興趣缺缺的態勢，他也不便再贅言，就將話題轉入一些比較輕鬆、有趣的方面。

餐點結束，嘉賓們休息了一會兒並聽了幾齣音樂演奏後，威廉又將場景拉至室外的御花園裡。草坪上不知何時已搭起了巨大而堅固的棚架，棚架裡面則擺上了一張張精緻的桌椅，桌面上均放置著一組精巧的茶具，每一張桌椅旁都有著一名侍者。

這時，威廉又說道：「各位來賓們，我將在此草坪上招待各位喝全世界最好的茶，這種茶是由中國祁門海運來的，前幾年才引進我國，而目前倫敦也僅『嘉威咖啡館』有提供而已，而且價格十分昂貴。但是，我想難得有這個機會，所以就商請『嘉威咖啡館』爲我們今天的下午茶會做準備，就請各位來賓們隨意的在花園裡享用吧！」

不少人一聽完國王的說明後，就急著向棚底下聚攏，想要一嚐中國紅茶的甘醇清香。不多時，棚下的椅子上已坐滿了七八成的飲茶人，而另外一些人則是端著茶、三三兩兩地聊著天或賞著園景。而洛克則是手中拿著幾塊糕點，獨自一人信步來到樹底下，漫漫地看著這一切……

不久，威廉瞥見洛克獨自一人在距離較遠的樹下乘涼，他便先告辭了身旁的夥伴，特地端了兩杯茶，隻身一人緩緩地走向樹下。

「先生，來一杯吧！嗯？」威廉輕鬆地朝洛克說著。

洛克見是國王，笑著回說：「謝謝您，陛下！其實我方才已經喝兩杯了，因爲我是老人家，喉舌比較不怕燙！呵……這茶眞是好茶，從來沒喝過這種茶哩！」他一邊說笑，一邊接過威廉端來的杯子。

「先生，方才我們還沒說完呢！有意願爲我再說說嗎？」威廉停頓了一會兒，看著洛克的反應，只見老人家略略地搖著頭，嘴角漾著笑。「我想聽聽您對人類知識起源論的看法，我相信您必定有著不同以往的說法。」威廉這才將「重點」說明白。

洛克看看威廉，又轉過頭直視著前方，過了一會兒才說：「我打算今年就會出版吧！名稱也已經想好了，就叫《人類悟性論》。陛下，我從來未曾與他人討論過，即使是我花了那麼多年的工夫在想著，可以算是秘密之一吧，呵……」

威廉笑著問道：「連我也不能嗎？即使是我以國王的身分……」

「呵，其實也不算是秘密，否則就不會出版了啊！我主要想解決的就是一個大問題而已——關於人類知識的一切謎團！這個構想還是有一個引子的，大約在十九年前，我與一群朋友在聊天，聊著聊著發現大家陷入了一個瓶頸，那就沒有辦法達成一個共識，即是你說你知道的、我說我懂得的，常常兜不在一塊兒！那時，我就突然想到：爲什麼不由開頭再重新思索呢？我們何不先對自己的能力做一番了解後，尋求其中可能的共同性與處理能力？之後我就不時的深入想這個問題，直到現在。我認爲啊，之所以構成人類知識的內容，就是『觀念』，如果能明白『觀念』如何而來，大概就可以解決關於知識論的問題。」洛克開始敘述著他的見解。

「那您所謂的『觀念』是什麼？」威廉突然問起。

洛克回答說：「『觀念』嘛，我是指凡是人類能夠知道、理解的，無論是實體的動植物或是抽象的數學概念，就是人心裡面想得到的一切層面，都是我所謂的『觀念』。

我認爲，一切的觀念皆來自於經驗，我不相信柏拉圖那一套說辭！陛下，您想想：一個白痴有可能知道數學或邏輯的定律嗎？一個嬰孩、甚至是野蠻的民族他們能了解嗎？他們從未接觸過的觀念會老早就存在於他們的腦海之中嗎？我相信絕對是做不到的！

再說一個例子，假如『美感』是天生就有的，那是否應該會有一個普遍的標準才是，可惜事實證明：不是！每一個時代、環境與民族，其審美的標準都不盡相同，甚至可說是南轅北轍，那如何能說『美感』的觀念是天生的？難道有好幾種天生的美感？這不就是個笑話嗎？依我的看法是：人類心靈大約就如同一張白紙或是空房一間，原本是空蕩蕩的，然而隨著環境與歷史變化，外在的觀念一一的被記錄下來，就形成了『經驗』。

再進一步說說『經驗』好了，我分爲兩類，一是『感覺』，一是『反省』。前者是在接觸外界觀念後的第一印象，就如：軟硬、黑白等等。而後者就還得經過心理的作用、消化之後才會呈現出來的，就像是：記憶、慾望等較複雜的經驗。說到這裡，我的重點就是要推翻前人所謂的『先天觀念』說，改以『經驗論原則』來說明，『人類觀念均是來自於感覺或是反省』。陛下你以爲如何呢？」洛克反過來詢問威廉的意見。

威廉聽了洛克的說明後，一時間只覺得滿精采的，其餘的還來不及多想，其實也沒辦法多想了，因爲這些東西他今天還是頭一遭聽說哩！況且他對於哲學的領域涉獵未深，更不知道要回應些什麼。

「先生說得實在是滿精采的，說來也慚愧，我在先生眼中大約只是個沒什麼智慧的人吧！所以，我也不知如何『以爲』呢！」威廉想了幾秒後，還是老老實實的回答。

洛克轉身朝威廉鞠了個躬，「原諒我一時失言啊！陛下。其實我哪能與陛下相比呢？我不過是一介糟老頭，您可是英國的象徵啊！」

威廉笑著拉住他，「先生不必如此！只能這麼說，您跟我是走向兩條不同的道路啊！雖然如此，我還是有許多地方要仰仗您呢！不過，我方才聽您這麼一說，眞覺得受益匪淺，不知不覺又多了解了一些知識。」

隨著今日的宴會即將進入尾聲，威廉與洛克又融進人群之中。照例的，威廉仍是說了一些感謝之辭，整個宴會就在賓客的笑聲與掌聲中結束。當來客紛紛離去時，威廉夫婦與皇族們還站在花園外朝著眾人揮手致謝。

這時，威廉又見到獨自上了馬車的洛克身影，他突然想起中午的談話。好啊！我答應先生，會替您找一個『肥缺』的！威廉在心裡允諾了洛克。而洛克本人正坐在馬車裡，滿臉笑意的看著手中那一包紅茶哩！

解說

洛克乃為英國古典經驗主義的開拓者，同時因為他涉及人類心理層面的創見，也因此帶動了日後一派學者關於心理學的研究。另一方面，洛克在近代政治制度上的確留下了一筆難以磨滅的功績，尤其是他所提倡的權力分立的主張，對於議會政治之發展產生了莫大的影響。我們知道，目前世界上多數國家的政治均採用了分權制度及議會制度，這是一種顧及過半人民權益的方法之一。

再者，洛克也是啓蒙時代的健將之一，他那自由探討的精神、對現實經驗的重視及對傳統威權主義的批判，直接給予了法國啓蒙運動強而有力的影響，尤其是百科全書派。而經濟方面，洛克的影響也是顯而易見的，英國亞當史密斯所著的《國富論》一書，即脫胎於洛克的思想。

年表

公元一六三二年	生於英國布里斯特爾近郊的小莊子，父親爲織布商，偶爾客串當地法院的書記官，母親爲製鞋匠。
一六四七年	利用父親友人的特權之便，洛克進入了威斯特敏斯特中學就讀。
一六五一年	如願進入牛津大學基督教學院學習。
一六六六年	因緣際會地以礦泉水之由認識了阿希萊勳爵，隔年搬進了倫敦，成爲阿希萊勳爵的屬下。
一六七二年	政治中得勢的阿希萊勳爵讓洛克在商務委員會裡任職。
一六七五年	前往法國旅行，結識許多醫生、科學家與神學家。
一六七九年	回到倫敦。開始捲入政治鬥爭。
一六八三年	因政治鬥爭失利，逃往鹿特丹，英國皇室下令取消洛克在牛津大學教員的資格。
一六八九年	新英王威廉登基，同時對於洛克等人下令取消通緝令。
一六九〇年	洛克返回倫敦，同年發表了三本著作，最重要的爲《人類理解論》

與《政府論二講》。

一七〇四年

因病去世，享年七十三歲。

啓蒙運動的健將

伏爾泰

Voltaire, 1694-1778B.C.

以往有哲學家認為除了這世界外還有一個抽象的世界，我反對這種說法，我只相信這空間裡的一切，我看到的、聽到的、接觸到的，這一切的感覺與所為，再經由頭腦的組織整理後，就構成了我們的知識，真理亦在其中啊！

階級

清晨，一輛馬車停歇在新橋附近的一間住宅外面，披著黑色外衣的車夫呆坐在車上等著，前面的兩匹棕馬幾乎是動也不動地，只是偶爾眨眨眼、鬆鬆尾，不知牠們是訓練有素，抑或是還想尋回睡眠時的幸福感。

一會兒後出來了三個人，做主人裝扮的男子，身形約八、九歲的男孩，及提著一箱行李的老僕役。那男子令僕役將行李抬上車，讓男孩先上車後，自己再坐進車廂裡。老僕役將車門關上後，車夫隨即叫了一聲，同時握著韁繩一抖，兩匹馬便很有次序的開蹄前進。

沿著新橋往市區走著，小男孩不停好奇的望著外頭。突然，他看到了一個奇怪的景象：有八個人全部躺在一條溪岸上，完全不見動靜，其中有男有女，三個壯丁，兩個女人，另外還有一位年紀不小的老人與兩個年紀約七、八歲的小男孩，看樣子是住在附近的作農人家。

小男孩被這個景象吸引住了，他想著：他們在幹嘛！睡覺？可是沒有人會睡在這種地方啊！還是都死掉了？好奇怪！可是他們身邊怎麼都有一根棍子？那是做什麼用的？男孩想不通，趁著馬車還離得不遠、可以清楚辨識時，他趕緊轉身向身邊的男子問道：「爸爸！你瞧外邊那些人是怎麼了？」

原本看著報紙的男子回身朝外面看看，又轉過來，輕描淡寫的說：「喔，那沒有什麼啦！他們只是在半夜裡趕青蛙而已。」

男孩又問：「爲什麼他們要在半夜趕青蛙？又要睡在那邊？」

男子回答他說：「我告訴你，阿魯埃，那些人是附近領主底下的佃農人家，因爲河邊半夜會有許多青蛙聚集，而領主的城堡又緊鄰著河岸，這樣子青蛙的叫聲就會讓領主半夜無法好好睡覺，因此，領主便叫他底下的農家們輪流幫他趕青蛙。而這些人由晚上開始趕到天亮，趕累了就直接睡在這裡。過一會兒他們就會醒來，繼續到田裡面工作。」

男孩驚奇的說：「爲什麼領主可以這樣命令他們？簡直是太不公平、太可憐了！你看，那邊有老人也有小孩哩！而且他們白天還要工作、還要唸書不是嗎？」

父親看著他，說：「這沒什麼好不公平的！他們依附在領主的底下，耕他的田、用他的地，當然也要爲主人做事情啊！就像僕役一樣。還有，農夫的小孩是不用唸書的，因爲書或文字對他們的工作而言是不會有任何幫助的，了不起只要會寫、會唸自己的名字、家人的名字就差不多了。你還想要他們學拉丁文？學哲學？學音樂？那是很可笑的。看看時間也應該快到了，待會兒就可以看到你的學校，相信你應該會很喜歡的。」

大路易中學位在巴黎市區，一所由耶穌會所開辦的貴族式明星學校。阿魯埃與提著行李的父親在專管宿舍的神父帶領下，經過了一格格的房間，透過明淨的窗子，阿魯埃很好奇的看著裡頭擺設豪華的房間問道：「這是我們的寢室嗎？」

父親低頭拉著他說道：「還沒到呢！」

神父轉過身來，對著阿魯埃說：「小朋友，這裡是貴族弟子專用的寢間，你的在後頭，待會兒就看得見了。」

他們在一間大房外停下來，神父拿起腰間的鑰匙開門後，阿魯埃見到了他未來居住的環境——約有三、四十張床整齊的擺在一起，像是軍隊一般，兩邊則有巨大的木櫃可以用來放置學生的家當，浴室、廁所則在這公共寢間的另一道牆後面……

神父說：「諾，這就是你晚上休息睡眠的寢室。來，先生請跟我去放置您小孩的行李吧。」

阿魯埃見到了櫃子的內部：空空的立體方格，大到可以塞進三個像他身形一樣大小的小孩，除了上方有一根木桿子，其餘就沒啦！

與父親道過再見後，阿魯埃即成爲大路易中學的正式學生。

反骨

一場華麗的盛會正在倫敦富豪福爾克納府上舉行著，被邀請的人士均是於倫敦有影響力的文人學士、政商菁英。雖然他們的衣著十分講究、嚴謹，但是整個會場的氣氛卻是相當的輕鬆。燈火通明的宴會廳裡，只見侍者來回穿梭，用著十分愉悅的神情爲嘉賓們添酒服務，而所有的客人也都隨性的或立或坐，三三兩兩的笑談著。

此時，主人福爾克納由外邊進入廳堂，他身後跟著一名身材瘦小的年輕男子，在場的人們全都停止了先前的動作，微笑的注視著他們。福爾克納開口道：「現場的各位嘉賓，感謝各位能抽空前來蔽所，其實我也知道，各位能來都是因爲伏爾泰先生的緣故，前幾天我們在閒聊時，他突然說想要回巴黎去了，而我當然是不肯讓他這麼快便離我們而去，然而他的心意已決，所以，我只能辦這麼一場晚宴來謝謝他這些日子給予我們的啓發與幫忙。」說完，福爾克納帶頭鼓起雙掌來，所有的人也欣然的鼓掌致敬。

伏爾泰十分的高興，他笑著用沙啞的嗓音說：

「各位，各位！我伏爾泰來到英國將近三年，其實是英國人教育了我，讓我從封閉愚蠢的法國中走出來，讓我知道在世界上有一個這麼完美的國家！我眞的很高興，因此我也有一些話想對大家說說。其實我應該謝謝德．洛昂先生與法國政府的，若是沒有他們，我可能就不會來到倫敦，沒有機會接觸到『自由』！

一七二六年的四月十七日，我與德．洛昂那個小貴族相約要決鬥，爲此我還向巴黎的劍術高手惡補了一些技巧，然後我就信誓旦旦的赴約了。那個小貴族居然事先與警察串通好，於是我在連人影都沒見著的情形下被拘禁了，這是我二度入了巴士底監獄，過沒幾天，路易十五就把我流放出法國啦！

我時常怨恨自己不是個英國人，如果我是，那我就不會受到法國政府與天主教會的迫害，我就可以及早接觸到牛頓與洛克的學問了。你們知道嗎？我在法國根本沒聽說過這兩位偉大的人物啊！

在法國的政治上只准有一種聲音，那就是皇帝的聲音，他說什麼就是什麼！但在英國，你們也知道這一套是行不通的，你們擁有比法國人民更多的自由權利，英國有下議院，是君主立憲，而法國呢？連宗教的信仰也是被控制的，只准該死的天主教存在，而英國呢，我算了算，總共有三十多個宗教，而且都能和平共處。

我在倫敦快三年了，從來沒有一位英國人將我視爲逆子，但在巴黎，我沒有一天能與之脫離關係的。還在中學時，我就與『聖殿集團』的人相識了，他們都是法國裡思想最進步開明的人士。之後我父親知道了，便將我軟禁起來，但是當時我已經立志要成爲一個傑出的詩人。然而這個行業在巴黎是被輕視的，他們不會認眞的看重我的作品，多半我只能以喜劇的內容來討觀眾歡喜。

但是當我一面寫喜劇，一面賺錢時，卻漸漸沒了充實的感覺，因爲我不時看見法國百姓的痛苦與悲哀，皇帝不停的加稅，天主教則趁機詐欺教徒，這令我天生的反動力又被激起來，我又開始創作反應現實的詩句，雖然我是以匿名的方式公佈，但是朝廷也知道是伏爾泰的傑作，所以，我就來倫敦啦！

雖然我很喜歡這裡，但是我愈來愈覺得若是我不將這些學問帶回法國，那我的同胞仍舊會受制於腐敗朝廷與專制天主教的淫威底下，久久不得翻身！所以，我勢必是要回去的，我要將落後、封閉與愚蠢趕出法國，要讓我的同胞了解到什麼是『自由』、『進步』。」

話聲甫落，周圍便響起了熱烈的掌聲。

廿五封信

午後的理髮店裡，躺著三位懶洋洋的男性顧客，三個剃頭匠正在爲他們整理門面。屋外的陽光很強，照得地面上泛起了一層白光，刺得人眼疼。由店裡朝外看，寬廣的街道上，竟然許久許久才有一、兩個人晃過而已。

「好強烈的陽光！」最靠近街面的顧客轉過頭，覷著門窗外頭說著：「根本就沒有什麼人肯上街，大家可能都躲在屋子裡避暑氣囉！」

店內其餘的人也都順勢往外頭瞧去，眞的沒有幾個人走動，最裡面的顧客說話了：「唉！這讓我想起那個毒辣的『太陽王』啊！他在位的時候眞是難熬啊，一會兒要打戰，一會兒要徵稅……累的都是我們這些小百姓啊！」

在場所有人都紛紛附和著。先前起頭的那人又說：「反正我們就是注定要成爲被迫害的一群，皇帝壓榨貴族與教士，而貴族與教士又來壓榨我們這些可憐的老百姓。以前是這樣，現在也是一樣，我看將來還是不會改變的。」

中間那位剃頭匠笑笑地聽著顧客之間的對話，突然他也開口了：「你們是萊布尼茲的信眾嗎？」只見顧客們搖搖頭。

中間的顧客問道：「那是什麼？」

剃頭匠回答說：「他是一個無可救藥的迷信者。怎麼？你們沒聽說過他，那又如何會講出跟他一樣的話呢？」

最外面的顧客說：「請說一說吧？我願意聽聽。」

剃頭匠又說：「他主張一套稱爲『樂觀主義』的哲學，就是所有的事情都是其來有因的，而且就是最好的，毋需再改變。譬如：鼻子是幹嘛用的？他會說是用來戴眼鏡的。雙腳又是幹嘛的呢？他也會告訴你是用來穿褲子用的。」

中間的顧客仰著頭說：「嗯，聽起來是沒有錯，雖然有些奇怪，但是仔細想想確實沒有錯啊！」

剃頭匠又說：「還沒完呢！假設今天你看見裝滿人的一艘船不小心給燒著，死了一些人，最後船艙底燒破、船沉了，所有人無一倖免，那他就會說，他們生來就是要死在這場船難當中的！如果今天你不小心讓小偷給偷了所有的積蓄，但是樂觀主義卻說這是應該的，你會怎麼想？」

三位顧客幾乎是一起開口：「這怎麼會是應該的呢？我辛苦賺來的錢給人偷了，如何能說是本來就該如此？不合理！」

剃頭匠笑著說：「這就是啦！根本就不合理。那方才先生所說的是不是也要算入樂觀主義之中了呢？你說我們『注定』要受一輩子的迫害，那起步也是認定了你之所以受迫害是有著不可抗拒的原因囉？你天生就這麼可憐嗎？」

最外面的那位顧客有些不好意思的笑了：「你似乎懂得不少嘛，那我也想再多聽聽這一類的談話。」

剃頭匠終於替中間的客人服務完畢，他放下工具，仍舊坐在原位上說：「我是有一些小小的心得。之前去了英國，才知道法國是多麼的落後！」

三位顧客都充滿了驚奇的表情，先前的那人又問：「怎麼說呢？我不清楚英國，甚至是外國的情形呢？」

剃頭匠想了一會兒，「該怎麼說呢？我從宗教、政治、社會及思想四個大方向來說好了！法國皇帝只承認天主教的合法性，所以法國人民只有一種宗教信仰，然而在英國並非如此，你們知道英國人有幾個宗教嗎？」有的人比了兩個，有的人比了四個……

剃頭匠晃晃腦袋，繼續說：「三十多個！足足是法國的三十多倍哩！每一個英國人都可以自由的選擇他所喜歡的宗教，沒有人可以用暴力來干涉，也不可能有宗教的迫害，因為有三十多個教派，誰也無法獨大！你們想想，只有一個宗教，如我們法國這樣，那就叫專制；若是有兩個宗教並存，那可能就會打打殺殺起來；但是有三十多個宗教，誰敢迫害誰呢？因此就能和平共存啦！

況且，以市場競爭的角度而言，三十多種宗教讓人民自由的來選擇，誰敢得罪教徒？謙恭謹慎都來不及了，還有誰能像天主教這些神職人員般無理跋扈？這是關於宗教的部分。」

在場的人都聽呆了，其中一位顧客說：「你說的真有道理呢！這樣一來，我也覺得我們確實是不如英國人了，那其他的呢？你繼續說下去吧！」

剃頭匠又說了：「接下來是政治，你們也知道，法國最偉大、最有權力的人就是皇帝了！其實皇帝擁有一國之中最高的權力也沒什麼不對，但是前提必須是最英明睿智的君主才行。問題是每一個皇帝都這樣嗎？如路易十四在位時是法國最強盛的時期，但是國內還是有許多問題不能解決。聰明的英國人努力的想解決這個問題，經過幾次改革後，他們克服了問題，用什麼方法呢？讓人民有權參政啊！他們的議會一分爲二，上院是舊貴族勢力，下院則是各地方的人民代表，他們擁有的是節制並監督君主行爲的力量啊！這與我們法國相比，是不是高明太多了？」五個人均用力的點點頭，而且眼中都發出了興奮的光芒。

剃頭匠停頓了一會兒才繼續說：「英國這些年來的國威提升了許多，這是什麼原因你們知道嗎？就是商業！英國人比法國人會做生意，而且舉國上下都不排斥商業行爲，這一點與法國人是南轅北轍的！英國人努力累積財富，法國人只想當官揮霍，你們應當也知道哪一種人對國家有利吧？

再來是衛生問題，我所閱讀到的資料上寫著中國人是世界上最有禮貌、最文明的民族，他們從小就有接種牛痘的習慣，這樣天花的傳染就會大大的降低，近年來英國人也學會了接種牛痘，因此他們的疾病也少了。然而今天在巴黎若是要小孩種牛痘，鐵定會引起大亂的，因爲法國人不懂這些。」

坐在最外面的顧客笑笑的說：「我眞的不知道，也從來就沒聽說『牛痘』這種東西，中國人眞是神奇！先生，請繼續說啊，今天眞是讓我受益匪淺啊！」

剃頭匠笑著說：「我就在等你這一句話！好，最後是關於思想的部分。在英國有著傑出的思想與學問在流傳著，他們是一群追求眞理的學者，完全不受制於天主教規的影響，其中最偉大的應屬牛頓與洛克兩位先生了。他們在哲學、科學與政治方面均有著卓越的貢獻，英國會有如此的現況，他們正是背後的推手啊！但是我在這裡不再細述他們的學問，我只是挑出一些，並且融合我自己的看法說給你們聽聽。

這個世界，乃至於這個宇宙，都是上帝所創造的吧！但是基督教徒口口聲聲說上帝創造了人，並且讓人帶了原罪生存，除了善，世界上也有惡的存在，故而上帝要考驗人們，讓人終究回歸祂的懷抱。這簡直是狗屁不通的理論！我創造了世界也創造了你，然後我是全知全善的，我非但不解救你，還要讓你在受盡折磨後才讓你進入我的殿堂，這豈不是莫名其妙？

既然我是善的、宇宙的主宰者，爲何還會有那麼多惡象存在？我從小時候就開始懷疑傳統的說法，但是卻想不出有什麼解答，一直到我接觸到牛頓的學問後，一切就豁然開朗了！宇宙是一部機械，上帝是製造者，但也僅是一個製造者罷了！他讓這機械開始運轉後便離開了，從此不再過問關於機械的一切問題，所有的事件都是任其自生自滅，與他本身無關，他也不能從旁干預什麼，所以沒有天堂也沒有地獄，所有的一切都在這個空間之中流動著。以往有哲學家認爲除了這世界外還有一個抽象的世界，我反對這種說法，我只相信這空間裡的一切，我看到的、聽到的、接觸到的，這一切的感覺與所爲，再經由頭腦的組織整理後，就構成了我們的知識，眞理亦在其中啊！這就是英國學者給我的啓發。

你們聽到這裡，應該能知道我們的確是不如他們，其實在英國還有一項是法國所沒有的，他們很尊重藝術家與學者；有一個十六世紀的劇作家叫作莎士比亞，在他們那裡可是被尊爲國寶的哩！」

躺在中間的那位顧客聽到這裡，躍起上半身看著剃頭匠問道：「您是一位學者吧！否則怎麼會有這麼豐富的知識？方才所說的是您個人的見解吧？爲何您會委身在此呢？」

剃頭匠笑笑著回答：「我不是個學者，只是個詩人，是一個被流放的搗蛋者伏爾泰。至於你問的，是的，那些是我寫成的著作，叫作《哲學通信》，總共是二十五封信件的總成。」

費爾奈莊園

在擁有灰白大理石的教堂裡，亞當神父正與伏爾泰下著棋，兩人各自聚精會神地思索著自認爲必勝的棋路。約莫十分鐘後，突然聽見嘩的一聲，像是許多硬物被攪動、翻滾的巨響。是伏爾泰將棋盤掀了，他順勢站起身來，高聲的嚷著：「把時間花在這裡，還不如到劇場去演一齣戲吧！」說完，他轉身走出教堂。

這時，女傭塔莉迎向他並遞給他一封信，「先生，這封好像是挺重要的信，您要不要現在看？」

伏爾泰在教堂門口接過信來，隨即粗魯的將封口撕開，從裡頭抓出信紙來閱讀。他倚在大門上，仔細的看完它後說：「塔莉，妳幫我留意這件消息，尤其是報紙上的都給我剪下來，知道嗎？我會想辦法的。現在，我得先去餵餵那些猴子了。」

這是一封住在土魯非斯城的人寄來的信，上頭敘述著一件駭人的消息：

讓卡拉是一位信奉新教的老商人，大兒子馬克安東因爲是非天主教徒，所以無法攻讀法律，也不願意從商，長期心情鬱悶下，某天夜裡就上吊自殺了，等家人發現時，早已窒息身亡。鄰居當中有人知道了這個消息後便說：「馬克安東是被父親殺的，因爲他選擇天主教。」而當地的天主教會亦藉題發揮，將馬克安東的遺體抬進教堂，宣布他爲神聖的殉道者。而法院方面則以謀殺及反對天主教兩項罪名判處讓卡拉殘酷的車裂極刑，而且車裂完後，隨即將讓卡拉的屍體當眾焚燒。臨行前，讓卡拉不斷的呼喊著：「我死得很無辜——」家中其餘成員則被釋放，唯獨二兒子皮埃爾遭流放。

這是發生在一七六二年三月間的事，而寄信者即與死者住在同一個地區，他認爲如此粗濫的審判十分不公正，因此他寫信到費爾奈莊園，希望伏爾泰能站出來說說話。

伏爾泰先將讓卡拉一家人接進莊園裡安頓下來，又四處尋找皮埃爾。等到一切都處理好了之後，伏爾泰開始發揮他追求眞理的正義感與作家的魅力，將輿論全部納進他的劇本裡，親自寫出一本詳盡完整的上訴書來，要求最高法院重新審理，並且動用了最優秀的律師替讓卡拉一家人辯護，終於使得一切都眞相大白，死者恢復了名譽，家人也重獲自由與巨額的賠償。

巨大的鐵製獸籠裡關著四隻狼狽的猴子，伏爾泰拿著水果餵牠們。剛剛回復自由身的皮埃爾及一家人都站在旁邊看著，伏爾泰看著吃相貪婪的猴子說：「我最喜歡看他們吃東西了，知道我給牠們取了什麼樣的名嗎？」

皮埃爾笑著說：「不清楚呢！先生。」

伏爾泰指著一隻右手受傷的猴子，「牠是福蘭克，在牠右邊的是福來隆，蹲著比較高的這一隻是博萊爾，最後面那一隻是龐畢陽。現在，你們就有好戲可看了！」

伏爾泰說完便轉身離去，四隻猴子開始吱吱亂叫，並且在籠子裡驚恐的暴跳著。伏爾泰又出現了，他手裡拿著細長的藤條打開籠口，鑽進獸籠裡不斷的朝四隻可憐的動物鞭抽。四隻猴子不斷的在鐵網裡躲著竄著，沒有一隻敢攻擊伏爾泰。

站在外面的皮埃爾一家人看得是目瞪口呆，他們無法想像聲名響亮的伏爾泰居然會鞭打猴子，這幾乎是不可思議啊！等到伏爾泰從獸籠出來，他們幾個都還沒回過神來。

伏爾泰喘著休息了一會兒，才又笑著說：「你們一定覺得很莫名其妙吧！我告訴你們，我把這四隻動物假想成我的四個政敵，就是這四個名字！只要我每天餵食完後，一定也要揍一頓。起先，牠們會不服氣的回頭咬我，我就準備了細針刺牠們，結果牠們連近我身都不敢了，又逃不出這鐵籠子，只得乖乖的討打。

你們也知道，我生平最恨的就是那些尸位素餐的政客與天主教會，只要一想到他們心裡就很痛苦。可惜他們離我太遠了，而肯接近我的都是好人，所以我只好養一些行徑類似他們的猴子，打打這些牲畜來消滅心中的憤怒。好了！現在揍完了，我去集合一些人一起去劇場那邊吧，我有一齣新的戲劇要排演呢！

你們在我這裡安安心心住下就是了，費爾奈莊園裡有教堂、別墅、劇場與工廠，這些都是我和這裡的居民共同完成的，歡迎你們也加入費爾奈莊園的行列。我將一步步地在此地實踐我的夢想，我要讓住在這裡的人們不再受到迫害、威脅，每個人都有事情要做，而且都能享受該有的收穫。」

泰斗

生活綽有餘裕的費爾奈莊主利用其敏捷的思考與尖銳的筆觸不斷的向封建的毒瘤、教會的謬誤突刺著，而且一次比一次來得深刻與沉重，每每直中要害，令腐敗的惡勢力無力再多做反擊。所有受到迫害的平民百姓們都爲他歡呼，這使得法國朝廷不敢直接拿伏爾泰問罪，只得下一道召令：「伏爾泰終生不得踏入首都一步！」這個被視爲罪惡淵藪的皇權象徵地，卻是伏爾泰的故鄉。已在費爾奈待了二十多年的伏爾泰，心中對故鄉的那份情愫總是難以抹滅，八十餘歲的他還時常於夢寐之際，偷偷的神遊在兒時記憶中的塞納河畔，那光影耀蕩的塞納河……

某日的傍晚，塞納河畔的博內路上擠滿了群眾，總數超過上千人，外圍也停滿了馬車，所有的人都顯露出極度興奮的神情來。群眾及馬車仍持續朝這裡聚集著，一會兒過後，一輛馬車在警察的開道下緩緩的駛入維萊特侯爵府中。

「那是誰啊？還硬要將馬車駛入維萊特家中。」

「難不成是皇家的人物？」

「別傻啦！皇家的人怎麼可能會出現在這裡，看那車子又不像。」

「會不會是教會的重量級人物？」

在周圍聚集的群眾不斷的小聲議論著。

德尼夫人領著穿著體面的一老一少進入了會客室。她朝坐在大椅上的老者說：「叔父，從美國來的富蘭克林先生與他的小孫子一起來問候您老人家啦！」

那老者慢慢的站起身來，仔細的瞧著這兩位遠客，露出僅剩的幾顆黃牙笑道：「歡迎你們，我眞是失禮啊！來，一塊坐。喔，我們的小朋友還眞是可愛哩！」

富蘭克林推著孫子，「去，向伏爾泰爺爺跪著請安。」小孩子當眞就跪在老者跟前，伏爾泰笑笑地摸摸他的頭說：「孩子，願自由與寬容在你心中滋長。」

富蘭克林等伏爾泰坐下後，自己才跟著坐下，「今天有幸能在巴黎與先生談話，眞是感到榮幸啊！原本我打算在巴黎的訪問結束後再帶著我的孫子一塊到費奈爾莊園拜訪您呢！」

伏爾泰笑著說：「唉！我這算運氣好，皇帝駕崩啦！現在這個路易十六比起他老子來更是荒淫乖誕！我才有機會再回到巴黎來，我想如果能死在自個兒的故鄉也未嘗不好啊！」

富蘭克林說：「先生您可別這麼說！您知道現在外頭聚集著多少人嗎？我們剛剛進來時簡直是進退兩難啊，他們不爲別的，只想親眼看看您而已，誰教您是整個歐洲最有份量的人物呢？我在美國時就已經將您舉凡哲學、戲劇及詩歌類的著作全部看過了！我眞的很佩服您的卓見。」

伏爾泰搖搖手，「您太恭維我啦！我只是做一些覺得應當做的事情而已。」

富蘭克林又說：「不！您知道爲什麼會有這麼多人聚在外面想見您一面嗎？就是因爲您是個實踐型的思想家啊！您不光只是在書上寫寫東西，最重要的是您眞的關心廣大的百姓，並且還出錢出力解決他們的困難，即使是難纏的阻礙，您還是會盡力的達成。

這對廣大的百姓而言，先生就是英雄、救世主！一般的思想家、學者多半只是建立起一套理論而已，很少有人能將其成功的實踐出來，但先生就是成功了，人民也確實知道了，所以他們才會這麼擁戴您啊。」

伏爾泰聽完富蘭克林的話語後，只是笑著沒有答腔。他摸摸自己光禿的頭，眼中透著深邃的沉思。

回到巴黎的伏爾泰每天的工作就是接待來自各界的仰慕者，份量遠比在費奈爾時多出數倍，而且還臨時接任了法蘭西學士院的院長。他只能利用空檔編寫最後一齣悲劇《伊蘭娜》。以一個八十四歲的老人而言，這種可怕的工作量只會鯨吞他剩餘的軀魂，伏爾泰終於倒了！

一個天主教神父偷偷溜進病房裡，他的目的就是試圖使伏爾泰在臨終之際承認其一生與教會對抗是錯誤的。神父從容的來到病床邊，輕聲的問：「孩子，你相信耶穌基督的神性是無所不在的嗎？」

老人睜眼一瞧，問道：「誰在說話？」

伏爾泰的老友在一旁替神父回答：「是一位神父。」

老人一聽，馬上生氣的道：「打發他走吧！讓我安安靜靜的休息好嗎？」

自認爲使命不凡的神職人員並沒有因此而放棄，他又向伏爾泰問了同樣的問題。

老人發怒了，他掙扎的坐了起來，揮舞著乾癟的雙手罵道：「離開這裡！我不需要，讓我安靜的離開吧！」

神父驚嚇到了但還是力持鎮定的說：「呃……先生，您相不相信基督的神性……」

伏爾泰不等他將話說完，直接吼出：「永遠別再讓我聽到基督這個字！」順勢就往床頭倒去，這句話竟成了他所說過的最後一句話。這天夜裡，上百名巴黎市民抬著伏爾泰的棺木，莊嚴而安靜的運至香檳省境內的色利埃禮拜堂中安葬。

解說

伏爾泰是法國啓蒙思潮的第一號猛將，其一生致力於提倡科學與文化，反對既有的蒙昧思想與封建藩籬，更向看似頑迂腐固的天主教系統不斷的砲轟！當然，我們不能就此將伏爾泰視為純粹為廣大人民發聲的偉人，因為多數的時間裡，他仍然只是個周旋在貴族與上流社會中的一份子。

但可貴的是，伏爾泰除了重視學術、熱愛理性外，他並不是一個只懂得縮在象牙塔裡的思想家，他還是一位道道地地的運動者——以資產階級的角度鼓吹民眾爭取自己的權益。儘管以今日的眼光看來，伏爾泰稱不上是一位前衛型的人物，但他的一言一行卻足以擦出大革命的強烈火花，致使歐洲的政治體系重新步入另一個階段！而啓蒙之火更在歐陸拓展延續開來，如德國「狂飆運動」、俄國反農奴制等等。由此看來，伏爾泰的確也是近代社會民主潮流中的一個先鋒指標了。

年表

公元一六九四年	誕生於巴黎的市民階級，父親爲皇家顧問、法律公證人，母親來自於望族。
一七〇三年	進入大路易中學接受教育。並且於中學時期與一些思想進步的文藝家結成了「聖殿集團」。
一七一三年	因時常同上流階層的子弟及「聖殿集團」廝混，引起父親的不悅，便被引薦爲夏托納夫侯爵的隨從人員，一塊出使荷蘭海牙，隨即於海牙使館中擔任秘書一職。同年底，因愛上夏令白小姐而鬧得滿城風雨，侯爵只得將伏爾泰遣送回國。
一七一四年	伏爾泰以一首詩歌〈泥潭〉譏諷法國政府，贏得「反政府詩人」的稱號，並逐漸於文壇上豎立起自己的旗幟。

一七一八年	劇作《俄狄浦斯》於巴黎法蘭西劇院公演，引起熱烈回響。
一七二〇年	法國爲負債而進行財政改革。伏爾泰趁此機會投資，因而在短短兩年中使自己的資產膨脹了十倍之多。
一七二二年	父親過世，留下大筆遺產，伏爾泰成爲一位大富豪。偕同女友遊歷歐洲，對伏爾泰在觀念上更產生了積極的作用。
一七二五年	在情婦家中與一位小貴族洛昂扭打。三日後，洛昂又派人報復伏爾泰，將他毒打一頓，隔年公開與洛昂決鬥，卻遭政府逮捕，並關入巴士底監獄，隨即勒令其離開法國。伏爾泰決定前往英國。
一七二九年	旅居英國三年後，伏爾泰化名潛回巴黎，於一理髮匠家中暫住。
一七三四年	《哲學通信》發行法文版。高等法院下令查禁，並公然焚書，逮捕書商，通緝在逃的伏爾泰，經由夏德萊夫人資助躲入西雷別墅裡，兩人便在這裡安然的渡過了十四個年頭。
一七四八年	諷刺小說《查第格》出版。
一七四九年	夏德萊夫人因生產而去世，令伏爾泰悲痛萬分，於是他又回到了巴黎。
一七五〇年	應普魯士國王斐特列二世之邀前往柏林。創作《路易十四朝紀

事》。

一七五一年　開始參與狄德羅《百科全書》的編輯。

一七五三年　與斐特列二世正式決裂，沉痛的離開普魯士。

一七五四年　在日內瓦附近買下房舍，取名爲「愉園」。開始改寫《趙氏孤兒》一劇。

一七五五年　《中國孤兒》公演，獲得了廣泛的好評，也引起歐洲劇作家對中國戲曲的高度興趣。

一七五九年　諷刺樂觀主義小說《憨第德》出版。

一七六一年　另一座「費奈爾」莊園大致完成，伏爾泰遷居至此。此後他積極的爲許多不平等的案件申訴，儼然成爲公義的象徵。

一七七八年　凱旋式的回到巴黎，受到市民們的擁戴，卻因勞累過度而病發身亡，享年八十四歲。

光揚經驗主義的圖書館員

休謨 David Hume, 1711-1776A.D.

無論是單純抑或是複雜，所有的觀念都可以還原至印象之中，也就是說前者為後者的摹本。我認為，人類一切知識的來源處，就是出於原初印象。

控訴

「約翰裁縫」的店門口，杵著約翰的老婆荷莉與另外兩個年紀與她相仿的中年婦女，三個人正圍攏在一塊兒鼓動著齒舌。約翰今天去了伯爵莊園替莊園主人量製新衣，因此整個下午都不在，留下來看店的荷莉只有獨自一人，又無客人上門，正百般無聊時，適巧海莉與貝絲兩人到店裡修補衣服，順便找荷莉聊聊，悶了好一陣子的荷莉，自然是樂得完全配合。她們彼此之間不停的嘻嘻笑笑，有時還傳出了超高分貝的音量。

「嘿！妳們知不知道伯爵莊園的二少爺被人告的事？」荷莉問起身旁的兩位。

海莉與貝絲都點點頭，一起說：「知道啊！怎麼了？」

貝絲又說：「這又不是新聞，一個禮拜前全愛丁堡的人就都知道了。法院不是還沒定案？」

荷莉說：「那個二少爺是愛丁堡大學的學生，我見過他一次，人長得胖胖的，很斯文，說他會讓一個下女懷孕老實說我是不太相信的。約翰也說過，他們是個持家很規矩的家庭，雖然是個貴族，但是完全不會有令人生厭的驕氣！所以囉，他也是不信的！加上那個叫克莉絲丁的旅館女僕原本就是個騷浪女，成天愛在旅館客人面前擠胸露奶的，不知道跟幾個男人上過了？不小心懷了孕就隨便抓個人來頂替。我看啊，八成是看上了他們家的錢財，想藉機敲他們一筆！沒想到他們不認帳，就給鬧上法院啦！呵……後天就知道結果啦！」

海莉也說：「對啊！我聽說是休謨家執意要上法院的，因為他們相信自己的人格是清白的，才不可能跟一個像妓女的人來往，更不可能跟她上床，我也覺得可能是那個女人刻意要騙錢的吧！而且法院的法官也是休謨家族的人啊，再怎麼樣也不可能輸的。」

「咦，妳這麼說，好像休謨家的人有袒護的嫌疑喔？」荷莉馬上反問海莉。

海莉笑了笑，說：「哎呀！這種事誰知道啊？反正又不關我們的事，縱使是隨便說說也不行嗎？沒有人會覺得怎樣的啦！到時候，我們就知道了啊，不是嗎？」

貝絲聽完海莉的話後就不斷的笑著。另外兩個女人就問：「又怎麼啦？」

貝絲回答說：「呵……一會兒不知道的，一會兒又變成知道了！妳知不知道妳在說些什麼啊？呵……」

海莉知道她聽出了自己的語病，便訕訕的說：「算了啦！反正妳們知道我在說些什麼就好了啦！眞是的。」

又聊沒多久，約翰回來了。海莉與貝絲見到約翰回來，將正經事交待一番後，便各自散了。

開庭的這一天，愛丁堡的教會法庭裡湧入了不少居民，因爲所有人均一面倒的相信命運之神會站在休謨這一邊，沒有人支持克莉絲丁的控訴，因爲她是到了瞞不住大腹便便的狀況時，才獨自向法院方面控告休謨是這個小孩子的父親。

當然這一消息傳出時，休謨一家人都嚇了一跳，因爲包括休謨本人及他們的家族與這名女人可都是沒有什麼牽扯的，然而既然她依照正常的程序控告，法院方面自然也得派人來了解情形——雖然休謨的叔父是當地的法官。

經過了幾番的傳喚與蒐集資料後，法院方面發現克莉絲丁捏造了許多的謊言與假象來陷害休謨！最爲誇張的是，當克莉絲丁在陳述他們進行的幾次關係裡，時間與內容均有著極大的矛盾存在。她所透露的那五次時間中，居然就高達了四次的錯誤，因爲那時間內休謨都待在布里斯托鎮中學習商業，另外一次則正巧休謨去看了醫師，爲的是感冒的病症；關於休謨的一切行蹤，均有友人或是旁人可以清楚的作證。

克莉絲丁記憶中關於兩人在一起的內容，不時的發生反反覆覆或是次序顚倒的窘境，加上愛丁堡裡的居民沒有一個肯出面爲克莉絲丁做有力的旁證，因此關於這個案子，法庭裡的執事人員與陪審團會商過後，由法官當著被告與原告及在場所有人的面前高聲的宣布：「此案被告是清白的！」

雖然這一件事至此已經告一個段落，克莉絲丁也被僱主給解雇，沒有人關心她的去向，附近一帶多數人都很高興這件案子的結果。然而，在休謨家族裡卻不是那麼一回事！對此家族而言，名譽上的受損也就等於是人格上的污點——無論它最終成立與否。

自小以自身人格爲榮的休謨年紀輕輕的就遇上了這件事自是極不好受，況且他才剛剛擺脫精神抑鬱的糾纏。在莊園裡沉思了幾日，經過與母親及哥哥的討論後，二十四歲的休謨決定暫時離開這裡前往布里斯托的糖業公司擔任文書工作，或許忙碌的世俗工作可以讓他暫時忘卻曾經發生過的不愉快。

落空

市議會裡照常舉行著平日的公事——審核提案。市長寇特士站起身來朝著議會的演講台走去，他將一疊紙張放在台上，看看對面的眾位議員們，他開口道：「各位議員，我這裡有一項申請案，現在我將之提出來與各位報告，同時也聽聽各位的意見如何？」

寇特士停頓一會兒，又看了看各位議員的反應覺得可以繼續進行後，又說：「關於提出這項申請案的人，相信各位都不陌生，他就是大衛・休謨。由於愛丁堡大學的倫理學與精神哲學已經停開了兩年，原先的普林格爾教授早就在兩年前辦理了休假，目前仍在海外擔任軍醫，短時間內無法回校任教，而且他的年紀也大了，已到了隨時都可以退休的程度。所以，校方希望能新聘一位教授來替代普林格爾的位置。

日前，我本人向休謨先生提出邀請，希望他能擔任新教授的職位，因爲他是愛丁堡大學的學生，再者他也很適合這個工作，而他考慮幾天後也給了我正面的答覆，現在只等各位議員通過。如果各位議員有其他合適的人選，也可以提出來一起討論。」

「休謨先生有這方面的專長嗎？他曾經提過哪些論文呢？」議員之一的詹姆士向市長質問。

寇特士拿起台上的一疊紙後，推了一下眼鏡，「休謨先生寫過《人性論》，於一七三七年出版，一七四〇年則出版《關於道德》，在一七四一與四二兩年間他又出版了《道德與政治之論文集》，均獲得高度評價。所以，我個人覺得以休謨先生的學校出身與著作而言，應該是相當適合擔任教學工作的。」

詹姆士繼續問：「那本《道德與政治之論文集》眞的是休謨先生的大作嗎？我看過

那一本書，內容寫得不錯，可惜就是沒有作者名。市長，你眞的能確定那是休謨先生的著作嗎？如果是眞的，那我就贊成將休謨先生聘爲愛丁堡大學的新任教授。」

寇特士微笑的說：「詹姆士先生，《道德與政治之論文集》是由本市金凱德所印刷出版的書籍，你可以去問問他們的負責人，看他會給你什麼樣的答案。這些資料我也事先核對過了，是休謨先生與金凱德雙方個別給我的。再者，以休謨家族的性格來說，他也不可能會犯下欺騙的罪名，我以市長的名譽來擔保。」

詹姆士點點頭，同意了寇特士的說法。寇特士接著又問問再場其他議員有沒有任何的疑問與反對，結果並沒有半個人持反對的意見。

寇特士接著就說：「看來這項新的人事任命案可以算是初步通過了，現在只要等到普林格爾先生回到愛丁堡並且正式辦理退休，那休謨先生應該就可以入愛丁堡從事教學的工作了。」

「然而，我想補充一個但書，在等待普林格爾先生退休前的這一段時間，一旦有比休謨先生更爲合適的人選出現，那我們就應該重新考慮。畢竟休謨先生只是個三十出頭的年輕人，對於學術這方面，我倒是覺得年紀稍微大一些的人會有更多的東西，畢竟，學問是歲月累積出來的吧！」詹姆士突然又補充了這一條件。

然而不論有沒有附上這條但書，休謨終究還是失望了！因爲市長公佈的《人性論》這本書中寫道：「任何事物的存在都必定要有一個原因。」就這樣成了一些激進護教人士的攻擊，雖然休謨本人對此也提出了澄清與辯駁，然而又因爲普林格爾先生延遲退休，而支持休謨的寇特士已經下台了，在缺乏有力人士的支持下，這個愛丁堡大學教授的職位最後落在普林格爾的助理講師身上，由他直接升等塡補這個空缺。

爲此，寇特士來到休謨的家中拜訪這位失望的朋友，同時也希望能帶來一些好消息給他。當見到這位仍是滿面紅光的友人時，寇特士的心裡暫時放鬆了。

這位前任市長說：「我眞是辦事不力啊！一件原本很歡喜的事情居然會演變成這種結果，一定讓你不好受吧！」

休謨笑了一會兒，聳聳肩道：「唉！這我本身也有一些責任，要不是我在書中寫了一些關於無神論的主張，也不會引起他們的攻擊了。」

寇特士推了推鏡片，很嚴肅的說：「休謨，你現在的經濟狀況如何呢？我知道這座莊園已經由你哥哥繼承了，那家族還有沒有給你其他的金錢來源？我是以一個好朋友的立場在關心這件事……」

「唉，有是有，父親臨終前，遺囑上寫了每年供應我五十英鎊，其餘的就得要我自己來打算了！」休謨又嘆了一口氣，接著說：「那一年，我離開這裡前往布里斯托學商，可惜捱不過半年就放棄了，之後又搬到法國居住，主要從事著作，前幾本書賣得很差，後來的這一本《道德與政治之論文集》才有些起色，有了兩百英鎊的收入。不過，現在又得知沒了工作，我恐怕還得再找尋機會了。」

寇特士聽到休謨的說明後，原本哀怨的神情卻變得有些欣慰，「休謨，我這裡有一份工作，你應該可以勝任，只是不知你的意願如何？」

「喔！那請你說說吧！」休謨回應著他。

寇特士推推眼鏡說：「是這樣的，有一個安倫第爾侯爵正在徵求一位家庭教師，而且待遇相當優渥，一年可以領三百英鎊。地點位於聖亞爾邦，就在倫敦附近，不知道你願不願意去應徵這個工作？」

休謨一聽到這項消息，簡直就像已經得到了新工作般的高興，他自然是答應了下來，並且很快的前往該市，最後也如願的擔任了侯爵的家庭教師。

不過，一年後他就離開了聖亞爾邦，因為這戶貴族十分庸俗，處處與休謨唱反調，又加上安倫第爾侯爵基本上是個精神病患，根本就無法好好上課……種種因素使得休謨終被解雇了，而且原先承諾的三百英鎊年薪更是遲遲不肯全數給他。在面對這一連串的落空後，休謨的心境又惡劣到如同當年被誣告時的狀況，面對這種情形，他很想回到故鄉休息一陣子。可是，令他難過的是母親去世的噩耗！

然而，休謨終究還是挺了過來，在不久之後，他接到聖克萊爾將軍的邀請，因為他底下正缺少一位秘書。對於這個新的工作，休謨也是躍躍欲試，這似乎意味著休謨即將擺脫掉霉運籠罩的陰影……

就在將軍被任命為加拿大遠征軍司令時，連帶的才剛熟悉秘書工作的休謨馬上就被提升爲軍事法庭的法官，這接續的好運使得他本人十分欣慰，但命運之神對休謨仍是無情的，這支遠征軍在普資茅斯港還沒上船時就被英政府下令給解散了，休謨就像是被拋入空中後又重重的摔了下來，而他的薪資也都還未領到手中……

圖書館員

愛丁堡，仍飄蕩著一如往常般令休謨覺得十分懷念的氣味，他還是回到了這個再熟悉不過的老地方。只是，他的居所換了，不是往常住的莊園，他和姐姐一塊遷入一個新的環境，而且眞正令他感到滿意的是，他終於有了一份固定的收入。藉由愛丁堡律師公會的幫助，休謨受聘爲圖書館員，雖然年薪只有四十英鎊，不過他擁有的資源可多了，他所需要的書籍幾乎在這裡都可以尋覓得到。

這天，他仍準時的進入了圖書館，來到自個兒的辦公桌上開始今日的工作，很平順的過了中午，除了今天借閱書籍的人數較往常多出了五個人外，也就只有附近一所喀爾文教派的牧師包爾進來邀請他參加晚上的小型宴會。

包爾在臨走前又想起了什麼，他笑瞇瞇的說著：「喔，對了！休謨，你別忘了替我邀請令姊凱第琳一塊兒光臨啊！記住喔，是晚上六點半開始喔！」

然而下午時卻發生一件令休謨十分氣憤的事情。約莫兩點多鐘時秘書進來丟了一封信函在休謨桌上，只說了一句：「館長不同意，自己看著辦吧！」也不待休謨回話，隨即就轉身離開。

這方的休謨只覺得莫名其妙，一時還不能理解秘書的意思，他打開信函一看，是他日前向館方訂購的三部書的申請單，上面除了「不核准」一行字外，再也沒有其他的字句，這會兒休謨終於了解了。

「館長，請你說明一下。」休謨氣沖沖的跑上館長室裡，左手指著申請單、眼睛盯著館長，盡量壓低音量地說：「這三部書有什麼問題嗎？爲什麼你在上面寫下這些字？」

館長一手拿起放在桌上的眼鏡，另一手接過休謨的申請單，他並未戴上眼鏡，只是將之放在臉孔與紙張中間瞇著，隨即就笑著說：「什麼嘛！我還以爲是多重要的文件，原來是這個東西，怎麼？它們不被核准啊！」

「我想知道是什麼原因使館方不願意訂購這三部書！」休謨仍是逼著館長說出原因，這三部書是他日前考慮了許久才向館方申請的，雖然申請的通過與否是一回事，但他無法忍受館長只憑著一行字就將他的申請給打回票，這麼一來，不就顯得自己太不受尊重了嗎？「好歹，我也是個圖書館員。」這是休謨的原則問題。

館長又將眼鏡放回桌上，慢條斯理的說：「你想知道爲什麼嗎？」

休謨直截了當的回答：「是的！我要知道。」

館長冷笑了一聲，看著他說：「這三部書的內容是有問題的，它們很可能會誤導閱讀者朝向無神論的方向思考。基於這個原因，我就有資格將它們列入本館的禁書當中，何況，所有的圖書館都會這麼做的。這樣子的原因你滿意嗎？休謨先生。」

休謨聽完館長的辯解後，他也笑了一聲後才說：「又是個荒謬的決定！無神論，有什麼不對嗎？你們去把神給我找出來啊？我這個人從來就不愛詭辯與幻想！」

館長也被休謨激怒了，他飆高了音調說道：「你去問公會的人好啦！反正我們這裡的經費都是他們支付的，這種問題去找他們，別來問我！」

「好，我會去弄清楚他們在做些什麼事的！」休謨丟下這一句話之後就離開了。

律師公會那邊給予休謨的答案還是一樣。其實休謨老早就知道答案是如何了，他的目的只是要再一次表明他的立場與原則而已。而且在前往公會的途中，他就已經有不再領這一份薪水的打算了。

晚間，他照舊參加了牧師的晚宴。當他與姐姐一同來到牧師的家中時，包爾早將食物與飲料等東西備妥，而且客人們似乎也已到了一段時間。包爾笑道：「呵！快進來吧，什麼事情給耽擱啦？你們居然遲了。我瞧瞧啊！哇！約二十分鐘耶！怎麼回事？」

休謨脫帽向各位致歉，「對不起！因爲下午碰巧遇上一些煩事，所以來遲了。」

好友之一的史密斯教授問道：「爲什麼一副失望的模樣？到底遇上了何事？」大夥兒也紛紛好奇地問著。

休謨說道：「我日前向圖書館塡了一些申請單要他們購書，結果下午收到全數被駁回的消息，我很生氣，就跑去質問館長，得到的答案就是這些書都是禁書，裡面有褻瀆神的思想，所以全部不通過！」

包爾道：「應該都是一些無神論的作者所寫的吧！」

「其實不盡然，像拉芳亭的《童話集》就還好。我眞搞不懂這批人在想什麼？明明是一些很好的書，對人的觀念具有正面意義的書居然都要銷毀？我看啊，如果是我，第一個要銷毀的就是宗教書籍，我從小就不喜歡這些怪力亂神的東西。」休謨如此明白地說著，完全沒顧慮到現場人的反應了。

史密斯笑著說：「當然，現在已經不像是中古世紀那樣封閉了，許多有思想的人都會起來質問傳統宗教的教義，像法國的笛卡兒不就是最好的代表？然而多數人都還不能接受太過激進的想法！這……關於宗教嘛，你就多忍一些吧！」

包爾也道：「是啊！休謨先生，我是個神職人員，其實宗教必定有著它的功用存在，它的目的只是引人向善，不好的地方是人爲的錯誤所造成的。我也能體會你的感受，但畢竟目前多數人還是很相信教會的。」

休謨又說：「我是站在學問的立場來看待這些問題。我相信眞正且有意義的學問，一定要根據經驗事實，也一定都要符合邏輯推理的步驟後才能成立，否則它就是假的學問，這是我個人的原則。」

史密斯笑著說：「你這種觀點與洛克眞的很像哩！」

休謨回應史密斯的看法：「其實，我有受到洛克先生的影響，因爲我十分贊同他的觀點。」休謨停頓了一下，突然笑了起來。

包爾問道：「怎麼了？想到什麼有趣的事情嗎？」

休謨搖搖手說：「不，不是的。我只是想到我可以再補充洛克不足的地方，不知不覺就笑了出來。」

一旁始終未曾說話的詩人布拉格突然笑著說：「原來休謨是得意的笑啊！」他一出聲，在場所有的人也都跟著笑了出來。

史密斯道：「瞎子眞是眼盲心不盲啊！那我們今晚有榮幸可以聽聽休謨先生的高見嗎？」

休謨連忙說：「我們今天又不是討論會，何必弄得這麼嚴肅呢？大家還是來聊一些輕鬆的話題、吃吃東西，這樣子比較好。」

「誰說是討論會才得說？我們聊天時也可以說啊！對不對，各位？」包爾在一旁幫著史密斯。

主人都這麼說了，休謨不禁笑道：「看來我不稍微說一下是不行的囉？那只得獻醜了！」他拿起一杯紅酒啜了一小口，繼續說：「我年輕時就開始吸收洛克的思想，讀下來漸漸發現其中有一些瑕疵存在，而後來的學者也沒解決掉它。最源頭的部分呢，洛克僅用『觀念』一詞來涵蓋，未免失之空泛，他沒有嚴格地劃分剎那感覺與感覺後兩者間發生的前後次序問題。關於這一點，我就設定了『印象』進去。我所謂的『印象』，就是指人類心靈之中最初出現的一切直接性感覺、反應與情緒。至於『觀念』則是來自原初印象的模糊影像。

我舉個例子好了：你的手被火燙傷了，頓時的疼痛就是印象；而後，你見到火堆或是燙的物品，心中想起了疼痛的感覺，那就是觀念了！這是單純的事件。又如：我第一次到巴黎旅行，因而獲得了對於巴黎的種種印象，這當然是比前例複雜許多，但道理都相同，唯一不同的是在觀念上；事後我回想起巴黎，可能因為觀察點不一致，因而可能會與事實有所出入，這就是單純與複雜事件的差別。

然而，無論是單純抑或是複雜，所有的觀念都可以還原至印象之中，也就是說前者為後者的摹本。我認為，人類一切知識的來源處，就是出於原初印象。」

休謨說到這裡，話題為之一轉。「說到宗教，老實說我從小就不大喜歡。後來漸漸有了一些知識後，我對於宗教的觀點就純粹以『旁觀者』的角度來看待。雖然我也承認宗教在人類生活當中是不可或缺的，起碼現在是如此，但是它的影響並非是完全有好處的。宗教帶來的是神人之間的利益交換、迷信、偏狹觀、排斥異端與武斷等等負面作用。

我認為，宗教的產生是源自於人類在乎災害的恐懼與對幸福的期望下所成就出來的產物，無論是早期的多神論或是後來的一神論皆是如此。再來，關於神的存在問題，我想得到的就是『設計論證』，這是什麼呢？因爲我們的宇宙是一件精美的作品，富有種種的美，如：次序、調和，甚至是狂暴。每件作品背後必定會有一個設計者，簡單的說，宇宙眞有設計者的話，那個人就是神了，這是尋常人的觀念。

其實我個人是持否定的意見，我認爲這個宇宙並沒有經過設計，它並非機器或是作品，它不僅有善，同時也有惡，它也不偏袒任何一方，所以也沒有設計者，也就是說沒有神，就算眞的有，那也絕非是上帝。」

休謨一口氣說了一串話後，就拿起食物吃了起來，同時招呼著其他人一塊來。大夥兒都知道他的脾氣——關於哲學上面的問題，他一向是說了就說了，不再與人論辯！若硬要爭論，他壓根兒就不會理睬。所以這群他的熟識者當然也就不會同他抬槓，不一會兒就聊到其他的話題上，而談論最多的還是圍繞在休謨要不要繼續擔任圖書館員的問題上。

休謨說：「我想，在我的著作還需要大量蒐集資料的期間，我還是會繼續我的工作，但是我拒絕領取這份薪水！這些年來，我的生活已經大有改善，少了這項收入其實也無傷，所以我想好了，這份四十英鎊的收入就轉給布拉格，你們覺得如何？」

這項提議獲得了與會友人的支持。隔天一早，休謨就寫了一封私人信給律師公會，明確地表達了拒絕領取圖書館員薪餉的意向。公會代理人看完休謨的要求後，只是稍微地想了幾秒鐘就直接答覆他：「好啊！反正你覺得無所謂，那就這樣子吧！」這下子兩邊都達成了目的，一個是書沒有購成，一個則是能繼續利用圖書館的資源。

「哈！你們想盡辦法不讓這些書進來，那也好，我就自己努力的寫吧！總有一日，它們都會被我完成的，而且也快了！」休謨移動著略微寬碩的身子，仍舊朝向圖書館的方向愉快地前進著。

解說

休謨最大的貢獻在於使得英國古典經驗論的根本主張更加地完善。他不僅為經驗論裡的諸多問題提出較為清晰的解釋外，同時也適時地修正了經驗論的原則，使得洛克以來所衍釋的「觀念」來源問題獲得了進一步的釐清。

而今日科學界中持經驗論者的基本論調之一，便是休謨所提的因果分析結論，這使得科學家們更為細心地去探討因果原則的成立問題。另外就哲學界本身而言，休謨的因果概念也重重地影響了康德的先驗哲學，這也是後者之所以能夠匯整理性主義與經驗主義兩大思潮合一的催化劑之一。

再者，從社會思想上而言，十九世紀英國功利主義的代表者——邊沁與彌爾父子，

由他們的學說裡頭，依然可以清楚的見到他們與休謨思想的聯繫。

年表

公元一七一一年	生於愛丁堡聲望良好的家族，父親於法律界中服務。
一七二三年	與兄長一同進入愛丁堡大學主修文科課程，也學習數學、倫理學等等。
一七二六年	家人要休謨學習法律，但不久即放棄，休謨仍熱中於歷史、文學與哲學等學科。
一七二九年	年僅十八歲的休謨已開始構思《人性論》一書。
一七三四年	離開蘇格蘭前往布里斯托擔任糖業公司的文書一職，因不適應商業生活，四個月後離開，後移居法國，專心寫作。
一七三七年	著作《人性論》大致完成，返回倫敦尋求出版機會。
一七四五年	休謨尋求愛丁堡教師的資格失利，轉而擔任安倫第爾侯爵的家庭

	教師。
一七四六年	被侯爵家解雇，遠親聖克萊爾將軍請休謨擔任遠征軍秘書一職。然不久後，遠征軍解散，休謨只得先回家鄉。
一七四七年	出任駐維也納軍事領使的副官。
一七五二年	爭取格拉斯高大學的教師資格再度失利，稍後被聘爲愛丁堡圖書館員，五四年因購書事件而開始拒領圖書館的薪津，五七年正式辭去圖書館員一職。
一七六二年	《英格蘭史》全書付印完畢，伏爾泰評爲「最好的一本歷史書」。
一七六三年	因受駐法大使之邀而一同前往巴黎，三年後離開巴黎，順便將盧梭帶出法境。隔年，盧梭與之決裂。
一七六九年	休謨回到愛丁堡，七六年因病過世，享年六十六歲。

啓蒙運動裡的浪漫份子

盧梭 Jean-Jacques Rousseau, 1712-1778B.C.

隨著科學與藝術的進步，我們的靈魂也跟著受到相同比例的汙染。假如科學進步，人進步得越多，同時受的污染就越重。古埃及、希臘、羅馬、東羅馬帝國與近代中國，從這些國家看來，都可以說明了知識的進展只會造成國民精神的墮落。

鐘錶匠之子

已經是傍晚七點又一刻，街上一間小鐘錶舖外邊，一對父子正在將一座落地式的大鐘推抬進舖子內。那小男孩的年紀約莫只有七、八歲，身子有些單薄，瞧他的臂膀竟比那座鐘的支柱還要細些，這不免使人覺得眼下的工作對他而言應是很吃重的。

「呼！」將鐘放在店裡的一處妥當位置後，男孩的父親喘了口氣，「小鬼，我們都還沒吃晚餐呢！你去把裡面的小麥麵包拿出來切一切，我去煮一些湯，待會兒就可以吃囉！」父親拍拍男孩的頭，示意著要他動作快一些，而自己也隨著走進廚房，兩人分頭進行。

一整天工作下來，早晨吃進的幾塊麵包老早就被連續十多個小時的機械運作給消磨殆盡，連半點渣都不剩了。約有二十分鐘的晚餐時間裡，幾乎只傳出食物經由齒舌拌攪唾液，快速不斷地將食物撕裂分解的聲音。這種情形在盧梭家中是經常上演的，老的、小的均是右手抓起麵包，左手托著木碗，就這麼吃著，連用餐的工具都省了。

用完晚餐後，老盧梭又走到前頭去檢視顧客們的東西，而小盧梭則留在廚房收拾一切。他蹲在廚房的角落專心的拿起布擦拭碗碟，這時的他心裡總是愉快的，因爲當他做完這些事情後，老盧梭一定會先擱下修理的工作，拿起從鄰居那兒借來的故事書或是教堂裡的書籍，慢慢地唸給小盧梭聽，並且教導他認字。在他的心靈中，覺得「書本」眞是有趣極了！能夠唸出並知道這一行又一行文字的意思，是種遠比現實生活中的任何一件事物都來得更有成就感的事。

他躍舞著步伐，輕快的移動到父親身邊。老盧梭放下那些機械問道：「小鬼，都弄完啦！」小盧梭開心的點點頭，回答說：「嗯，都好啦！爸爸，你今天要繼續說《唐吉訶德》給我聽喔！我去拿書來。」不等父親說話，小盧梭便急忙跑去取書。老盧梭看著兒子的行爲，心裡也著實高興，「畢竟——」他心裡想著：「我的兒子也是個喜歡閱讀書籍的小孩，希望我有能力能讓他去唸書，將來若能當個學者那是最好的，可別淪落到像我一樣……」

回憶起來，當年的老盧梭也是個喜歡閱讀書籍的孩子，在一位修士的引領下，老盧梭也讀了一些書籍，漸漸地，他讀出興味來，並且也幻想自己能進到學校讀書。然而老盧梭家中實在是太過窮困了，不到十五歲，他就給父親送至鐘錶工廠中充當工徒，就這樣斷送了老盧梭的求學夢想！走過這樣的際遇後，老盧梭當然不想自己的兒子再重蹈覆轍，但遺憾的是，經濟仍未有明顯的改善，小盧梭還是無法如願的上學。

想到這裡，老盧梭又想起這些年來的種種。九年前，老盧梭正喜孜孜地爲生產在即的老婆做一切的準備，這段日子中，家中確確實實彌漫一層喜悅，夫妻倆都小心翼翼地……。終於，那天來臨了，一個通身粉紅的帶把小傢伙出生了！老盧梭樂得簡直不知該如何是好，那一個晚上，他幾乎沒闔過雙眼。

然而不到十天，剛升格爲父親的老盧梭卻遭臨更大的惡耗——痛失愛妻！她的身體素來孱弱，在生產的過程中，更將原本不良的身子骨折磨得更爲疲憊，加上家中的狀況實在無法爲她再補充些什麼，於是小盧梭出生不到十天，母親就離他而去，這使得小盧梭對於「母親」一詞，僅能停留在一種概念、一種想像。

身爲鐘錶工人的老盧梭根本無法獨力撫養這個孩子，他只得求助於小孩的姑媽。一早，他就將小孩帶往姐姐的家中，託她照顧直到他傍晚由工廠回來時，老盧梭才又將孩子帶回自個兒家中，就這樣過了七年。前兩年，老盧梭將工作辭了，在家中開了間鐘錶舖以便就近照顧小孩，然而僅能勉強糊口而已，因爲他的舖子只是幫人修理，賺些微薄的工錢罷了。

「爸爸。」他回過神來，看見小盧梭已經拿著書立在他面前，可能有些時間了。他嘟起嘴，埋怨似的說著：「你怎麼在發呆？」老盧梭搖搖頭，摸摸孩子的髮頂，笑著道：「沒什麼事！來，我唸給你聽，待會兒唸完再教你單字。」兩人偎在一塊，就著小燈火，進入了《唐吉訶德》的世界。

流離

清早，阿爾卑斯山腳騰上了淡素色的霧嵐，一輛驢車正行駛在日內瓦湖旁的官道上。雖說是官道，卻也僅是一條一旦下了雨就滿是泥濘的黃土路。驢車上併坐著一老一少，老的抓著韁繩專心地看著前方，少的則抱著一團包袱眉宇哀愁地發著呆。兩人一路上未曾交談，亦沒有交目過。

布瓦錫鎮的一所教堂邊，驢子就在這兒歇息著。駕車者正在與一個牧師模樣的人交談著，而少年則擠在兩人之間仰望著他們。駕車者說：「麻煩您啦，牧師！我這個姪子就請你教導了。盧梭很乖、很聽話的，如果不是家境上不允許，我是很樂意將他留在身邊的。唉，他父親因惹上一件官司卻無錢償付訴訟費，結果整個家就沒啦！連唯一的屋子都被充公，所以請牧師您就多擔待了。」

被稱爲牧師的男人笑笑的看著小男孩，又對駕車者說：「沒問題，盧梭就交給我吧，我會好好教養他的。你今年幾歲啦？」他低頭摸摸小盧梭的頭，關心的問著。

「十歲，先生。」小盧梭仰著頭回答。他又轉頭對駕車者說：「貝爾納舅舅，謝謝你，我在這裡會聽話的，請你不用擔心，也請你告訴爸爸，要他不用擔心。」

駕車者彎下身來拍拍小盧梭的肩膀，「盧梭，我知道你會做得很好的，你父親也會知道的，可以的話，我會將你接回去的。上帝會保佑的。」

盧梭眞正開始過著寄人籬下的生活。馬丁牧師果眞對這位可憐的孩子很用心，在這裡小盧梭進入到了以往父親一直夢寐以求的學校式教育。遺傳再加上父親自幼時的啓蒙，小盧梭很容易地就栽進書海之中，雖然他還是沒有進入眞正的學校就讀過一天，但光靠馬丁的教導以及教堂中其他人的協助，小盧梭竟也學會了古典拉丁文、數學以及繪圖技巧等等。在這約兩年的時間裡，成了小盧梭的黃金學習時期。

之後的某天，貝爾納舅舅又出現在教堂邊，他要帶回小盧梭了，但是並非讓他跟著自己住，而是將他帶到一位在法院當差的人家中做侍僕。當他被推入公證人的家門時，只見到他的新主人將手中握著的幾枚金幣交擲給舅舅，他連道別的話都未開口說出，厚重的那一道門就將小盧梭和舅舅給隔離了。

一種複雜的滋味侵蝕著小盧梭的心，應該說是少年盧梭了，畢竟他已經十二歲了！打雜成了他每日的工作，睡的是破舊的小閣樓，吃的是劣等的食物，雖然小時候也是過著類似的生活，但是現在卻缺乏父親在旁的溫暖感受！僕役之中，他的年紀最小，平日也無人搭理他，然而幾個月下來，盧梭也漸漸能承受這種孤獨、空蕩感。

一年的時間過去了，主人與一名雕刻師傅達成交易，準備將盧梭送往日內瓦街上的雕刻鋪子裡頭當雜役與學徒。從來沒做過學徒的盧梭剛到這裡的時候還覺得十分地新鮮，然而漸漸的，他察覺到恐怖的日子正向他逼近。一開始雕刻師傅對他還算客氣，但不經幾日，那張蠻橫霸道的嘴臉便慢慢浮現出來，他對待盧梭像是對待驢馬牲畜一般，稍有遲疑便是一頓毒罵、教訓，而且工作時間也較一般成年人長出許多，天未亮，他就得打理好一切雜務，直到夜深人靜之際，他還要收拾所有器具才能換得一餐。

一日，盧梭不慎將一件師傅剛完成的作品給碰出了個缺角，這令盧梭當場嚇傻了，他開始低低地啜泣，一邊撫摸著缺角，腦海中浮現出師傅使勁抽打他的狠樣，這還只是平日的狀況而已，而現在……他簡直不敢再看到師傅了！他下意識地摸摸自己的手臂，上頭留著許多烙印，一碰觸就會激起痛楚的景象……

「不——！」盧梭在心裡哀號著。他抹抹臉頰，試圖冷靜的環視四周，鋪子裡只有他一人。約一分鐘後，雕刻舖裡已是空蕩蕩的，僅剩漫著冷硬木石生澀的味道。

情人

一棟擁有噴泉、花園及豪宅的建築坐落在巴黎的高級區中，一輛裝飾顯眼的包覆式馬車由其中緩緩地駛出來，高大又健壯的兩匹黑馬正在前頭由一名身著制服的車夫引領著，朝著市區前進。

車子在一間書店前停了下來，車夫迅速熟練的將車廂門開啓，裡頭先躍出個年輕人，只見他站立在車門邊，右手攙扶出一位氣質高貴、衣飾華美的仕女來。兩人並肩十分親暱地走進書店裡。

「早安，華倫夫人與盧梭先生。」書店的老闆愉快的對著剛進來的貴賓們說著：「你們要不要看看新進來的書籍？應該會有盧梭先生喜歡的。」盧梭看看華倫夫人，她微笑的說：「嗯，看看吧！我們不就是要來買書的嗎？」聽見華倫夫人的回答後，盧梭對著老闆說：「巴爾先生，上次我訂的那些書齊了嗎？」老闆拿起桌上的一疊紙張，翻閱了一會兒說：「嗯！都到了。盧梭先生，最近有些中國的翻譯小說，你有沒有興趣？就我所知，有一些評價是很高的，如《趙氏孤兒》，聽說伏爾泰先生非常喜愛呢！」

此時的盧梭已經是一個落落大方、談吐不俗的青年了。這幾年來，他都與華倫夫人同住在一塊。說起華倫夫人，在巴黎的上流階層中可算是有名的了，她是個有錢有勢的單身貴婦，年紀足足大了盧梭有三十歲，但仍十分貌美，也難怪盧梭會被她所吸引住，當然這其中也摻雜了一部分的「戀母情結」。而她也喜愛著正值年輕力盛的盧梭，故而相較於其他的追求者，華倫夫人向來都是不怎麼在意的。

實際上，歐洲大陸的新舊教派競爭地十分激烈，基督舊教已經不再是唯一的合法宗教，新興的教派正在各地崛起，後勢正大有可爲，對於傳統以教皇爲首的舊教而言，無啻是一項令人擔憂的預警！爲了鞏固勢力，舊教便以權勢或金錢作爲交易，買通一些上流社會的貌美貴婦，利用她們的外貌來色誘年輕且有可爲的男子，讓他們接受舊教的洗禮成爲天主教徒，而華倫夫人與盧梭的關係就是這樣建立起來的。

在盧梭和華倫夫人一同居住的豪宅裡，有著一間盧梭專用的書房，裡頭擺放著各式各樣的書籍，有音樂、政治、數學、解剖學、哲學及文學等等方面的藏書。且每隔一段時間，盧梭即會偕同華倫夫人一塊去書店購書。從盧梭十六歲開始，在經過十年的時間裡，他學習到比以往更多更廣的知識，其中令他最感興趣的是音樂，他花了不少的時間在研究樂理與理論，也嘗試著自行創作歌劇。

當時，學術界最流行的正是啓蒙主義的思潮，幾乎所有人都會極力想與「啓蒙」扯上一些關係，尤其是關於笛卡兒的作品，連一些貴婦人的梳妝台上都會放上一本笛卡兒的《沉思錄》，好像在宣告世界「自己也已經踏入了啓蒙！」在這種氛圍之下，盧梭自然也受到影響，他自行研究與啓蒙思想相關的數學，也閱讀同時代中知名學者的著作，其中最令他欣賞的就是伏爾泰，凡是有關伏爾泰的一切著作盧梭都會積極的拜讀。當然，他很想認識這位偉大的思想家，但是礙於自己只是個沒沒無聞的人，這種念頭他實在不敢多想。

「現在，我還是多多充實自己以及陪陪華倫夫人，讓她感到滿意，這些事情對我來說是比較有把握的。」盧梭在自己的日記上是這麼寫著的。

一鳴驚人

巴黎城裡的第戎學院，一群評審委員正在推選出這一次的首獎論文。這一次的競賽題目爲「論科學與藝術的復興是否有助於敦風化俗」。老早在幾個月之前，徵文的公告就被張貼在巴黎各個學術單位裡。他們將一篇篇的文章攤在桌面上逐一地審閱著。其實，這些文章已經被挑選過了，現在不過是要從裡頭再去分出個高低而已。其中最受矚目的應該是一篇一開頭就很肯定的寫了一個大大的否定語句的文章，這也是所有複選文章中唯一對科學與藝術提出負面評價的文章——

「隨著科學與藝術的進步，我們的靈魂也跟著受到相同比例的汙染。這可能與當時啓蒙時代的主流想法不一樣。假如科學進步，人進步得越多，同時受的污染就越重。我舉了五個例子，古埃及、希臘、羅馬、東羅馬帝國與近代中國，從這些國家看來，都可以說明了知識的進展只會造成國民精神的墮落。我們再看看希臘先哲的例子：蘇格拉底是個兼具德性與智慧的人，但是對科學與藝術卻也是採取批判的態度……」

在一間小小的斗室內，盧梭正與他的情婦瓦瑟同枕而眠。正睡得酣甜之際，外頭有人敲門並喊著：「盧梭先生在嗎？」睡夢中的盧梭被吵醒了，他看看門的方向，門還在被擂著。他火了，不禁吼道：「誰在敲門啊？我正在休息知不知道！煩死了！滾開！」隨即又倒頭睡去。只聽得門外傳來人聲：「盧梭先生，不好意思，我只是來通知您後天上午十點請您去第戎學院一趟，因爲您的論文得了首獎……」

砰的一聲，門被打開了，赤身裸體的盧梭站在門口問道：「首獎？我？盧梭？」兩個年輕人見到這個景象都嚇呆了，只能訥訥地點著頭。

三年後，盧梭又投了一篇作品參加競賽，題爲《論人類不平等的起源及基礎》，對於這一次的文章，他是志得意滿的！

「知識的發展是無必要的。人原來是自給自足的，能吃飽就好，能夠睡就睡了，他不會把它保留下來。基本慾望可以滿足，就不會追求進一步的知識發展。然而遺憾的是人類社會已經無法再回復到原始的狀態中，它必須、也僅能在既有的現狀下尋求可能的出路，所以我的政治理想是如希臘時代的城邦國家，如現在的日內瓦國家，我強烈反對如同法國這一類型的中央集權國家。受到柏拉圖哲學家皇帝思想的感召，我認爲知識文化的傳播只適合少數的菁英。既然我們已經遠離了最純眞、質樸的原始時代，那就將社會導向善的一方。

古代政治家不停的談論道德與德行，而現代的政治家、現在的人只談生意和金錢。若想要獲得平等正義，必須回到由愛國心所驅動的小國政治，啓蒙思想的本質是墮落的，而對於群眾教育應當保留那正確觀念的德行與愛國心。對於一般人民的教育主張，我認爲注重德行與愛國兩者即可，其餘精神則應該致力於工作的實踐，最好是直接去工作，所以一般人要致力於實際的工作。」

然而最後結果卻以落選收場。

在一場由霍爾巴赫所舉行的沙龍聚會裡，有著許多著名的思想家、學者與作家，他們熱烈的討論著各種問題，而盧梭也躋身其中，他與好友狄德羅、孔狄亞克三人圍成一圈，正在聊著關於《百科全書》的內容要如何安排的問題。這時伏爾泰也出現在會場上，只見他拿著一盅酒，面帶微紅地步到他們三人之間。

盧梭見到伏爾泰自然是十分地高興，他笑著向伏爾泰說：「我是盧梭，年前有碰過一次面，先生還記得嗎？」伏爾泰也笑著對他說：「當然記得！你幾年前還得過論文的首獎不是嗎？但是後來的那一篇就不行了嘛！」盧梭是個容易發怒的人，他略微不悅的說著：「是不合他們的胃口，這點我很清楚。你看過了嗎？」伏爾泰盯著盧梭的臉，面無表情地道：「很抱歉，那也不合我的胃口，我說啊！若是哪個笨蛋讀了你的大作後，恐怕還會用四肢在地上爬行哩！」最後面幾句，他幾乎是朗聲地說道。

決裂

在仲秋的季節裡，天空顯得格外乾淨，清澈見底的莫朗西河中不時漂流著由樹林間落下的黃葉。完全不同於巴黎的紛喧雜沓。在離河岸不遠的一塊空地上有著一幢小木屋，裡面正住著由巴黎遷來此地的盧梭及他的情婦瓦瑟兩人。

坐在書桌前，盧梭正在寫著《愛彌兒——論教育》一書，瓦瑟則安靜的坐在屋內，翻閱著先前盧梭所寫的手稿《新愛洛莉絲》小說。他與啓蒙主義大師伏爾泰公開決裂後，兩人不斷的發表著維護自己立場的文章，這使得盧梭的名聲益發響亮，人人都知道在巴黎有一位公開反對啓蒙的學者。只要他的文章一出刊，人們便爭相傳閱。

漸漸地建立起自己的思想體系後，盧梭突然想親近大自然，於是他將五個孩子全部送進「育嬰堂」後，就與瓦瑟一起來到莫朗西森林裡。

「瓦瑟。」盧梭邊寫著字，口中邊說著：「妳待會兒要不要跟我去鎮上？我要將《新愛洛莉絲》的手稿寄給出版商。」瓦瑟放下手稿，回答著：「好呀！我也想去走走。」

來到鎮上，兩人將東西寄了出去，他們坐在露天咖啡座裡各自點了一杯咖啡，又到書店裡晃晃。盧梭對著瓦瑟說：「以前年輕在巴黎時，我常常和華倫夫人一起去買書，算一算也已經是三十年前的事啦！我跟她分手後，還是不時的往書店裡跑。」瓦瑟挽著他的手臂，嬌嗔地說：「原來，你一見到書店就會想到老情人喔。算啦！你再去跟一個像她一樣的貴夫人吧！」盧梭笑道：「拜託！都幾歲了還這樣！我只是說說而已，還是看書正經些。」

突然，他見到了一本小書，是狄德羅撰寫的，書皮上印著《私生子》。好奇的盧梭拿起來翻翻，口中還唸著：「寫了什麼內容啊？」翻著翻著，只見到盧梭的臉色愈來愈難看，最後索性將書給硬塞回書架上！他鐵青著臉對瓦瑟說：「走吧！我們回去了。」還不清楚是怎麼回事的瓦瑟見他如此氣憤也不便發問，先隨著盧梭一同離開書店。

深夜時分，盧梭尚坐在書桌前寫著東西。瓦瑟端了杯熱飲來放在桌上，「不早了，要不要先睡了？明早起來再寫吧！我是覺得不需要這麼在意別人的看法，既然他不懂你，就算了……」瓦瑟還未說完，盧梭就粗暴的回應：「不行！他憑什麼說我未盡養育之責？我的《愛彌兒》還沒寫完，不過我寫篇短文回應他總是可以的。妳想一想我們的經濟狀況，與其讓五個小孩挨餓受凍或是流浪街頭，還遠不如送進孤兒院中受照顧來得好不是嗎？或許將來他們有機會成為工人或農夫呢！跟在我們身邊，他們只有成為乞丐的命而已！天亮後，我就把這文章投送出去，妳不用跟著來。」

看著態度堅決的盧梭，瓦瑟只得放棄遊說。她退坐到一邊，又聽見盧梭喃喃的道：「狄德羅，我知道你的《百科全書》還沒編完，現在，我決計是不會幫你了！既然你公開寫書侮辱我，那就請你另請高明了，我盧梭不會因為多一個敵人就害怕退縮的，管你伏爾泰、狄德羅，我都不會退讓半步的。」

寬恕

乾淨的床上坐躺著一名老人，他以緩慢的動作正努力的想爬下床。用力的結果使老人發出了「哦……哦……」的呻吟聲來，這叫聲驚醒了坐在一旁打盹的老婦人。她站起身來走到床邊攙起老人，「老頭子，別亂動啊！要是跌傷了怎麼辦？來，我扶你坐好。」

老人在床上坐正後說著：「唉，最近是愈來愈沒有力氣了，連下床都覺得困難。瓦瑟，我想要喝水。」老婦人端來一杯水，「水來了，我拿給你喝吧！」就著老人的口，老婦人仔細地灌著。

喝完水後，老人又說話了：「我想……是差不多了，我知道自己身體的情況。」瓦瑟聽完後很生氣的說：「我不准你再胡思亂想，趕緊將病養好才是眞的。」

老人略濁的眼睛看著她，笑了。「瓦瑟，我們結婚也滿十年了，但是我們在一起卻已經超過三十年了。眞的，妳對我來說比什麼都還重要。妳知道嗎？若不是有妳在身邊陪我，我還眞不知道會如何呢！」

老婦人也笑了：「是滿十年啦！老頭子，對我來說你也是同等的重要呢！還記得我們一塊經歷過多少的事情來著？我想想……一七六二年，柏蒙主教出面干預你的《愛彌兒》出版，結果巴黎最高法院還宣布查禁這本書，更下令要抓你。當天接到消息，我們兩人連夜逃出法國回到日內瓦，結果還是不行，又一路一直逃到普魯士才安全。哇！現在想起來還是一樣刺激，我們連續好幾天都睡在廢棄的馬廄裡，還記得嗎？」

老人也呵呵大笑起來，回憶道：「是啊，害我還得放棄日內瓦的公民權呢！那時，整個法國都在焚燒《愛彌兒》，還有一本叫什麼？喔！《社會契約論》，對！對！就這兩本書。」

她又接著道：「對啊！我們到了普魯士不久馬上又被通緝，又被一路追捕，連續逃亡了四、五個月，最後是休謨先生出面讓我們逃到英國去的。結果你這個人死性不改，又跟人家翻臉，眞是個愛惹人嫌的傢伙！」

老人低著頭，嘴角仍往上揚著，想了一會兒後說：「這是我的怪脾氣。從小家裡窮困，沒錢供我上學，而且我還做過奴僕的工作，甚至常遭人毒打，就是這種出身讓我有著強烈的自卑感，當感受到被攻擊時我就會翻臉，而且是毫不客氣的。有時候，我也很討厭這樣……」

瓦瑟笑著道：「所以你才會寫《懺悔錄》，不是嗎？好像是與休謨先生分道揚鑣後你才開始動筆的。之後，我們不斷的隱姓埋名，不斷的搬家，一直到獲赦那年正好寫完。」

盧梭聽完，接著又道：「是啊，我們終於可以不用再躲躲藏藏地過日子了！雖然如此，但是現在回想起來，我真覺得比起我父親來還是幸運多了。我經歷過悲慘的少年生活，也曾衣食豐足過，更讀過不少的著作，而且也在學術界立足了，出版的書籍、寫過的音樂歌劇……有幾個人可以像我的一生這樣的豐富呢？我父親小時候想唸書沒機會，結婚後沒幾年就成了鰥夫，又遇上官司纏身，沒幾年就過世了，我還是後來才知道的。所以，其實我應該是不枉走過這一遭的。」

說至此，他伸出雙手來輕輕地握住了瓦瑟的手，安靜的注視著她，眼神像是對著瓦瑟散出非常感激的光彩。瓦瑟則是漾著笑看著她的另一半，陪著她足足有三十年的盧梭。其實她老早就有準備了，眼前的他眞的衰老得可憐，半輩子的奔波加上先天不良，就算再怎麼挺拔的男子也會被磨蝕成臞靡老者。

她說：「老頭子，夠啦！你今天說了不少話呢，趕緊再休息休息吧。來，躺著。」她將盧梭的身子安頓好、蓋上被子，坐在一旁靜靜的陪著他，溫溫地看著，一直到他輕輕的闔上雙眼。

「上帝必定會寬恕祂的子民，安息吧！老頭子。」瓦瑟跪在床前，喃喃地祈禱著。

解說

在啓蒙運動狂飆的年代裡，當所有的思想家全都為著創造新進文明與唯物思潮讚歎的當兒，卻有著另外一股截然不同的論調由歐陸升起，這位異樣的發聲者便是盧梭。

他極力地批判著主流唯物觀念的進步思想，認為愈是想要創造高度文明，人性將愈形墮落。因此，「回歸自然」的思想就成為盧梭思想裡的最大支柱，在既有成形的人類社會裡，他主張人人平等的自然人權論，不僅是在物質生活上的平等，最重要的還要在人們心中建立起道德人格的真正平等。他極為注重自然人格的展現，相當排斥權威式的控制，當今先進教育的方式即是受到盧梭觀念的影響。

總觀盧梭此人，雖仍有許多為人詬病之處，然而不論是於當時或是現今，我們仍不得不佩服他擁有超越時人的眼光與勇氣。

年表

公元一七一二年
生於日內瓦城。父親爲法裔鐘錶工人。盧梭生後不到十天，母親便病故。由姑媽負責養育，父親負責啓蒙教導。

一七二二年	父親敗訴，遠走里昂。盧梭被送至舅父家，旋即又轉往布瓦錫的一位牧師家中，期間學習數學、古典語文等。
一七二五年	因不堪雕刻師父虐待而逃走。經由一位神父介紹投奔華倫夫人，改奉天主教。同年前往義大利都靈的教改所，隨後因衝突而離開，過著四處打雜的生活。
一七二七年	進入神學院學習音樂，之後以音樂糊口維生，隔年前往巴黎再度投靠華倫夫人，與之同居，開始一段較安適的讀書生活。涉略大量的哲學、音樂、數學與解剖學等等書籍。
一七四〇年	與華倫夫人分手，於里昂結識了孔狄亞克等人。
一七四二年	回至巴黎，與狄德羅成爲好友，並認識更多的啓蒙思想家。
一七四五年	與旅館女僕瓦瑟小姐同居，結識伏爾泰。
一七四九年	爲《百科全書》撰寫音樂條目。七月狄德羅被捕，盧梭在探監途中偶見第戎學院的徵文，決定一試。隔年獲獎，引起重視。
一七五二年	歌劇《鄉村卜師》於楓丹白露演出成功，路易十五贈與一筆年金，然盧梭以人格自由爲由拒絕領受。
一七五三年	再投稿於第戎學院的徵文，然該文落選。

一七五六年	贈書《論人類不平等之起源和基礎》於伏爾泰，被譏爲「反人類」之傑作，同年移居莫西朗森林，隔年狄德羅出版《私生子》批評盧梭未盡養育之責。
一七五八年	正式與諸多啓蒙思想家決裂。
一七六二年	因《愛彌兒》一書，法國高等法院正式通緝盧梭。
一七六三年	放棄日內瓦公民權。
一七六五年	先逃往訥沙泰爾後，又逃往聖皮埃爾島，不久又被迫逃亡。
一七六六年	經由休謨資助，前往英國避難，兩人隨即發生衝突。遷往英國烏頓，繼續寫作《懺悔錄》。
一七七〇年	獲赦回到巴黎，仍靠抄寫樂譜維生。《懺悔錄》完成。
一七七五年	歌劇《皮革馬里昂》於法蘭西歌劇院演出成功。
一七七八年	健康惡化，生計維艱，隔年與世長辭，享年六十七歲。

完成理性主義總集者

康德

Immanuel Kant, 1724-1804A.D.

男人與女人，就像各自殘缺不全的智慧，必須互相結合才能成為一個完整的「智慧個體」，而這個個體同時具備了男人的崇高智慧與女人的美好智慧。但是重點是要如何才能確定這個結合是好是壞呢？

宇宙系統

錯落無序的小莊子裡僅有一間廂房中還透著燭光，舊殘的小桌前坐著一個振筆疾書的年輕人。寫著寫著，忽然他擱下筆來，從桌面揭起紙張喃喃地覆誦寫過的內容，接連著三次唸至停筆處就頓了下來，似乎是無頭緒了。他索性搔了搔頭，離開了桌子在火爐前面踱著步。

走著走著，他抬頭往窗外看去，黑漆漆的什麼都見不著。躊躇了一會兒，他披起床頭的外套，輕輕地將門拉開，聯外的路面上積了約十公分高的新雪；下午才鏟過而已，如今已不見舊痕。他吐了一口帶著白霧的氣後，舉著皮靴邁步踏進雪裡。

他望著天，一年四季中最美的星空算是冬季了，若以星座之王獵戶爲中心，由順時針方向算起是雙子、御夫、金牛、大犬及小犬……他的目光在這幾個星座間流轉著，然而令他留意的並非這些醒目的恆星體，而是亦在其中的一個行星──木星。

年輕人連忙衝回屋內，約兩分鐘後抱出平日觀察星空的單筒望遠鏡，架妥之後，透過這隻義大利製作的鏡頭探去，約略見著了那行星表面的巨型紅眼。他不禁想起伏爾泰所寫過的一篇小說，關於天狼星人與木星人的對話與遊歷──

兩人旅行到地球後，發現這個星球實在小得可憐，最深的海也淹不過他們的膝蓋，最壯碩的動物在他們眼中，不過是個如同指甲屑般大的體積……他們開始同情起這星球上的一切生物。

想到這裡，年輕人露出了微笑。「若是這兩個星球上的智慧生物降臨地球，或許還不太適應這裡的一切哩！」他心裡面如此地想者。接著，又將鏡頭轉移到別處，漫無目的的瞧著由鏡頭所擷取到的天體現象。

「若不是伽利略一個不小心將望眼鏡對著夜空一看，到現在人類可能還不知道宇宙是怎麼一回事！」這是馬丁教授在課堂上開玩笑的一句話語，然而卻也是這一句話讓他一頭栽進天文物理學的研究之中。「宇宙的確是個奇妙、有趣且神秘的一門課題！」幾年之後，他下了這麼一個結論。

有學者說過宇宙是一個沒有系統、也毫無聯繫的大雜燴，所有的星體都是隨意的被置放於這個空間中，彼此之間可以說是毫無關聯的獨立個體。然而眞是如此嗎？從大學時代就在懷疑這種說法的他，積極地想追根究底。

回到屋內，他又開始整理起桌上的手稿──是關於探討宇宙結構與系統的一些理論，已經接近完成的階段了。第一個主要的部分，是他提出了自身對於宇宙形成的看法，大致上在稿紙裡明確而有自信的寫著──

宇宙間構成星球的物質可以說是微粒，即星球是由微粒互相吸引或排斥所形成的。由於密度與引力的作用，會吸引微粒的大量聚集，形成了所謂的「引力中心」，在不斷吸收的過程中，會導致「引力中心」產生摩擦與高溫，並且達到熾熱的狀態，這就是我們所見到的「太陽」。接下來是關於行星：有引力的作用，自然也會有斥力的作用，當它產生時，就會阻止微粒往「引力中心」聚集，而這些微粒會因爲斥力與引力的兩種互動發生原地旋轉的運動，形成了一個小型的引力中心，這就是行星的由來。而其他諸如衛星等等的天體，都是按照這樣的規律所形成的。

第二個主題所要討論的，則是關於宇宙系統與結構的問題：

所有的天體必定都是有所聯繫的，小到行星與行星之間，大到星系與星系之間，它們彼此都互相影響著對方，絕非一些人所認爲的「大雜燴」、「隨意安置」！因爲天體之所以形成乃是引力與斥力相互作用的結果。行星或者星系會在這個位置上絕對是有規律可循的，歸結出來的就是這兩種力量的存在。

一年四季在循環，天上的星體也隨之在轉動著，而且毫釐不差，這會是一種「雜湊」嗎？如此有規律的運行，如：從地球上觀測太陽所移動的軌道從來就不會有失誤，必定按著十二宮的順序。又如：水星、金星、地球、火星、木星及土星等諸行星，都依著軌道繞著太陽運行，彼此相互影響作用。無論是太陽或是月球，對於地球的風向、潮汐與洋流不都有著極大的關係嗎？而相對於其他如：水星、金星等等，在其星球裡一定也會有著相同的現象，這就是相互繫聯的關鍵。據這些年的觀察與計算，我覺得太陽系中應該還會找到其他的行星才是，最可能的是在土星之後，只是我們現在無法看到而已。

最後一個主題要討論的就是外星人的問題：

我認爲大部分的星球都有生物在活動，就像地球的人類與其他動植物般。或許我們看不到他們，但這不代表就沒有外星人的存在；即使現在沒有，將來也會有的。宇宙是一個流動無終止、無界限的空間，有些星球形成的早，有些則尚在形成中。也許有那麼一天，地球上的人類會因環境不適宜生存而離開，到另外一個適合的新星球居住。

因爲前面說過，太陽是一個引力中心，它仍會吸收微粒使自身更壯大、更熾熱，最後終究會將地球等星體燒成灰燼——形成原始的微粒。當然，這是千百萬年後的事了！

關於外星人，假如在原始的狀態下，使地球人與金星人交換居住地，金星人會因為受寒而凍死，地球人則會因為受熱而燒死，結果都是喪命，所以地球人與金星人是不能互通的。

我推算的結果顯示行星離太陽愈遠，其居民會愈纖巧、靈活！因為氣溫低，所以身體不會有過多的水分。地球人比金星人擅於思考，也較活潑，而土星人就比地球人纖細，而且更會思維，至於水星人可能就只是一團團流動、黏稠的液體而已。總之，離太陽愈遠的居民，他們就愈高級、愈完善……

文章至此暫時擱筆了，因為這樣的內容好像完全違背了以宗教為中心的命題。他要如何將宗教與天體觀察結合在一塊呢？他目前無法做出結論。還有一個令他頭痛的問題，即關於署名。是否應當將「康德」這個名字寫在上頭呢？不經意的從屋內再往窗外瞧去，僅是一片漆黑的無底洞罷了。

咖啡桌上的論題

環視整個店內，共有五組四人桌椅以及兩張單人座，全都分布在進門後的右半部，因為窗戶幾乎都在這兒了。除此之外，再往後走去還有兩張撞球台，左邊則是吧台與兩架約塞了七分滿的書櫃，吧台後有一道門，進去便是廚房了。哥尼斯堡大學旁的咖啡店裡，通常都是以老師們爲主要的顧客群。

傍晚時分，店門口進來了三名男士，其中一位特別瘦弱矮小，另外兩名則是年紀不大的學生。他們選了最裡頭的座位後，隨即吩咐了餐點，開始剛才未完的話題。

「老師。」約翰問道：「您方才所說的『道德』與『宗教』並未有著直接的關係，可是在基督教的世界裡是說不通的啊！老師要如何解釋呢？」

瘦弱的中年人將手指交叉握住放在桌上，看著約翰說道：「其實我根本就不需要解釋，我所說的都是『事實的存在』。如果你想追究，那這樣說好了，這個地球上除了歐洲外是不是還有其他土地？如：亞洲、非洲、美洲等等。然而這些地方，他們都有信奉宗教的習慣嗎？當然是沒有！當然，我說這句話的前提是這個宗教是指唯一的基督教，異教我們是不列入宗教的範疇的。我舉一個例子，中國這個民族你們都聽過吧！由歐洲人的角度來說，中國是一個沒有宗教的民族，但是你能說他們沒有道德嗎？孔子是一位生活在兩千多年前的偉大道德家啊！伏爾泰先生是怎麼稱讚他們的，你們應當知道。

再說，盧梭先生的第一篇論文《論科學與藝術是否有助於敦風化俗》，在裡頭提到文藝復興以來的社會背景，說明了人們的社會道德正在一天天的淪喪！這一點可以做爲衍生推論出道德與宗教的關係；宗教一直是貫穿存在的，無論是文藝復興前或文藝復興後，上帝都是被人們所敬仰的，但是道德這件事並沒有因此而一直保持在同一個水平啊！

我只承認宗教的存在亦需依靠著道德，否則它必定會走投無路，然而道德卻不一定得依賴著宗教才能存在。這樣子的結果，你還要說『宗教』與『道德』有著密切的關係嗎？我還要提醒你們的是：不能將眞理、善、知識、道德完全混爲一談，你們要學會如何運用科學的觀察與推論仔細去分辨所有的事物。」

約翰聽到這裡，連忙從袋子中拿出筆記本開始記錄。那教師一見學生的舉動，不禁笑了出聲並說著：「約翰啊！現在我們是在做課後的閒聊，你不必這麼認眞的勤抄筆記啦！人嘛，偶爾也要輕鬆、輕鬆。」

他朝後面的撞球台瞧了一眼，回過來問前面的兩位學生：「要不要打一打球？」說完後，他逕自走過去取了一根球桿，並開始整理起球桌。

這時，咖啡店老闆喬端著咖啡走過來，「康德先生，您的咖啡來了。」康德仍在整理球桌，頭都沒抬的說：「放在桌上就行了。謝了，喬。」

約翰與另一名學生連茨也過去幫老師。連茨一邊將球齊整地擺置在開始的位置上，同時問著康德：「老師，您怎麼都還沒結婚啊？」

在一旁的約翰聽了同學的問話後，緊張得連忙在連茨背後捏了一把，痛得連茨差點叫出聲來。

康德雙手拄著球桿，雙眼盯著球桌面的木紋笑笑地說：「嗯，你要不要替我介紹？

哈，老了，都四十多歲囉！」

「老師。」約翰趕緊說著：「您先開始打第一球吧！」

「哦？好啊！」康德若有所思的回答著，隨即又說：「那我們三人一起玩吧！反正是敲著玩的，誰不進就換人，如何？」

「好啊！」兩位學生一同回答。

康德彎下身來，瞄著群球狠狠的敲下第一桿。十多顆木球在木桌上滾彈著，居然沒有一顆入袋！他聳聳肩，用手指著連茨要他接著下去。

就在連茨擊球時，康德說話了：「說眞的，以前當我需要女人的時候，我無力供養；而當我有能力時，她已經不能使我感受到迫切的需要了。不是我心如止水，而是我的身體不能讓我再想結婚的事了。現在的我已是百病叢生，快令我喘不過氣來了，我覺得結婚離我很遠了。如果身體還行的話，還眞的想考慮考慮哩！」

沒有受到康德說話的影響，連茨是進了一球，他接著瞄準下一顆球，嘴裡卻迸出一句：「老師，您有過心儀的對象嗎？」

康德呵呵大笑：「怎麼會沒有？我一樣有慾望啊！而且還強烈得不得了。抱歉，我只能說到這裡，因爲以下就是秘密囉！來，換約翰了。」

「不過，我最近寫了一些關於感情問題的文章，題目是還沒確定，然而內容大致上已經完成，你們有沒有興趣聽聽？」康德繼續說著。

連茨十分感興趣，他馬上點頭回答：「好啊！老師就說吧，我很樂意聆聽呢！」

約翰將母球給擊入袋中，他挺尷尬的笑了笑，不好意思地將母球撈出來乖乖的放在桌上。

這回康德氣定神穩的仔細瞄球，低身說著：「這種球類與物理學有著極大的關係。雖然我也教你們物理學，但是一旦要實際運用，未必就能得心應手，不是嗎？」

母球瞬間彈射出去了，而且很俐落的將預定的子球撞入袋中。康德看著這一個過程，十分滿意，繼續瞄準下一顆球。

「關於感情，我的看法是男人的智慧是深沉的，代表著理智、責任與擔當，這些在女人身上是不需要存在的。那女人擁有的是什麼呢？是善良與同情心啊！光這些就會使女人擁有細膩的情感。」康德開始敘述他的感情觀點，這一球仍舊是漂亮地滾動進袋。

康德停下動作，朝著兩位學生問道：「你們說說看，女人最大的侮辱是什麼？男人又是什麼？」

約翰不假思索地回答：「女人嘛，就是不貞潔！而男人嘛，就是被人誤會成說謊者！」

康德示意著連茨發表。這名學生想了一想，說道：「我不是很確定。我覺得女人不貞是一種侮辱，但是似乎是針對男人而言吧！自己的女人犯了紅杏出牆的錯誤，對於男人而言是很侮辱的。而說謊者這倒是嚴重的指控，但是應該還有其他方面也是吧，我覺得犯罪被查獲也是極度的羞辱啊！」

康德放下球桿，「要不要先去喝杯咖啡，順便再吃點東西？我肚子有點餓了。」他朝吧台的方向望去，老闆正坐在那兒發著呆。「喬，幫我們弄一些吃的好嗎？我們有點餓了。」康德提高音量。

康德喝了一口咖啡：「其實，連茨的懷疑是對的。所謂對女人最大的侮辱是不貞，那是由公眾的角度來說的，而且是建立在道德之上。我倒覺得，若是你嘲笑一個女子以『醜陋』的字眼，那才是對女人最大的侮辱！而男人呢？我認爲『蠢材』才是最大的侮辱。『說謊』也是不道德的，然而環視我們的生活，不道德的事實在太多了！殺人、製造戰爭、毀謗及偷盜等等，都是不道德的事啊！這些與不貞、說謊比較起來，孰輕孰重？你們說說。」

兩名學生想了想，暫時也找不出可以反駁老師的地方。

康德繼續說：「道德這件事實際上是不分男女性別的，而且必定牽涉兩人以上，但是我們所要討論的是個人覺得最侮辱的事情，這應該要先釐清與道德的分別吧！我知道從來還沒有人去分清楚它們之間的界線在哪裡，現在你們應當要會分辨了！

好，現在回到感情的問題。崇高的事物會使我們感動，美好的事物則會讓我們愛慕。男人的智慧是一種崇高的體現，人類會對英雄或聖人的智慧肅然起敬，這是男性最極至的表現。至於女人呢，優雅的姿態、細膩的情感則是她們智慧中最美好的一面啊！

你們難道不會對著一位擁有高貴氣質與美麗外貌的女子動心嗎？如果不會，那是不正常的！這是女人最美好一面的表現啊！

男人與女人，就像各自殘缺不全的智慧，必須互相結合才能成爲一個完整的『智慧個體』，而這個個體同時具備了男人的崇高智慧與女人的美好智慧。但是重點是要如何才能確定這個結合是好是壞呢？我的答案是『理性的判斷』。一個男人追求一個女人，不能只是因外貌而追求，還要事先了解她究竟是不是眞正合適，這是一個重點。

另外還有一點，若是結了婚兩者卻不能平等的相處，我覺得那是不妙的，如此一來，日子一久後，只會使原有的那份情愛消退成爲一般的感覺，完全不見任何當初相處的喜悅與期待。當然，這是一個十分不容易克服的問題，而現在我也只能說人必須時常提醒自身回想當初結婚、戀愛時的那種感覺，這婚姻才能維持得長長久久，不至於被家庭的瑣事與無趣給佔據。」

熱騰騰的麵食與濃湯端來了，康德笑著對喬說：「喔！你眞是了解我啊，我最喜歡品嘗你做的奶油濃湯與乳酪肉醬麵了。」約翰與連茨聞著香味撲鼻的食物後，也迫不及待地吃了起來。康德看著他們，問道：「怎麼，你們也餓啦？還是我說的不合你們的胃口？」

約翰趕緊吞下口中的麵食，回道：「其實我們從下午就很餓了，只是剛才老師沒點食物，我們也不好意思點啊！」

連茨也說：「老師，我們很喜歡聽你說話，無論是上課或是像現在都會覺得受益無窮，而且都很有趣哩！」

康德聽完學生們的回答後，微笑的說：「謝謝你們的捧場，我只是想教你們如何運用哲學式的思考來判斷問題罷了。來，我們吃東西吧，這可是老闆的拿手菜之一喔！」

評論「理性」

天還未全亮，蘭培與一名女廚子就在一樓的廚房裡動手做著早點。這時窗戶是打開的，朝外頭看去是一座小花園，中央的花圃裡種滿了茂盛的植物，雖然是朦朧淡藍的景色，但是也可以知道上頭已經有著不少待放的蓓蕾。這是康德的私人居所——一幢十分精緻的兩層樓建築物。

藉著火光，蘭培拿出懷錶一瞧，他要去叫醒主人了。準四點四十五分時，她敲著臥室的門。約五分鐘後，康德穿著睡衣來到書房，喝了桌上剛擺上的清茶，又從抽屜裡拿出菸斗來細細地塡上菸草、點火，抽起一天當中唯一一次菸。說起康德的準時與規律，大概整個哥尼斯堡都不及他吧！從前他還不太有時間觀念，經常在酒吧或咖啡館流連，都是與學生或朋友處在一塊，有時還會混到深夜才回家。而現在這種情形幾乎絕跡，但他還是喜歡與人相處，對於孤獨，他老人家是不習慣的。

從五點開始，他就坐在書桌前開始翻書。約六點四十五分時，蘭培又上來告訴康德準備更衣——七點要在一樓上課了。已經過了六十歲的他，雖然十分注重養身，但仍舊逃不過時間的催討，他的身體比以前更差了。有幾次他向學校提出退休的要求，但是校方遲遲不肯答應，最後折衷的辦法是要學生到他家來上課，所以康德住宅的一樓有一間專門給學生上課的教室。康德坐在台前看著學生們魚貫的進入教室後，準七點整他開口道：「今天上午的課程我要說的是『理性』。你們知道，過去的十年間，我寫了關於理性的三部曲，直到去年才算完成。我在寫作的這段時間內，從來還未與學生討論過這些問題，現在我試著將它們帶入課堂上。

爲什麼要評論理性呢？我發現許多人都認爲理性是無所不能的，它可以涵蓋所有的事與物，認爲只要站在理性之上，就可以如救世主般的偉大，其實這是一種謬誤啊！現在我將其中的道理一一解釋給你們聽聽。

首先是感官經驗，這部分是以『知』爲主題。有些學者認爲需透過後天的學習，即感官接受後才有知識的存在。然而全憑感官眞的足以讓我們理解所有的事物嗎？雖然現實中的我們是存在於這個空間與時間之內，只要能運用感官去判斷時間與空間中的每一件事物，不論是現在或是過去，我們都可以明確的掌握住。然而這種掌握是眞實的嗎？可以貫通一切嗎？掌握了一件事物後，你能直接明確的說出它背後的本質嗎？有誰說我可以的，留下來我請他吃午餐。」

學生們笑成一團，但是沒人敢開老教授的玩笑。

康德繼續說：「純粹的感官是無法給我們任何幫助的，那不是眞正的眞實，充其量就是『現象』而已！再說時間與空間也只是一種觀念，那是我們自己規定出來的名稱。那怎麼辦？這時『理性』就出現了。早在希臘時代，亞里斯多德首先提出『範疇』的觀念，我只是光明正大的繼續使用罷了！

『理性』就是整理、判斷、歸納等等的功夫，那我就將人們『欲知之事』做了歸納與分析，我總共分了四大類十二項，若不是這樣，我相信就算再敏銳的感官知覺，知覺前是亂糟糟，之後還是一塌糊塗的。這裡先不說了，日後再一一細數吧。

關於理性的極限性，或許這個論點很聳動，但卻是不可避免的。對於一件事物若施以理性的判斷而不流於盲從後，必定可以導出兩種不同的看法與證明。簡單的說，就是運用理性判斷後，事物總有正反兩面，我將它稱爲『二律背反』的矛盾，這即是理性的極限性；大概除了與數學相關的問題外，它對所有的一切並無法歸結出唯一的證明。這說明了什麼？事物的本質就算是理性出馬了，也還是摸不透啊！

這樣子是不是就沒救了呢？我認爲倒不然！第二階段就是要企圖解決這個問題，而這個部分是以『行』爲主要的關鍵。既然對於外在事物自身的問題仍然無解，那麼人就只能回歸到自己身上，由內在的心靈來尋找自身的原則，或許當完全了解自己後，就可能掌握住與自己相對的外在事物與其原則。

『行』是什麼呢？有三個重點：自由、神的存在與靈魂不滅。所謂自由，其意義是在於對自己的行爲負責，這一層即是道德與責任，建築在這兩樣事物之上的人才能眞正擁有自由。

關於神的存在，我是指哲學上的上帝，即是『正義』。當然宗教上的上帝也是正義的。雖然這世界上有許多的不公與惡行，但我們仍要相信宇宙間是有正義的存在，終究會有著公平的評判。這樣，人的行爲才會有一個客觀的標準，否則每個人都認爲自己的行爲是負責的、是道德的，那又該由誰來評斷？

至於靈魂不滅呢？其實說是『精神』還比較容易理解。人終究會死，但是他的精神並不會因此而消逝，因此我們生前所做的每一件行爲，就算是死後，他人還是可以作爲借鏡啊！如果是一個有著強烈道德意識的人，必定會使後世的人們尊敬的，如同柏拉圖即是。我們可以說：『柏拉圖的靈魂不滅，他永遠停留在這個世界上。』這裡我所要強調的是：既然我們無法全然的理解事物的本質，就回過頭來好好的對自己負責，不要斤斤計較外界的一切，因爲你永遠沒法子去理解，假如你從來不肯對自己負責的話。」

康德停頓下來，喝了一口茶，看看學生們，但是他們都沒有發言的慾望，全都低著頭勤寫筆記，似乎只想繼續聽下去。

接著，康德又說了：「以上說完了理性評論的二部曲，現在我要接著第三部分了。

從前面一路說下來，先說純粹感官認知的不足後，加上了理性的分類，之後又發現理性的矛盾點，以至於對於所有外在事物的了解至今仍是處在一團迷霧之中！既然對外的路不通，所以，我們乾脆回過來好好的讓自己生活、對自己的言行負責，這樣對於自己身爲『人類』的身分才算眞正有所了解。

能掌握自己後，再來呢？就是美學的部分了。你們想一想，對自己的一切認識透徹後能發展出什麼來？就是美的體驗啊！每天你起床後，自然就會知道自己要做什麼，關於自己以及一切你能接觸到的事物，全部都在你的掌握中，這即是一種遊刃有餘的生活態度啊！其實早在兩千多年前的哲學家就已經知道了，但這卻是我體會了許久才明白的事情，因爲我們離自然愈來愈遠了。現在我可以明確的告訴你們：『美感就是要在自然中才能體現出來』，若只是純粹地談論理性，那永遠也達不到這個境界的，只可惜現在的人都是如此啊！

以上就是我費了十多年寫成的『理性三部曲』，現在我卻只花了一個上午都不到的時間將其中的大綱解釋給你們聽。好了，如果沒有任何的疑問，後天起我們就正式進入這個部分了。有沒有人願意留下來與我共進午餐的？我可是會很高興的喔！」

老教授一說完，學生們仍是聚集在教室裡沒人離開，他們與這位大師不停地聊著，他們很清楚私底下的康德是極好相處的一位長輩。有時，這樣子的漫談會一直持續到蘭培進門來示意著老人準備用餐，那多半是十二點四十五分。大夥兒也會簇擁著老人入席，通常這一頓午餐會延續到下午四點半鐘呢！

解說

對於康德自身作為理性主義的集大成者，自是不能一味地吹捧理性而排斥其他學說，我們可以見到他思想裡多元因子的雜揉與整合。在他的思想當中，的確可以見到柏拉圖的影子，他們均強調著先驗世界的概念。然而不同於後者的是，康德仍會注意現世上的一切，故而他的學說與思想都是建構在此生此時之上的。

在我們看來，康德的一言一行竟也有著東方儒家學者的身影！尤其是他對於道德的要求，也許在他所處的那個時空裡，中國儒家哲學對歐陸思想家起了一些或大或小的作用，加諸康德本身的家庭因素，使得他之於道德的自律性遠高於一般哲學家。再者，康德也是首次奠定美學基礎的一大推手，從而使美學能夠獨立成為一門專門學問。總括論之，康德的哲學實在可以用「行」的哲學來解釋。

年表

公元一七二四年	生於東普魯士的科尼格斯堡。父母均爲虔誠的基督新教平民。
一七四〇年	入科尼格斯堡大學學習，受萊布尼茲派影響。
一七五五年	獲科尼格斯堡大學任用爲無薪制講師，收入全來自於學生人數而定。講授課程有數學、物理、邏輯、形上學、自然地理、人類學、宗教學及道德哲學等等。
一七六二年	原本日日準時於午後三時散步的康德，卻因貪讀《愛彌兒》一書而發生此生唯一一次的誤時。
一七六六年	獲聘爲科尼格斯堡皇家圖書館的副館長一職，此爲康德第一次有固定收入的工作。
一七七〇年	獲聘爲科尼格斯堡大學的形上學暨邏輯學教授。
一七八一年	《純粹理性批判》出版。
一七八八年	《實踐理性批判》出版，並出任科尼格斯堡大學校長。
一七九〇年	《判斷力批判》出版。

一七九四年	被選爲聖彼得堡俄羅斯帝國學術學院非駐院院士。
一七九七年	正式由科尼格斯堡退休。隔年獲選爲西也納義大利科學、文學與藝術學院非駐院院士。
一八〇〇年	學生爲其出版講義及其他著作。
一八〇四年	逝世，享年八十歲。

用辯證法統一哲學的人

黑格爾

G.W.F.Hegel, 1770-1831A.D.

「一切，都從自我意識開始。」宇宙間的存有物最初都是渾然一體的，也就是一種混沌的狀態。而各種狀態基本上即為「肯定」。而漸漸的當「自我意識」出現後，原初的「肯定」就會被取代掉，這是一個由「合」到「正」的演變過程。

嗜書之蟲

門外響起了一陣輕快的馬蹄聲，夾雜著轆轆的車輪轉動聲，不消幾秒鐘，這些聲音全都靜止下來。由大廳的其中一扇門後鑽出了一個年約四十歲、僕役裝扮模樣的女人，她一邊抓起米色圍裙的前襟擦拭著雙手，一邊迎上前去開門。

馬車就停駐在門口外邊，車上的乘客剛剛下車，右手提著一只皮箱正與車夫交談著，女僕靜立於一旁等候。那乘客身著整齊的西裝，是個約五十歲年紀、身形中等的男性。不一會兒，車夫朝那男人行了個禮後，便拉起韁繩將馬車緩緩的駛離。

「馬格麗特，我們家的夫人與小鬼呢？」那男人一進門後，馬上問著女僕。

女僕一聽完，趕緊低著頭小聲地回答：「喔！我忘了告訴您，夫人還在休息，下午時她頭有些疼。少爺此時應該在樓上吧，先生你也知道的，自從他上了中學之後，每天最主要的事情就是閱讀啊！要不，我去請少爺下來？」

男人略略想了一會兒後才說：「不了！他愛看書，就讓他看吧！別打斷他，待會兒我再上去同他說說話，妳忙去吧！」他一說完，就示意女僕離開。

男人提著皮箱走到沙發上坐下來，從皮箱裡拿出兩本書。封皮看上去都十分地新穎有光澤，似乎是才拿到不久。男人看著這兩本書，分別快速地翻了翻，書本均發出清脆的擾動聲，同時也傳出了撲鼻的書香味。

「你今天又去買書給小葛啦？難怪會晚了一些時間回來。」一個裝扮淡雅的女性由樓上走了下來，看見了坐在沙發上的男人後微笑地問著。

男人放下手上的書本，站起身走到樓梯旁，伸出手來微笑地迎接這名女性。「是呀！從街上經過時看見了書店，便進去後挑了兩本書，打算待會兒拿上去給他呢！妳好些了沒？」

女人也坐到沙發上來，順手拿起這兩本書翻翻，隨即又放在茶几上，轉頭對著丈夫道：「我下午時身體有些不適，便上樓睡了一會兒，一直到方才才醒過來，現在已經好多了，應該是這幾日睡得不太安穩的緣故吧！」

男人審視了她一會兒，說：「這幾天別太出門，妳的精神不太好，多休息吧！如果還不改善，那我就去請醫生來瞧瞧。」

她笑著回道：「你別太擔心，休息一會兒就好了。你買了什麼書啊？」

他微微的皺起眉心，「別太大意了，我可不希望家人出了什麼問題，該看醫生時就是要看醫生。」

女人又報以微笑，「好，我知道了。我才不想出問題呢！這是些什麼書啊？能告訴我嗎？」她想將丈夫的注意力稍稍轉移。

「這兩本書啊！」他又將書拿起來，「都是關於希臘文化的書籍，一本是《希臘史》，另一本是《荷馬》，我希望小葛看了之後，能對我們歐洲文化的來源更加理解些。」

夫妻倆又閒聊了一會兒，因爲丈夫是財政處的第二把交椅——副官，所以他回家多半說的都是關於今日與同僚間的一些輕鬆趣事，或是由他們那裡聽來的八卦。而大部分時間裡，妻子一定是扮演最好的聽眾角色。

看那光景，差不多已是吃晚餐的時間了，馬格麗特前來通知他們夫妻再過十分鐘即可用餐。

丈夫往樓梯處看了一眼後說：「我去樓上看看小葛，順道把書拿給他瞧瞧，差不多也要叫他下來吃晚餐了。」

她笑著說：「好啊！不過叫他下來是正事，你可別讓孩子坐在桌前太久。我去餐廳等你們吧！」

男人來到書房，果然見到兒子正在桌上寫東西，還不時地翻著一旁攤開的書籍，對於父親的到來似乎是渾然不覺。

「小葛，你在忙著寫什麼啊？」父親站在他的身後輕聲地問道。

知道是父親，小葛轉過身來微笑的回答：「喔，您回來啦！我都忘了時間了。我正在寫筆記，老師要我們將《聖經》新約的部分讀仔細些，所以我就將一些比較重要的部分抄在筆記上面，並且學著做分類的工作。」

父親看著兒子的筆記本上寫著一段段密密麻麻的文字，但大致上還算整齊，便又問道：「你也該休息一會兒了吧？我可不希望你爲了唸書而太過勞累喔！」

小葛放下鋼筆，「是，我也知道，只是覺得從書本上獲得知識是一件相當有趣的事情。」他離開椅子，站起身來扭動著身體，伸一伸懶腰。

男人從背後翻出兩本新書，展現在孩子的面前說：「我今天回來時順道去了一趟書店，看見它們便買下來了。」說完便將書遞到孩子的面前。

小葛接過書來，神情是高興得不得了，他笑得合不攏嘴，「哈哈！是《希臘史》與《荷馬》呢！我很喜歡，謝謝爸爸！」他拿著書就又要衝回桌子前開始翻閱。

父親一瞧，連忙說：「唉，小葛，待會兒再看也不遲，我們先下樓去。已經是晚餐時間了，走吧！你母親已經等了許久。」

小葛一聽到父親這麼說，當然是不再急著要翻那兩本書。他將桌上的書本、筆記稍稍收拾了後，就與父親一同下樓去。

「呵呵，我的孩子居然是個嗜書成痴的人呢！如果照此下去，眞不知道將來會是個什麼樣子的人物？」父親一手搭著小葛的肩，低頭看著這個孩子，腦海中卻閃出了這個問題。

植樹

清早的空氣中，有著一種清爽的味道，讓人覺得十分舒服，街上的行人無不抬起頭來，大力地吸取著這免費且無價的空氣。這時，從圖賓根大學附近的一條小巷弄裡竄出兩名年輕男子，他們奔跑在大街上，不時露出興奮的表情，還偶爾鬼叫鬼跳的！因爲行人還不算多，所以他們的這種行徑尚不至於影響到太多的人。

一路上兩人不斷地跑著，約莫跑了有兩里後，終於來到了一處市集上。兩名年輕人終於停下腳步，氣喘吁吁地肩併著肩走在市集裡頭，他們不時地東張西望，像是在尋找某件物品般。

「薛林，怎麼都還沒見到賣『自由樹』的商家啊？會不會這邊根本就沒有這個東西？」其中一個年輕人開口問他的同伴，他們進入市集已經有十分鐘之久了。

被稱為薛林的人回道：「小葛，耐心些，我們再仔細找找一定會有的，而且我們也還沒整個看完哩！」他仍是一副極為興奮的模樣，張大了眼睛不斷地搜尋著。

市集裡來往的人群不少，遠比街上來得密集多，不少的攤子均是以一張大麻布鋪在地上，上頭再擺上各式各樣的商品，有賣蔬果的、豬肉的，有賣魚肉的，還有賣布的，賣木刻品、日用品的，也有賣餅乾、麵包的……也有一些人用大大小小的木製牢籠，賣些活的雞、鴨、鵝，更有一些販子直接牽著狗、牛與羊等活畜沿途叫賣，差不多都是這樣子。他們幾乎看遍了所有的攤販、商家都是如此。

兩個年輕人有些失望，他們離開了市集，站在路邊討論著。

小葛道：「不會吧！我們好不容易起個大早，想趕在第一堂課前跑來市集看看，結果什麼都沒看見！唉，真是的。」他抓了抓後頸，神情有些無奈。

薛林回頭看著人來人往的市集，嘆了一口氣：「法國大革命的喜訊難道這些人一點感覺都沒有嗎？也許整個歐洲會從此改觀，但是這些人都沒反應嗎？還是只有我們在空歡喜而已？」

「這樣子好了，我們去問一問這裡的商家，問看看他們知不知道這裡哪兒有賣樹的，或許我們就可以找到了也說不定？你以爲呢？」小葛想出了這個方法，他實在不想就這麼乘興而來、敗興而歸。薛林十分同意小葛的意見，當下他們就在市集裡找了一位看起來十分和善的老闆詢問。

「樹啊？嗯，是有一家，從這裡往下走出了這市集，那邊就有一間賣植物的小店家，你們看看去吧，或許會有你們想要的東西。」老闆這麼告訴他們。

依照指示，他們終於看見這間所謂的植物店。兩人走進店內一看，裡面的植物不如他們想像的多，大多數只是一些花卉類的盆栽，他們有些失望，然而還是存著一絲的期待。

「請問，這兒有賣自由樹嗎？」小葛對著剛從裡面走出來的老闆問道。

老闆笑笑地看了兩名年輕人一眼，「你們是因爲要支持革命的成功而來買的吧？」

小葛與薛林聽見老闆這麼說，覺得彷彿已看見了他們要的東西那般高興，不住的猛點著頭。

老闆往後面看了一下，說道：「跟我來吧！你們不是第一個客人，昨天就有兩三個大學生來問過，你們……應該也是吧？」他逕自往後面走去。

小葛問道：「對啊！我們是圖賓根的學生。先生，能請教你這兒以往就有這種樹了嗎？」

老闆笑得挺大聲的，他爽朗的說：「有啊！不時就會有人來買呢！只不過還比不上那些美麗的花花草草來得暢銷。你們以為我是要趕著這股革命的熱潮嗎？哈哈……」

老闆說得小葛與薛林兩人覺得十分不好意思，連忙向老闆陪不是。薛林道：「眞是抱歉，因爲我們平日對植物並不十分了解，所以鬧了這個笑話。」

他們來到這間店的後面，兩人都嚇了一跳。原來後面還有一片不算小的空地，而且種滿了各式各樣的植物。

老闆走到一小塊種著同一類植物的旁邊後便停下腳步，伸出右手指著說：「你們要的就是這個了。」

兩人小心翼翼的各自捧著剛得到的植物，快步的回到學校裡。他們尋了一塊看樣子還算適宜的空地，就各自挖了兩個小坑埋了進去。等到一切都處理妥當之後，小葛又跑去挑了一桶水徐徐地往植物根部澆灌下去，薛林則在一旁靜靜地念著禱辭。

或許在這兩名仍是年輕的學子身上找不出明顯的跡象來證明，然而這兩株小樹卻已經發展得結結實實地——在小葛與薛林取得學位的那一個季節裡，而且它們也不再需要鎭日細心的呵護。兩位好友由校門踏出後，暫時地分道揚鑣了！

求職

一日，薛林接獲一封來自富蘭福特鎮的信件。他看了信件上的署名後開心的笑了起來，連忙將信封拆開，取出信紙開始讀著，信上的內容寫著：

自畢業之後，我在瑞士柏恩這個地方教授語言學與神學，是私人性質的，日子過得還算馬馬虎虎，不至於餓死人就是了。過了四年後又遷到富蘭福特這個小鎮上繼續開課，還是一樣，我的生活步調與模式並沒有因爲環境改變而改變，當然課後的時間就是我看書的時候，這個習慣從小至今都未曾改變過。

很不幸的，我在九九年接到家中傳來的噩耗——家父過世了！在哀傷中我暫停了手邊的工作，連夜趕回去送他老人家治喪入殮。在那幾個星期後，我獲得了一筆約一千五百元的遺產，當時就將教課的工作給推辭了，我還以爲我就是個獨立的富人了！現在想起來還是覺得十分可笑，不是嗎？

的確，現在的我老早就將那一千五百元花得精光，而且多數的錢都給了書商。說實在的，我只是一個擁有一堆書的窮光蛋罷了！我無法像以前那樣安心的唸書，更不能專心的思考問題，因爲我的下一餐隨時都有可能會發生問題。我從一些人的口中得知你現在正在顏納大學裡教書，能在大學裡教書一直是我的夢想，因此，我的內心裡重新燃起了希望，我左思右想地折騰了一個晚上，發現只能求助於你了，畢竟你是我最要好的朋友，不是嗎？

現階段的我並不企圖奢求有多好的職位與待遇，我只希望你能告訴我哪裡有不愁食物的工作，哪怕只是最簡單的膳食，哪裡有最豐富的書籍可以供我閱讀，還有哪裡有上好又便宜的啤酒可以讓我貪享一下，這些對我來說，就已經是最好的物質生活了。薛林啊，我的老朋友，你可不可以告訴我？

看完信的薛林一句話都沒說，他只是將信紙重新折疊好，走到窗口邊看著這一個自己待了好幾年的小市鎮。

這一天外馬公爵的府邸來了三位客人，一個是斐希樂教授，一個是薛林，另外一個則是與薛林年紀相近的青年。他們被公爵府的總管接待進入大廳裡，在等候公爵的期間，這三名男子不斷的交談著，並不時發出愉快的笑聲，大約幾分鐘之後，總管便引領了一位身材魁偉的中年男性出來，他就是普魯士的外馬公爵。

「這位是？」公爵首先問到眼前的陌生男子。

薛林很快的答道：「公爵，這位就是我和斐希樂教授之前提到的黑格爾先生，他也是圖賓根大學畢業的學生，是我熟識了十多年的好友，同時也是我眼中最優秀的同學。」

公爵睜大了眼睛，仔細地看著這位青年，眼神裡滿是溫和的好奇。

黑格爾微笑地說：「親愛的外馬公爵，很榮幸能與您見面，家父仍在世的時候時常說起您呢！」

公爵聽完後接著笑道：「黑格爾先生，令尊從前也是在普魯市政府服務的嗎？嗯，讓我想一想……我記得以前有一位財政處的副官也是與你同姓氏，莫非他就是令尊？」

黑格爾點點頭，「是的，家父生前就是擔任財政處的副官，不過幾年前已經過世了。」

公爵伸出手來握住黑格爾的手：「眞是令人感到遺憾！我知道令尊是因爲其正直不偏的性格在政府裡小有名氣。在一次的宴會裡，我有幸遇上了他，也與他聊上好一會兒，沒想到幾年後我又能見到他的兒子啊！你來到顏納鎭多久啦？之前又在哪裡？」

黑格爾答道：「我之前一直待在富蘭福特那裡開課授徒，教的是語言與神學，因爲後來生活有些困難，約兩年前來到顏納鎭投靠薛林。」

公爵又道：「來了兩年啦，爲什麼到今天才來見我呢？」

黑格爾謹愼地說：「因爲來大學裡教書一直是我的夢想，但我不希望在還沒成熟前就貿然進入這一個領域之中。所以，我在這段期間不斷地努力充實自己，希望能用自己的實力來實踐這個長久以來的願望。」

斐希樂在一旁補充道：「是的，公爵先生。黑格爾先生的確是很努力的下工夫，以他目前的實力來說，要進入大學教書並不是一件困難的任務，所以，今日我與薛林先生就陪同黑格爾先生來與公爵見個面，希望公爵能將他延攬進顏納大學裡。」

黑格爾也說：「目前我是沒有什麼足以傲人的著作，但是我已經在構思一個藍圖，這幾年內我會開始動手寫一些著作的。」

公爵的目光緩緩的掃過三人，沉吟了許久後道：「嗯！我了解了，就照你們所說的，黑格爾先生在今年就準備開一堂課吧！至於怎麼樣，學生們自然會有反應的。」

對立與和諧

近日，寧保中學的校園不同於往常，不時可以見到工人們來來回回地穿梭校園裡，一會兒這邊在修剪樹木枝條，一會兒那邊的禮堂教室又在粉刷佈置，整個校園裡堆放著不少器材與工具。這些現象引起了學生的揣測，但是沒有人得到肯定的答案，連學校的教師們都三緘其口，對於學生們的詢問總是推說：「過幾天後你們自然就會知道啦！」或者是：「放心，包准是件好事，你們就等著吧！」

幾天後，公佈欄上果然貼出了一紙公告，上頭寫著——

歡迎當今哲學界泰斗、柏林大學哲學教授，曾經擔任過本校校長——黑格爾先生蒞臨本校演講。

幾名學生在告示前面議論著。其中一個說道：「黑格爾眞的要來我們這邊演講啊？

他可是頂頂有名的大學者哩！而且居然也當過我們寧保中學的校長？真的還是假的？」

另一個也說：「原來，學校這幾天這麼忙忙碌碌的就是爲了這一場演講啊！算一算，他再過三天就要來了耶！」

又有人說：「那我們可別錯過這一場演講，應該是很難得的，哇！他還曾經是我們的校長呢，我都覺得神氣起來了，日後如果有人問起我們寧保，我就會將黑格爾當過校長、我也親眼見過他等等說給對方聽，讓他們羨慕死！哈哈！」

「可是……如果他演講的內容我們都聽不懂，怎麼辦？」有學生開始擔心了。

「放心啦！現在想那麼多也沒有用。我想，他應該會說一些我們可以理解的東西才是，否則來這邊演講就毫無意義了。不管如何，今天晚禱的時候校長應該會說明清楚，就別擔心了。」馬上有人回應著。

三天後黑格爾站在禮堂的演講席上，看著台底下十多歲的年輕聽眾，心裡面覺得十分開心，他朗聲道：「有好幾年的時間我都不曾面對這麼年輕的學生群了，而且一開始就是回到我曾經待過的學校。

今天，我要和大家說的是關於『對立』與『和諧』之間的關係。不瞞各位，如果你們曾經見過我的著作，就會知道以下所陳述的內容均是從這兒來的！這是哲學當中最基本但也是最重要的問題，爲什麼呢？

『對立』各位都知道，就是兩種互相抵制的現象，用物理學的角度而言，兩種完全相反的力量一起作用於某一物體上的時候，所造成僵持不下的局面就稱爲對立。

『和諧』就是一種十分緩和、互助的現象。比如：聽到優美的音樂就會讓人的心情感到愉悅與開朗，這就是『和諧』的效果。現在我說到這裡，你們多數人一定會覺得這兩種現象似乎是不能相提並論的，它們之間好像沒有共存的條件！難道黑格爾要將這兩個現象分別討論嗎？當然不是這麼簡單。我由斐希樂先生的學說裡衍生出所謂的『正、反、合』理論，底下就一一來論述我所整理出來的觀點。等我說完，你們就會明白我所謂的『對立』與『和諧』是怎麼一回事。

首先，我要說的是『一切，都從自我意識開始。』爲什麼呢？宇宙間的存有物最初都是渾然一體的，也就是一種混沌的狀態。而各種狀態基本上即爲『肯定』。而漸漸的當『自我意識』出現後，原初的『肯定』就會被取代掉，這是一個由『合』到『正』的演變過程。

『合』是什麼？就是『和諧』。即便是渾沌的狀態下它仍是和諧的，因爲尚未產生出『對立』的狀態！接下來，『自我意識』的產生就是對立的開始了。當自我意識出現時，也就是昭告世界這是對自我的正向肯定，這就是『正』。既然有了『自我』，當然也就必定有『非我』的觀念，這是一種必然的邏輯觀念。誰肯定了有『自我』，當然同時也就產生了『非我』的觀念，這兩種即是對立的觀念。你們想想，哪一個人不是這麼區分成『我』與『他人』的？這就是一種對立，都是從『自我意識』開始的。而形成了這種概念後，自我意識會再加強的肯定『自我』，這又是一種新的『自我意識』。

當然，並非所有的對立都必須是劍拔弩張的緊張場面，我所說的只不過是從『我』這個角度去區分罷了。這種方法實際上可以帶入任何學問當中，無論是哪一種命題都是『正』，而當命題同時提出時，『反』也就出現了，它擁有反駁這個命題的條件。除了『反』可以駁『正』外，『正』也在駁『反』，於是乎就又可以解釋爲『反反命題』，亦即『否定的否定』！而雙重的否定就是肯定，怎麼說呢？當否定了『否定』後，就是『肯定』啦！

但是這個『肯定』已非原先的肯定了，它是經過了一次『反駁』的過程才產生的！實際上，我就稱它爲『合』。聽到這裡，你們應該知道我所謂的『對立』與『和諧』之間存在著什麼樣的關係吧！我整理出來的這種觀點呢，它是一個循環式的活動體系，並非是直線進行。『正、反、合』就是不斷的重複著、循環著，構成了這一整個哲學思路。」

底下響起了一片熱烈的掌聲，當然黑格爾也摸不清他只講一次的效果是如何，但是他可以確定的是，底下這些學生與教員的掌聲主要是衝著他的名氣而來的。

霍亂

柏林大學裡空空蕩蕩的，所有的教室都不見半個人影，全部的門窗都給鎖死，看上去像極了一座荒城。原來早一個月前，在柏林市的貧民窟中接連有幾個人突然開始上吐下瀉地害起猛病來，不到幾天，這些人都死在穢亂污臭的小巷子裡。無知的窮人們也弄不清是怎麼回事，反正人死了就送去埋！有些人將死者運往墳地裡草草埋了，結果不消三天，這些人也都得了一樣的症狀。

漸漸地，猝死的人愈來愈多，而且也不限於貧民區了，空氣裡瀰漫著一股濃濁的腐味，整個柏林市都成了疫區，每天都有一堆堆的死屍被放火焚燒，然而卻阻止不了瘟神的肆虐！一些知道厲害的人全逃離了柏林，最後連醫院都關上鐵門——封了！所有柏林市的聯外道路上均有重兵把關，只要敢從疫區往外偷跑者一律槍殺，以免殘害到更多的人。所以，留在柏林市的那些人大概都是要被遺棄的了，而柏林大學的管事早已通知所有的師生，大夥兒全跑去避難！

然而，此時卻有人跑回來了，那個人就是黑格爾！他回到滿是焦臭味的柏林市區後，沒多久就感到不適，在沒有什麼人的陪伴下，他勉強撐到了學校，見到仍是空城一座的景象後，就失望地回到了家中在床上獨自休息著。這只是幾個小時內的事情，但卻讓他從此再也沒有爬起來的機會。

當疫情眞正受到了控制並且不再蔓延時，柏林大學的師生們才得知他們最敬重的一位導師已經在這場可怕的傳染病中喪失了生命。

「我聽說黑格爾這幾年的身體原本就很衰弱了，是嗎？」從閔罕大學特地來到柏林的薛林正與叔本華討論著關於這位哲學家的生前事。

這些年來，薛林已經由原先的顏納大學轉至閔罕大學中執教，並不曾與黑格爾碰過面，而叔本華則是柏林大學近些年竄起的講師。

叔本華點頭道：「是啊！他生前的身體原本就夠差勁了，居然還不要命的跑回來，眞不知他當時在想什麼？或許是神智不清了吧！」

薛林聽得出來叔本華似乎不是很認同黑格爾的作法。他有些生氣的說：「先生，好歹黑格爾也是一位人人尊敬的教授，你犯不著這麼損他啊！更何況他已經過世了。」

叔本華看著這位遠客，不太服氣的說：「我可不是隨口說說的！有一回下雨，他狼狽的走進教室裡上課，當學生們發現他的鞋子只剩下一隻時，便問他怎麼回事？他居然還不知道鞋子掉了的事情，後來有學生在一堆泥濘裡發現了這一隻遺失的鞋。你說，他是不是有些糊塗了？這我是親眼所見的，因爲當時我也在附近的教室上課哩！」說到這裡，叔本華停頓了下來，還是看著薛林。

只見薛林似乎陷入了沉思之中，嘴裡直說：「天啊，他怎麼會發生這種事？」

「其實，我並非不尊敬他老人家，只是他有一些想法是我所不認同的。對於他這個人我還是很尊敬的，雖然我一直想取代他的地位，可惜好像到目前爲止，我還是做不到！」叔本華又接著說。這會兒他的語氣和緩多了，或許他察覺出薛林對於黑格爾還是有著很深、很淳厚的友誼。

「好了！謝謝你，叔本華先生。我想，我該去老友的墳前見他一面了。」與叔本華又談了一陣子的薛林在說出辭別的話後就站起身來，慢慢的朝外走去。此時的他心裡面浮現出一幅鮮明的記憶：兩個年輕小夥子一大早就奔到市集裡，努力尋找著自由樹……

解說

黑格爾主要的成就約略可以分為幾個方面來說：首先，他是第一個以極為精準的思辯功夫把握到了歷史的精髓，也加深了歷史學的意識，從而開啓了關於歷史學的哲學研究工作。

這一規模精偉的辯證法自然是有根源可循的，遠在柏拉圖之前即已開始醞釀出所謂的辯證術，經由希臘三哲及中古世紀神學家的逐漸加溫與近代哲學家如斐希樂的奠基，到了黑格爾手中，終於激盪出一股綿密不漏的辯證方法。

再者，晚年的黑格爾對於辯證法的運用更加熟練，進一步運用它來完成哲學史的探索工作。故自黑格爾開始，哲學史便成了一門專門的學科，而且還是哲學的主要研究對象之一。另外，於黑格爾的影響下，德國也出現了一批第一流的思想家及學者，這皆為黑格爾哲學薰陶下的結果。

年表

公元一七七〇年	生於普魯士的斯塔加特，父親爲伏騰堡政府的財政處副官。幼年的黑格爾最熱中希臘文化，而畢達哥拉斯式的教育令他學會堅忍與沉默。
一七八九年	法國大革命爆發。在圖賓根大學唸書的黑格爾與薛林皆十分支持革命運動，並以「行動」表示。
一七九三年	大學畢業後，於柏恩與富蘭福特授課維生。
一七九九年	父親去世，黑格爾繼承一千多元的遺產。
一八〇一年	經由薛林介紹，來到外馬公爵治理下的顏納鎮。此時有多位著名學者於此地大學教書。

一八〇三年	成爲顏納大學的教員。
一八〇六年	拿破崙軍攻入顏納鎮，黑格爾倉皇逃出，隨身只攜帶《精神現象學》的草稿。
一八一二年	擔任努因堡高校的主任。
一八一六年	出版《邏輯學》一書，該書爲他贏得了亥德爾堡大學的哲學講座。
一八一七年	編著《哲學的科學》。
一八一八年	前往柏林大學任教。至此，黑格爾成爲德國哲學界的統治者。
一八三〇年	身子迅速轉壞，精神狀態不易集中。
一八三一年	霍亂蔓延至柏林，黑格爾因而病逝，享年六十二歲。

意志精神的注重者

叔本華

Schopenhauer, 1788-1860A.D.

「意志」就是一種可以存留於無形之中，亦可實踐於有形之中的東西，它即為宇宙萬物本質，一切須依賴它作為基礎。

醫院

位於威馬城一家規模不小的醫院，某某病房裡今天住進了一位年約二十五、六歲的青年，頭上裹了一層厚厚的紗布，臉上也貼了不少繃帶，而手與腳也都有著程度不一的擦傷，最嚴重的應該還是左手臂，上面還纏著一片固定的木板與繞過後頸的三角巾。

這間病房共有四個床位，加上這青年一共住了三位，其餘的兩人都是約莫四十歲上下的男子。年輕人住進病房後，只是閉上雙眼休息而已，並未與其他病人交談。而另外兩人因早待了幾日，彼此算是熟稔，於是乎他們就好奇的打量起這個新的「夥伴」。

前額微禿的那個人說道：「吉卜生先生，你瞧他是怎麼回事啊？全身傷痕累累地，會不會是跟人打架了才住進醫院裡？」

「嘿，噓！小聲些，別讓他聽見啦！如果讓他聽見了那不是挺尷尬的嗎？或許是摔傷了也說不定啊！」另一個身形比較臃腫的男人用著小心翼翼的口氣與同伴告誡著，不過還是在後頭添加了自己的猜測。

先前微禿的男子也跟著壓低嗓門繼續說：「你覺得他是摔傷的啊？好端端的怎麼會摔傷？嗯，啊！我知道了，一定是他喝醉了酒，走起路來跌跌撞撞的，終於給摔傷了。我的推理應該是正確的，是不是啊？吉卜生先生。」

吉卜生看著夥伴的神情，想了一下，「有可能。看他這樣子，搞不好是喝醉酒由樓梯上跌滾下來，或者是走在路上跌進河溝裡。」

「喂！你不是說別吵到他嗎？怎麼自個兒說話大聲起來了？」微禿的男子提醒著他的夥伴。

「喔，對啊！不好意思，我忘了！謝林先生，噓……」吉卜生小聲地搔著自己的頭頂，一面用另一隻手的食指擋在嘛成圓形的兩片薄唇之前。

其實，關於對面兩個中年男子的一舉一動，年輕人都看在眼裡，根本就沒睡著的他，只是將眼睛閉起來休息罷了！素來他就不喜歡與陌生人相處一室，加上又是極度的精神敏感，故而一進病房時，他就打定主意先閉上眼睛休息。可是不到十分鐘的時間，他就被對面兩人窸窸窣窣的交談聲驚擾了，他側耳專心傾聽兩人交談的內容，發現是在猜測自己住院的原因，心裡不免心理開始鄙視起這兩個可憐蟲。「哼！我會是這種德行的人嗎？兩個愚蠢的呆子，或許那才是你們住院的因素哩！」他如此恥笑著。

他欲假裝翻身嚇阻對面的病人，卻忘了自己渾身是傷的事實，不免疼了幾處，由嘴裡哼出一聲，雖是如此，但已將對面的兩位男子嚇了一跳。吉卜生與謝林兩個人正細聲交談時，被突來的呼疼聲給嚇著，兩人同時停止動舌，有些心虛的慢慢將目光轉至發聲處。

「朋友，你還好吧？小心些哪！要不要我們幫你拉鈴找護士來？」吉卜生看見對面的年輕人痛得睜開眼睛後，趕緊脫口說出這些話。

一旁的謝林也忙著說：「對啊！要注意自己的身子啊，趁著住院時好好療傷，可別大意了！」說完後，還堆起滿臉的笑意向青年發出友善的訊息。

青年忍著痛楚，冷冷地看著他們，久久才說出：「謝謝你們，不必勞心了。至於我的傷勢來由，更不需要你們二位費神。」之後便又將眼睛閉上，不再理會他們，留下有點難堪的吉卜生與謝林兩人。

還是中年人處世比較圓滑些，吉卜生率先說道：「眞的很對不起！我們不是有意冒犯你的，只是我們兩個比較好奇，見到你一來就睡下了，不方便再問你，卻又忍不住，只好在這邊瞎猜。」與謝林相同的，他也是一副笑容可掬的模樣。

謝林像想起什麼似的，又在一旁提醒著吉卜生。吉卜生聽聞後，恍然大悟地接續著說：「喔！對啦，我們還沒自我介紹，你叫我吉卜生就好啦，隔壁的是謝林。我是個鋼鐵廠工人，是在工作時受的傷，已經快好啦！」他說完後，示意著謝林繼續下去。

謝林也道：「我叫謝林，是個車夫。之前的某個雨天路面濕滑，不小心就把腳跌斷啦！大夫說，現在已經好了大半。年輕人，你要不要也介紹一下你自己？我們還要一塊在這裡相處個幾天呢，是不是啊？」他最後的問句是對著吉卜生說的，只見吉卜生很肯定地點了點那顆略微肥胖的頭。

「我一定要理會你們嗎？知道我的名字又有何用？反正只是這幾天而已，熬過了就好，沒有必要一定得如何吧？兩位先生。若你們要知道名字，那我也告訴你們，我叫阿塔爾．叔本華。如果沒事的話，那我需要好好休息了，畢竟醫院就是讓人休息與療傷的場所不是嗎？」叔本華一說完話，不理會同室病友的反應如何，依著先前的樣子，隨即又閉上雙眼。

矛盾與衝突

護士剛剛來換過藥，叔本華依舊躺在病床上閉目休息著，這三天來，只有老僕人威廉白天來照顧他，再也沒有見著其他人了，反觀對面兩個粗鄙的男子卻不時有家人來探視。每次見到這種「和樂融融」的情況，叔本華必定會翻過身子不願看，甚至多數的時間裡，他還是緊閉著雙眼。

每回見到叔本華那副刻意迴避的姿態，連吉卜生與謝林都可以明顯地感受出來，「或許……這個人的家庭很不正常吧！」雖然他們心裡都如此想著，但是卻也不敢再在病房中討論，深恐一個不注意又會得罪叔本華。故而，同一間病房裡，自動地分隔為兩塊互不干擾的領域。

叔本華不是個呆子，他約略也猜想得到兩位病友的心思，但他壓根兒不想去替自己辯護什麼，因為沒有那個必要；倘若眞的辯解了，也未必能扭轉事實啊！沒錯，就某種程度上而言，自個兒的家庭的確是不算尋常的，況且自己現下的傷，也是親人所造成的——他稱之為「母親」的親人！

那天下午，他在威馬的家中為自己的博士論文做最後的整理，並且準備出門與出版社洽談事宜，碰巧在二樓遇上了母親約翰娜及格爾斯騰貝克，一見到格爾斯騰貝克的出現，叔本華本能的露出一副厭惡的神情，母親自然是看在眼裡了。

「怎麼？阿塔爾，要出門哪？手裡揣著什麼東西啊？」母親佯裝親切地問著自己的兒子。

叔本華靜靜地看了母親一眼，眉毛一揚後冷冷地道：「我的博士論文，要跟出版商談談。」

約翰娜又問：「完成了吧，可以讓我瞧瞧嗎？花個三、五分鐘。」叔本華心裡想著：「妳看得懂嗎？」但是嘴上仍說：「母親想看的話，當然是好啊。」說完便遞上一疊手稿給約翰娜。

她接過後，就對身後的格爾斯騰貝克說道：「欸，你也來看看阿塔爾的文章吧！幫我拿著一些……」身後的男人趕緊湊上來瞧個究竟。

約五分鐘的時間，約翰娜與格爾斯騰貝克很快就瀏覽過一遍。她將手稿還給叔本華，「不是我在潑你冷水，像你這種文章拿去出版，恐怕全部都要被丟進廢紙堆裡，所以還是省省吧！還不如我或格爾斯騰貝克寫的小說哩！」

這一席話馬上激怒了叔本華高傲的心，他冷笑著說：「謝謝妳的忠告，只怕不能如你們的願了！老實說吧，我一向認爲妳若是想要成名的話，恐怕是非得靠我來替你們宣揚不可了。不過在那之前，先成名的人將會是我！」

約翰娜一聽也火了：「阿塔爾，你還眞是痴心妄想呢！我成名需要你來成就？這恐怕只能當作笑話聽聽吧！我約翰娜在此地的名氣有誰不知？連哥德都當我爲座上賓了，可有誰知道你呢？哈！無知的東西。」

叔本華馬上反唇相譏：「妳以爲這樣就算是成名了？或許妳現在正得意，父親死了，妳就拿著他的財產開始揮霍，藉機打響知名度，表面上是一派的光鮮亮麗，骨子裡就不知道在搞什麼了！」後面幾句話的意思正在指涉她與情人格爾斯騰貝克的事。

「你——阿塔爾！我的事輪不到你這個小子來干涉。告訴你，每次只要你回來，我就渾身不自在，感覺愈來愈痛苦，我現在也不打算隱瞞這一點了。只要不與你共處一室，你要什麼我都可以答應！從以前就是這麼回事了，我們之間沒有一項是契合的，你的性格、心地、習慣與判斷都是如此。在你父親身上，我從來沒見到這種古怪的性格，或許你是變本加厲的份子，當他人與你意見不合時，你就是要冷嘲熱諷才肯罷休，平日也是一副陰沉的臉，令人生厭。總之，你一離開這裡，噩夢就不會再打擾我的睡眠了！」約翰娜氣急敗壞的數落著，一旁的情人連忙安撫她的情緒，企圖使她的暴怒平息下來。

對於母親突如其來的發飆，叔本華一時間的腦袋是空的，他再怎麼樣也沒想到母親居然這麼痛恨他，就如同被人重重地往胸口一擊後，那種喘不過氣來的感覺一般，他睜大了雙眼，空洞洞的瞧著眼前突然變得陌生的女性。驀地，他回憶到十多年前當父親要他從唸文科中學與環遊歐洲後回來學習商業兩者之間做一抉擇時，母親還會幫他出出主意，最後，一家人就花了近四年的時間在歐洲各地遊歷……那時的母親是一個還算稱職的母親，起碼在叔本華眼中。

然而，十多年後的現在已經什麼都不是了！眼前僅剩下一個憎恨他的女人，「母親」的角色早已被抽離。

「是自己的問題嗎？當初爲了唸書的事與父親不時地爭吵、賭氣，等到父親過世之後，才得償宿願地進入文科學校，幾年下來讀了不少的書籍，因而開始對這世界有所挑剔了！可是一個知識份子不就是如此嗎？看得慣的與看不慣的……不就是這樣嗎？吸收越多知識，自然就可以分析出高與低了，這並沒什麼不對，出了問題的不是我，因爲我看得見問題，是你們自己不長進，以至於變成現在的局面，你們……只是一群庸夫！」叔本華已打定主義。

他咬牙切齒忿忿地說著：「好，我一定會離開這裡的。因爲有你們不時的出沒，這個居所老早就被淫亂給玷污了！」說完話的叔本華未再多停留一秒鐘即刻就往樓梯走去，但在這時，母親卻狠狠地往他背上一推，叔本華只聽得一句「令人難堪討厭的傢伙！」隨即感到一陣昏眩疼痛後就失去了知覺。

這是一段極爲難受的遭遇，一個曾經是最爲至親的家人，如今卻險些令他命喪家中。不過，而今再也不是了！經過約兩個星期的療養，叔本華默默地出院了。

黯淡無光的深夜裡，待在「騎士旅館」的叔本華做了一個決定：「我要前往德雷斯頓城！從今天開始，我將成爲一個孤獨絕世、沒有親人的阿塔爾・叔本華！」在將裝滿子彈的手槍壓在枕頭底下後，他居然也安安穩穩的睡著了。

意志的境界

柏林大學寄來了講師的聘書，使得叔本華暫時鬆了一口氣，至少在經濟上面應該沒有什麼好憂慮的了。他旋即寫了回覆信給母校，表達了感謝與十分樂意的態度。當然，這份工作並非憑空掉下來的，而是他寫了一封自我推薦信給里西特．斯泰因教授——他當年的指導老師，又通過一次的試教講座後，才有了這一個職稱。

校方又回覆了一封信，是關於排課的時段。叔本華早就對於當時在哲學界享有盛譽的黑格爾十分不滿，因而他故意排了每日午後的五點至六點時段開課，目的就是挑戰同時段由黑格爾親授的「邏輯與形上學」。他以爲這麼一來必定能吸引到許多學生，且將黑格爾貶低下去。

教室裡的兩排窗戶並未加裝布簾，傍晚時日光已呈現橘紅，斜斜地映照在深色的黑板上，初看上去著實還有些突兀。叔本華看著教室裡僅坐著寥寥可數的學生後，暗暗的嘆了一口氣，心裡想著：「一群只會慕名的無知學生……你們今天肯來的可是收穫大了，而且你們將會知道眞正的哲學家是什麼樣子的！」他一本正經的朝著座位上的學生開口：「你們有來上我課的，就會知道何謂『不虛此行』。要知道，同一個時段裡，正有一群人在浪費著美好的時光哩！」他話剛說完，馬上就引起台下學生的一片嘻笑聲，還有幾個人輕輕地鼓著掌。叔本華反而愣了一下，因爲他不是在說笑話啊，可是這群

「聽眾」卻將它視作笑話一則。

「算啦！」他右手一揮，繼續說：「在這段時間內，我想好好的說明『意志』與人及宇宙的關聯性。關於這個部分，所有歐洲的哲學家都還未曾涉及，只有我一人正在努力中，而且也整理出一些結論出來，希望也能讓你們吸收了解。當你們聽完我所說的課程之後，就會發覺『意志』這個東西遠比什麼『邏輯』來得有用多了。我眞搞不懂爲何會有人想教邏輯？而且還有人想聽？這眞是一件莫名奇妙的事，不是嗎？」這一席話還是引來學生們的一陣笑聲。

叔本華停頓了一會兒，接著說：「我先簡單的爲各位解釋何謂『意志』？它在人類當中，甚至是宇宙當中，扮演了何等的角色？

首先，我說這個世界稱爲『意志的世界』。在以往哲學家的眼中，『理性』似乎是最爲重要的，也是人類最寶貴的。今天，我要向各位澄清這個說法是錯的，你們必須將這個說法揚棄掉！『意志』就是一種可以存留於無形之中，亦可實踐於有形之中的東西，這是你們先要知道的一項前提。它即爲宇宙萬物本質，一切須依賴它作爲基礎。

我以『人』來作說明。『意志』是人奮發、堅持的活力，而『理性』呢？它只不過是個爲主人鋪路的小工罷了！他們的關係就像是主人與侍從一般。而意志不只有如此，它的奴隸還有什麼呢？就是『慾望』、『記憶』等等。你們以爲人眞的是靠『理性』來支配的嗎？那可眞是荒謬絕頂啊！

『理性』眞的這麼有魅力嗎？當你們想要說服一個人時，必定要先說服他的意志、說服他的慾望，也必須說服他的私利啊！光說服他的理性，那是他自己就可以做得來的，用不著你們，可是成功的機率多高？通常低得可憐。一旦他的意志被說服了，那一切都好說了，不是嗎？再說，我們對於自己成就的事是不是記得挺牢的？但是對於失敗呢，大概能忘就儘量忘吧！爲什麼？這就是意志在驅使你的記憶啊！所以，記憶也是意志的奴隸之一哩！況且人類對於奮鬥去求得衣食、配偶、家產等等，靠的是理性的思考嗎？絕不可能，這奮鬥是因爲人有求生的意志，這是本能啊！可是居然有多數的人都沒意識到，這就是中了理性至上的毒啊！

以往的我，不可否認地也是如此，但是當我接觸到印度哲學之後看法就改變了，尤其是《吠陀經》可以說是我的生活慰藉。之後我又研究了中國儒家、道教與佛教的經典，更加充實了我的心靈。各位要了解的是，東方的哲學家除了看重理性之外，他們更重視『精神』！經過東方哲學的洗禮後，我才跳脫出對於理性的迷思，引領出所謂的『意志』。當然以往研究東方哲學的學者是大有人在，可惜他們居然都忽略掉了這一點，仍然停留在次一層的階段中徘徊。

之前我說過的，意志亦可實踐於有形之物，也就是說形體就是意志的產物；再換句話說，形體即是意志的客體化。例如：求知的意志使得有腦的出現；而攀爬、行動、握取等的意志，使手、腳得以形成；求食的意志就發展出了消化器官；而求生殖的意志使得生物都具有了性器官等等……諸如此類的就是意志的有形、客體化。而個人的形體之所以如此，也是因爲要符合個人的意志。

不只是人，其他的生物，無論動物或植物皆是依據意志而發展的，甚至宇宙也要歸結於意志底下，就算哪一天這個宇宙毀滅了，那絕非是上帝的傑作，仍然是意志的作用啊！爲什麼我敢這麼說呢？你們想一想，這個世界上只有一個宗教存在嗎？當然不！那基督教如何肯定上帝創造了萬物呢？如果它是眞理，那不管在歐洲，甚至亞洲、非洲都必定是行得通的！那爲什麼印度、中國還會出現別的宗教，而且都比基督教來得悠久、深刻？我眞的也糊塗了！後來，我找到了一條有利的證據。十二世紀中國最著名的哲學家朱熹他說過一句話：『上天的精神是人作爲人類意志中所衍生出來的。』

這說明了什麼？宗教是人類意志裡的產物啊！是人類想要有寄託，才會有宗教的產生，我並非要將宗教貶得一文不值，況且宗教還眞有它們一定的作用。這麼說或許會爲社會所不容見；上帝的概念是人類意志所創造的，只是各地區的人類因歷史與環境的差異，而產生出不同性質的宗教教義。雖然基督教將歐洲原有的宗教打敗了，但是依客觀評論，佛教卻是比基督教來得有深度的多了！佛教要人們不要執著於表象，要直透萬物背後的本質，進而達到極致，他們稱爲『涅盤』。這個部分，日後有時間再細說吧！

總之，我第一堂課先告訴你們一個觀念，也就是我的觀念——這是一個意志的世界，它的境界遠比你們之前所想像的高出許多、也寬廣許多，更深入許多，是一切萬物的本質，是能通貫宇宙的。或許，你們會有一項疑問，「意志」到底是屬於個別的，抑或是整體的？我的答案是它是一種統一的個別元素。這個元素存在於個體之中，但同時也是一個最終且不變的本質。若要舉一個相似的例子，那就是水。一滴水也是水，一條大川亦是水。」

一口氣說了這些關於意志的東西，正巧一個小時也到了，叔本華本能的準備直接離開，還好反應極快的他馬上意識到自己是在講課，於是他轉過頭來看著這些學生，「你們還會想去上邏輯與形上學的課嗎？」底下的學生看著台上年輕的講師，依舊是笑成一團，而且是更爲大聲了。

終究悲觀

清晨，法蘭克福市美景街十六號的大門被打開了，出現一位牽著一隻褐色捲毛狗的老人。只見他將門仔仔細細的鎖上後，又推了推門板及手把處，確定一切都正常後，老人才帶著狗兒離開。

路上幾乎沒有什麼人在走動，偶爾有幾輛腳踏車經過，老人僅是默默牽著狗在散步。附近的鄰居們都知道這就是叔本華先生，也只有他才會帶著狗在一大清早出門遛達。他們也都知道，這位老人有著一副極怪的脾氣，如：爲了要保護自己的安全，他執意將臥房設置於一樓，目的就是逃命時比較迅速；從來就不信任剃頭師父，如何也不肯讓他們手裡的剃刀接近他的頸子；睡眠時總是會在床頭擺上裝滿實彈的手槍，因爲擔心隨時有人劫財奪命；爲了使自己的生命延續，他絕不吝嗇於運動與保健；在財產方面，老人是看顧得極爲周到，他從來就不用德文書寫任何一份重要的文件。而且，他也十分鄙視那些躲在象牙塔裡的學者，對於他們的評論，幾乎從沒留下半句好話。

若剔除掉在學術界的聲望後，在眾人眼中，他的確只是個古怪的老頭子——貪生怕死又十分愛挑人毛病……。在多數的時間裡，他總是陰陰鬱鬱的，並且緊抿著微薄的雙唇窩在他的工作室裡，或者說是圖書室也行。雖然，他也時常與人交談，甚至是陌生人，而且從對談者的神情中可以得知，他確實是一位優秀的演說家與敏銳的表達者。

「布茲，我們也差不多要回去了！」叔本華走完一段路程，看了看時間之後，對著他的狗伴說著。小布茲豎起了牠的垂耳，知道了主人的訊息，便很乖巧地順從他的意思。

回到家中打理了一會兒，吃完了早餐，他便栽進工作室裡閱讀書報，而愛犬布茲則坐鎮在工作室門口，忠心耿耿地替主人當起門衛來。這是叔本華所飼養的第二條狗，前一條是白色的捲毛犬，名字是「阿特痲」，在梵語中的意思爲「世界靈魂」。叔本華非常喜歡狗，他以前就說過：「狗遠比人類來得眞實多了。」其實不光如此，在他的哲學觀念裡，動物是有權利的。他曾大力的批評過基督教，認爲他們缺乏對動物的尊重，而且也指出眞正關懷動物的人，才是眞正擁有善良的心。

起先他在工作室裡看著報紙上的財經消息，這是老人所關心的問題之一，不同於其他的學者，在富商之家生長、受教育的叔本華，自然會多了一份特有的商業眼光，且老人仍有財產投資於某些公司，所以這與他確實是息息相關的。工作室裡是叔本華覺得特別安穩的地方，除了滿滿的書籍外，最特別的算是置於大理石架上全身鍍金的釋迦牟尼佛雕像。此外牆上還有著如笛卡兒、康德、哥德等人的油畫，其餘的則是老人各個時期的相片及狗的相片或是小畫。大部分的時間，當老人獨處於工作室時必定是安靜的，有時布茲會突然輕輕地發出聲音來，那是管家施奈普送茶點進來的緣故。

午后約五點鐘時，叔本華又帶著布茲出門散步一陣子，等回到家裡，才發現格威納已經在家中等候一些時間了。他是個律師兼作家，這幾年的時間裡經常與叔本華見面，起初純粹爲工作上的需要，漸漸地，在他發現了老人的驚人之處後，便開始景仰起他來，但絕非盲目的崇拜。而叔本華對於這個朋友亦產生了信賴感，而且是遠遠超越其他人。

兩個人一起進入了工作室裡閒聊，而天色逐漸地暗了，施奈普走進工作室來替他們點亮燭光——這也是老人的怪癖，縱使已經有了電燈泡，他還是堅持使用燭光。

叔本華看著室內幽幽晦晦的光影後，說道：「我最近特別害怕死亡，但是你也知道，我已經七十二歲了，兩週前還一度窒息，這幾天的感冒也讓我的肺部特別不舒服，我眞擔心……再不久，我就要死了。」

格威納聽完老人的話後，心裡有些難受，只得說：「您毋需擔心，瞧您的身體還硬朗得很，您的手臂、腳力都還不輸個中年人哩！前幾天您不是才說到一些養生的竅門嗎？更何況還有斯帝貝爾醫師在定期照顧您呢！」

叔本華瞇起淡藍色的眸子，笑了笑說：「呵！你不知道啊？我就是靠了這些訣竅才能活到現在，否則我老早就悶死啦！」老人說完逕自哈哈大笑起來，而格威納也跟著微微地笑著。

「唉！其實我活了這些歲數也差不多了，所有的親人都比我早死個數十年，我害怕的是，一旦我過世之後，那些著作在大學教授手中不知會遭受怎麼樣的蹂躪與摧殘，可惜全部懂它們的只有我而已！如果再給我一些時間，我很希望能繼續補充我的著作，直到我滿意爲止。那些目前在大學教書的半瓶子們，還不完全了解我的東西，就急忙將它們拋售出去，還摻雜了一半以上的誤會與狂熱。現在我最害怕的莫過於此，甚至超越了我的生命，可惜我似乎只能眼睜睜地看著我自己死去、看著這些事件逐一地發生……」

老人額上及臉上的深紋幾乎都要皺成一塊了，就像一張皺癟了的死皮般，唯獨老人的眼神仍是透著精光的，這一點倒令格威納安心不少。

但是格威納不想再將話題圍繞著死亡打轉，他企圖將話題轉移，便開始聊起哲學的內容，而這是最容易成功的。約莫一個小時的時間後，格威納便起身告辭了，而叔本華還熱情的送他到了路口，途中仍滔滔的說著音樂在藝術中的份量問題，而且格威納又送了一趟回程。

隔天一早，他又牽著布茲一同散步。回來後，他要求施奈普將早餐送進工作室裡，他準備要開始補充一些重要的著作。然而，在稍後的時間，當施奈普要進工作室裡收拾餐具時，卻發現坐在位子上的叔本華永遠也沒有知覺了。

解說

起碼我們見得到的一件事實是：在叔本華之後的德國學界，有一部分是受他所左右的，除了影響尼采、瓦格納等人外，最為顯著的是在叔本華開啓印度哲學與宗教研究之門後，許多德國學者也亦步亦趨地緊緊追隨著他的道路，專注在印度的宗教及哲學領域上。

著名的印度學專家杜夷森（1845-1909A.D.）即深受叔本華思想的薰陶，而在印度典籍及思想方面做了許多傑出的消化與整理工作。或許我們可以大膽的說，六〇年代高喊「花之子」的西方嬉皮生活哲學與近年歐陸人士嚮往的印度「奧義禪修」，均可溯源

至叔本華思想的影響。

年表

公元一七八八年	生於但澤市，家中世代爲當地望族。
一七九三年	但澤市爲普魯士併呑，於是舉家遷往當時仍是自由之地的漢堡市。
一七九九年	叔本華進入龍格私校就讀。
一八〇〇年	叔本華因愛好文科，與父親的意願不合。父親便引誘他在文科與遊歷之間擇其一。同年，他開始歐洲之旅。這幾年下來，叔本華見識到了許多感人與悲傷的事情，他一一寫在日記當中。
一八〇五年	回到漢堡，開始在私人公司裡學商。同年，父親亡故，叔本華與母親開始不合。隔年，父親公司倒閉，母親遠走漢堡。留下隻身的叔本華，陷入了應要義務性的學商還是朝興趣發展的矛盾困境。
一八〇七年	進入戈塔高級文科中學就讀，旋即轉入魏瑪，同時也得到了一筆遺產。

一八〇九年	成爲哥廷根大學的學生。
一八一四年	獲得耶拿大學的博士學位後，短暫停留於魏瑪，與母親關係惡化，終至鬧翻。與哥德來往頻繁，並藉由馬耶爾的關係，叔本華開始接觸印度哲學、婆羅門教與《吠陀經》。
一八一九年	在義大利旅行時，與不知名的婦女發生艷遇，錯過了見到拜倫的機會。所存款的銀行傳出破產的消息，令叔本華十分沮喪，開始積極的爲自己爭取柏林大學講師的資格。
一八二〇年	叔本華示威性的將自己的課程安排與黑格爾同時段，因而學生人數極少。
一八二一年	爲瑪格利特事件支付了大筆的款項。
一八三一年	懼怕霍亂而離開柏林前往法蘭克福，兩年後決定定居於此。
一八三五年	發表《論自然界中的意志》一書。
一八四三年	遷往美景街十七號，完成《作爲意志與表象世界》。
一八四七年	博士論文《論充足理由律的四重根》出版。
一八五一年	完成《附錄與補遺》一書。

一八五八年 拒絕柏林皇家科學院所授的院士頭銜。

一八六〇年 因病逝世，享年七十三歲。

視人為「人」的社會主義者

馬克思

Karl Marx, 1818-1883A.D.

整個社會發展的結果，只會讓「人」遠離作為「人」的根本價值而已，社會的一切都操縱在資產階級的手中，人已經失去了作為「人」該有的本質，他不過是生產工具中的一環而已，這與機器有何不同呢？

家族

透過窗戶，西邁昂街八號的宅子裡，不時傳出嬉鬧玩笑的聲音來，是亨利希一家人。幾乎是全員到齊了，九位家中的成員均圍坐在客廳裡，熊熊的爐火驅走了籠罩在特利爾鎮的嚴寒，七名小朋友興致高昂的聽著父親說故事，母親罕麗達則坐在丈夫右邊，就著火光織著毛衣，當對著鉤針看乏時，她也會抬頭瞧瞧小朋友們的表情，溫溫的揚起嘴角後又低下頭去。

其實，亨利希一家共十人，只是最小的那一個還在襁褓之中，多數的時間裡，無論白晝與黑夜她總是在二樓房內休息著。此際的亨利希先生正在與孩子們解說莎士比亞的《仲夏夜之夢》。因爲是對自己的孩子們說話，亨利希用著與平日工作時完全不同的語調描述著，顯得十分的輕鬆、活潑，加上情節的浪漫與熱鬧，不時地讓這群聽眾露出了開懷的笑容。

路易莎笑著說：「哈！這篇故事好有趣喔，我覺得一點都不冷了呢！以後只要外面下雪，爸爸就要說故事給我們聽喔！」

索非雅推了路易莎一把：「笨蛋！屋子裡有燒著爐火，坐在旁邊當然不會覺得冷啊！這跟說故事一點關係都沒有，拜託！」

路易莎瞪了姊姊一眼，叫道：「妳最討厭了啦！討厭的索非雅！」

在孩子之間尚未釀成大戰前，罕麗達先放下手中的工作，看著索非雅說：「索非雅，不要對妹妹這樣，她只是說出心裡面的感覺而已。還有路易莎，不可以隨便對人說『討厭』，知道嗎？好了，不准再爲這件事情爭執了。時間也差不多，路易莎妳帶弟弟妹妹們上樓去睡覺，明天你們的爸爸還要參加一個聚會，上台發表演說，他必須早點休息了，今天的故事就先到此，明天晚上再繼續吧！乖，記得睡覺前，每一個人都要確實的做好盥洗喔！來吧，索非雅、馬克思，你們兩個人幫我把屋子裡的東西收一收，讓爸爸專心的看看書吧！對了，你們上樓後可別驚醒了卡蘿琳。」

所有的孩子們都聽從罕麗達的話，陸陸續續的前去漱漱口、洗洗臉，之後便由路易莎帶領著往樓上就寢去，留下的索非雅與馬克思則在一樓收拾整理。亨利希從袋子中拿起一些由報紙上剪下的文章，坐在壁爐前的沙發椅上閱讀著。

罕麗達由廚房倒了一杯開水遞給丈夫，她問道：「明天的東西準備好了吧！」亨利希接過杯子，飲了一口後說：「明天說是要歡迎特利爾區的議員來訪，所以大致上我也不需要佔去太多的時間，大略說一下就好了，反正焦點是在那幾個議員身上。」

罕麗達又說：「可別弄得太晚。我去看看孩子後就先上樓去囉。」

他笑笑地吻了妻子後說：「嗯！我會注意的。妳待會兒就先上樓休息去。九點多了，我陪妳去看看孩子再回頭看看這些東西吧！」

回到座位上的亨利希，繼續拿起文章欲看時，索非雅與馬克思雙雙來到他的跟前道晚安。亨利希分別親親孩子的臉頰後，便催促著他們上樓休息。突然，他將馬克思叫住。

他說：「馬克思，你先別上去，我想跟你聊聊。你在威廉中學也已經唸了快五年了，覺得如何呢？我的意思是你對於哪一些科目比較有興趣，或者說是對於哪一個老師較欣賞？」

馬克思站在父親的身邊，回答說：「我很喜歡教歷史科的巴赫先生，大概除了法語這一科我比較不喜歡外，其餘的科目我都覺得還不錯。」亨利希問：「巴赫先生，他不是威廉中學的校長嗎？」

馬克思回答：「但是他也同時擔任我們的歷史科教學。」

亨利希笑笑說：「喔，原來是同一個人啊！他在萊因區的聲望可是不錯的，算是很典型的自由主義者之一吧！很多人對他的評價都不錯。嗯！明年你就要畢業啦！你打算怎麼做呢？」馬克思想了一下：「繼續升學是我的主要目標，我希望進入大學裡學習更多的知識。而且，對於詩歌的創作是我一直感興趣的，或許我將來進入大學就讀時會去修習這一類相關的課程。但是，說起哲學方面也是我感到有意思的部分，若是允許的話，我也會努力的吸取這方面的知識來幫助我日後的一切。」

亨利希微笑的聽完兒子的回答，低頭整理著自己手上的文章一會兒後，說道：「我很高興可以聽見你關於自己的談話，而且我也覺得若是想要創作詩，甚至將來成為詩人，這都是一件好事！但是我對你的期望是極深的，若是你堅持要朝詩人的領域邁進，我希望你不要只是一個平庸的詩人。在此之前你必須不斷的累積創作量，人們才有可能注意到你。這樣子好了，我把一首詩介紹給你。這是一首關於戰爭的詩歌，描寫著普英聯軍如何於滑鐵盧大敗法軍的事蹟，你可以參考參考。至少，他對於我們普魯士人的愛國情操有著極大的激勵作用，讀這篇詩作，你應該也會有熱血沸騰的感受。

好，我們回到原題上來。其實，你也知道，我們的家族歷代都是法學方面的傑出人才，無論是我或是你媽媽那邊，而且曾經還有猶太人們心目中律法之神的尊貴地位，當然那是一千年前的事情了！我說這些的目的就是要告訴你，也許將來你不走律師、法官這一途，但我還是希望你明年之後能進入法學院就讀。

雖然我也鼓勵你創作詩歌，但是這一點我希望你能爲我們家想一想，你不需要現在就立刻做出決定，我希望你能多思考一陣子。好啦，時間很晚了，你上去休息吧！」

馬克思看著父親說：「我知道了，其實我也沒有十分確定自己將來要往詩人的方向走，我會愼重的考慮這個問題的。」

激進

柏林斐特烈威廉大學文學院裡的一片草地上，一對年輕男女正坐臥在上頭聊天。男子身旁擱著兩本小小的冊子，女孩子則端莊的跪坐在一旁。天氣有些爽朗，正適合在草地上曬取些許的暖意。男的正是從特利爾鎭來的馬克思，女的則是他的未婚妻燕妮。

馬克思臥在草地上，歪著頭看著未婚妻的臉龐，「我又收到爸爸的來信了，他還是對我十分的不諒解。唉，我似乎再怎麼解釋都一樣啊！怎麼辦？燕妮。」他的未婚妻望著前方，幽幽地回答：「都是我不對，一切都是從我們秘密訂婚的那一刻開始的。你的父親必定很嫌棄我，否則不會到現在還對你有所怨言，都已經兩年多了。」

馬克思坐起身子，握住她的手，「燕妮，我父親不可能會嫌棄妳的，妳又不是不知道，他是對於我們家的出身感到自卑啊！你們是擁有貴族血統的家族，而我們則是個猶太家庭而已！況且他也在信中說了數次之多，只是到現在他還在惶恐不安。其實，最近我才漸漸了解我的父親，他是個十分溫和的人，凡事他只求平安即可，對於一些具有風險性的事情他是決計不碰的！他就是這樣看待我們兩人的事情。他認爲我還不具備與妳訂婚的資格，原因很簡單，就是我沒有能力讓妳過安順的生活。這點我也無法做出有力的反駁，總之他說的也有道理，但是我也覺得我們兩個人決定要長相廝守這件事沒有錯。或許我們兩家的背景不同，更會因此獲得特利爾地區的人們一些流言蜚語，我不清楚我的家庭會有多重的擔子要承受，因爲父親在信件上總是含混的帶過而已。」

燕妮看著馬克思笑著說：「你父親對你的期望是很深的！他希望你不要受到其他事件的干擾而失去了你應該追尋的道路，我想只要你拿出實力與成績，他漸漸的就會釋懷的。至於我嘛，唉，我也不知道，還是先別想了，說說你剛剛上課的一些心得吧！」

馬克思沉吟了一會兒，「燕妮，其實我對於詩的創作漸漸失去了興趣，愈來愈覺得那只是小道之途，對於哲學或是社會學反而愈來愈感興趣，我覺得相對於實踐理想性而言，這一類的學問會比較容易成功。我聽了甘斯教授的課之後，就很喜歡這一方面的東西，尤其是他開的『聖西門主義』，說得眞是精采！

他認爲奴隸制度根本就不曾消失過！從前是奴隸主與奴隸，後來是演變成爲貴族與平民，以及領主與農奴，而現在呢？雖說這些關係似乎消失了，但那只是名稱上的消失，實質上還是存續著。現在是一大堆的工人與財主，而且工人的數目還在持續的增加當中，他們個個骨瘦如柴，一天之中有十多個小時都在賣力的工作以賺取微薄的糊口費，其餘的全被財主給吸收去了，這不是變相的奴隸制度嗎？

還有，我最近加入的『博士俱樂部』也是一個相當有趣的組織，成員中我的年紀是最小的，知識也是最貧弱的，所以，我在俱樂部裡可以學習的東西實在是太多了！收穫最大的就是哲學方面。他們幾個都是青年黑格爾派的成員，最重要的是我找到了一些事情可以讓我有鑽研的力量。」

這時，遠遠地有人喊著馬克思的名字，他們順著聲音尋去，是「博士俱樂部」中的科本與包威爾兩人，他們快步的走來。科本首先說：「嘿！小子，要不要去聚一聚？我們正想找你討論黑格爾哲學中的一些問題哩！」

馬克思看了燕妮一眼，詢問了她的意見後，就同兩位夥伴說：「好啊！那我先送燕妮回住所去，待會兒就來。」

反共產主義

編輯室裡，坐著正在開會討論的幾位男子，位於中央的大桌上攤著幾份報紙與一些手寫稿子。這幾個人分別是擔任總編輯的馬克思，以及他大學時代的好友科本、包威爾，還有一名是盧格——當時普魯士哲學界的先鋒人物。

看完這些手寫稿後，馬克思首先說：「以總編輯的身分而言，我不能一直縱容這群人不時地在《萊茵報》上發表一些關於共產主義的論題。這有兩個原因，第一個，這些論題全部都是不切實際的泛論，換言之，他們寫得再多、說得再長，對於眞正的問題還是不能解決！

我上回寫給盧格的信中也說得十分明白。他們不斷的自我吹噓、唱著高調，淨是一些不著邊際的字句。難道共產主義的本質是建築在這之上嗎？據我所知不是那麼一回事啊！所以我上回也已經聲明過了，眞要談論共產主義，希望他們能有一些很實際、很具體的看法，否則我會拒絕替他們出刊的。

再者，我們的同業《奧格斯堡總匯報》指責我們的報紙不停地向共產主義頻頻示好，爲此普魯士當局正密切的注意著我們。這也是這些人所導出來的麻煩。現在，你們也已經看過這些人所投的內容了，還是老樣子，我是不會幫他們出刊了！

昨天，我寫了一份公開的聲明，現在我把大概的意思說給你們聽聽，順便請你們給我一些更好的建議。

『《萊因報》不承認現行的共產主義理論有什麼現實性，所以不會期望它能有任何的實踐性，甚至覺得這完全是不可能的。我們將會針對這一類的思想進行認真的批判，但是對於這一方面的著作是不能隨便做出膚淺、片面的批判，只能在長期的、深入的觀察及研究之後才能論斷。

我們堅信，構成真正的危險並非是共產主義的實驗，而是其理論闡述。然而當我們對於一個思想尚未全盤的了解之前就貿然的拒絕它，這是十分不智的抉擇。向來人們對於一件事物若是想要戰勝它，前提是必須先去了解它，不是嗎？

當然，我們閱讀了不少《奧格斯堡總匯報》後發現到一件事：似乎昧著良心的苦痛在此報中是完全不見的！因為他們不但沒有自己的見解，也沒有理智，更不會有所謂的良心。』

大致上就是這樣，你們幾位對於我剛才所說的內容有沒有什麼意見呢？」

盧格環視每一個人後道：「我很贊同你的處理方法，雖然他們也是報社中重要的幾名股東之一，但是卻可能會危及我們報社的運作，我也不希望看到《萊茵報》被貼上共產主義發言地的標籤。」

包威爾也提出了他的看法，「我們當初辦《萊茵報》的目的是在披露現今社會上的一些盲點，關於政治上的、經濟上的，好讓大家都能看到這些實際的狀況。而我們所秉持的風格是自由的，不是壟斷性的，而這些人若還是執迷不悟的話，我也是認爲不需要再刊出他們的文章了！」

「對了。」盧格又說：「馬克思，我們的報紙需要朝著政治與經濟這兩大方面做比較詳盡的評論，我也希望你能在這兩方面多下些功夫去研究，畢竟你是一個總編輯，而且你在大學時期多數只是接觸哲學的理論……」

馬克思回答說：「嗯，我已經在著手補充這一方面的不足了。」

在這場小小的會議結束後，有幾名穿著體面的人進入了報社。他們先是在報社裡逛了一圈，然後才全部進入編輯室裡。

其中一名中年男人朝著他們幾個人道：「哪一位是總編輯馬克思先生？」

馬克思挺身出來，「我就是馬克思。請問你們是？」

男人笑笑說：「我是代表國王來監督你們的人，你不需要知道我是誰，你只需知道我們前來的目的就好。從今天開始，貴報社所出刊的報紙一定要經過我們幾個人的審查，覺得沒有問題了才可以發行，否則只有遭到限制的命令，知道嗎？」

馬克思覺得十分生氣，他儘量保持冷靜的道：「可是先生，我們已經發表過聲明，我們並未替任何主義戰鬥，你們大可以來查證！」

那男人冷冷地回道：「我們當然會查證，至於有沒有主觀的站在誰的立場，這一點恐怕不是由你說了就算了的啊！以後的每日我們都會派人在此檢查，如果你們眞的是很公正的、沒有任何的煽動意向，那我們的審查應該是不會對貴報社造成困擾才是。」

一時之間，小小的編輯室裡瀰漫著極爲僵硬與恐懼的氣氛。

工人團體

一棟老舊建築物的外面，聚集了幾十位勞工打扮的人們，他們有次序的站在街道旁，十分有組織的模樣。這時，從建築物的一個門裡出來了三個人，有兩個抬著一架長梯，另外一個則抱著一捲紅布，他們正要將紅色的布條掛在一、二樓間的牆壁上，還算醒目的「共產主義者同盟」幾個法文字。

馬克思站在一個臨時搭起的演講台上，立在台下最前方的即是他的摯友恩格斯。他看著台下的聽眾，朗聲說道：「今天是共產主義同盟會成立總部的日子，我和好友恩格斯一起站在這裡爲大家做一場關於共產主義的演講。各位都是來自巴黎、甚至是法國各地的工人團體，那我廢話就不多說了，直接將我的理念與各位敘述一下。

爲何想要發起這一個組織呢？爲何我要投入這一場運動之中呢？因爲我對於現今的社會病態實在是看不下去了！整個社會發展的結果，只會讓『人』遠離作爲『人』的根本價值而已，這是我所不願見的。社會的一切都操縱在資產階級的手中，自工業革命以來，生產機器日新月異，分工益加精細，而人們終日面對著機器，做的全部都是單調的作業，這使得人們之間愈來愈疏離。那人與人之間的關係是什麼？僅剩機器與機器的關係啊！我相信在場的各位都能體會我所說的吧！

人已經失去了作爲『人』該有的本質，他不過是生產工具中的一環而已，這與機器有何不同呢？都是被資產階級壓榨、迫害的一群！他們對待工人如同機器一般，壞了、沒有生產利潤了，就會再換一批新的機器、新的員工！請問你們，這是你們願意見到的嗎？有誰願意自己的價值與尊嚴被如此的踐踏呢！但是資產階級的那些人正在如此地做，而且還做得理直氣壯哩！

我告訴你們，從古至今的社會歷史，都可說是階級鬥爭的歷史。從古代的希臘開始，即有自由民與奴隸，後來又有貴族與平民、地主與農奴等等。簡單的說，壓迫者與被壓迫者始終處在一種對抗的狀態，有時是公開的，有時爲隱藏性的。而每一次鬥爭的結果，都會產生新的改變，但是這種對立的形勢並沒有獲得消滅。

現在的時代，它已經簡化爲資產階級與無產階級兩大陣營。而目前所有的主控權全部集中在資產階級的手中，他們比以前封建時代更嚴厲地抹去了『人性』，無論是家庭、忠誠、義氣、宗教等等，全都換成了單一的金錢關係。而且這不僅是侷限在一個地區、一個國家而已，它已經轉變為整個地球的共同現象，它所榨取的是全世界的人類！舊有的世界正在剝落中，各地區、各民族的特色也在消失中，資產階級正在建立一個新的世界——按照他們形象所建立的世界。

由於如此，資產階級正在急速的發展，他們愈發展，無產階級也就被迫跟著發展。現代的工人只能依附在資本底下才能換得生活上的溫飽，工人的勞動已經失去了獨立的性質。怎麼說呢？如同一間擁有一百台紡織機器的工廠，與只有五個人的紡織坊做競爭，當然是前者佔上風。如此一來小作坊就被迫解散，人們只得進入大工廠中求生活。

這些擠在工廠中的工人們就像士兵般被編制起來，成為產業軍中的小兵，受著領班、廠長、經理、老闆，乃至於國家的層層監督與剝削。工人們的生活二十四小時都是受到限制的，這就是奴隸的生活。這種奴役的制度背後的目的就是要賺錢而已，而且向來只滿足資本家的荷包。工人們再怎麼努力付出勞力，也不會有半點收入上的增加。

如果，工人們的生活能夠隨著工業的發展而提升，那還是一件可喜的事情，然而事實卻是大大的相反，工人的生活反而是每況愈下，甚至低到生存的基本條件之下！工人階級成了赤貧階級，這意味著什麼？資產階級已經不能再統治這個社會了，因為他們連自己的奴隸都養不活了，所以資產階級的死亡與無產階級的勝利是不可避免的了。」

台下的聽眾無不鼓掌叫好，喜悅的表情完全顯露在臉上。有人開始高呼：「無產階級勝利！無產階級勝利！」所有的人更樂了，他們全部一同加入吶喊！霎時間，整棟建築物充斥著鏗鏘有力的口號聲。

暮年之靜

倫敦格拉佛頓的街頭佇立著一位滿頰白色虬髯的老者，他穿著十分得體的服裝，拄著一根黑亮的拐杖，看上去就是一名道道地地的英國紳士。他看著來來往往的車輛，似乎在等著什麼人的到來。約過了三分鐘後，一輛馬車停在他的前方，由車上下來了一位年紀與之相仿的老人。

甫一下車，那老人就開口道：「馬克思，你是在家中閒慌了是吧？這種天氣還出來屋外等我？」馬克思笑著回答：「是啊！恩格斯，我是在家中坐得有些悶了，適巧這個時間你都會來，我就出來等你囉！走吧，我們進屋去！燕妮已經準備好下午茶要招待你了呢！」恩格斯道：「喔，好啊！走、走！」

兩個老人一前一後的進了屋子。燕妮已經將點心擺放在餐桌上，微笑著說：「我做了一些新口味的小點心讓你們嚐嚐味道如何。我自己剛才偷偷試過了，應該還可以下嚥。」

恩格斯脫下帽子，說道：「哈！夫人的廚藝可是一流的，我從以前就知道了。每次吃夫人的料理，總是有著極好的印象！」

馬克思自己先坐下來，並且拿起一塊糕點咀嚼起來。他說：「二十多年來我們在倫敦的生活一直是貧困交迫的。直到最近幾年你這位老朋友也搬到倫敦後，我和燕妮的生活才有了顯著的改善。說眞的，老朋友，我眞的要好好的謝謝你才是！」

恩格斯也坐下來，「自從認識你以來，馬克思．馬克思就是我景仰的對象，我眞的很佩服你的智慧，從你這邊我獲得了許多無價之寶，所以，這絕對不是單方面的，我們應該算是『互補』吧！不是嗎？」

馬克思繼續吃著點心，啜著奶茶。恩格斯也拿起了點心吃著。

恩格斯又問：「這幾日你都在做什麼？」

馬克思聳聳肩，慢條斯理的回答：「也沒什麼事啦！這陣子開始重新整理起我以前的著作。你也知道，這幾十年來，我所寫過的東西堆積得很亂，幾年前因爲太窮了，連買紙張的錢都沒有著落，現在終於有機會可以好好的整理了，希望趁著還有動力時趕緊將這些工作做完。前兩天，我收到了一封電報，德國方面要再版我的《資本論》，而出版社也打算翻譯成法文與俄文。既然他們要再出版，那我正好也可以再稍微修飾一下《資本論》的內容，我就回電給他們，希望他們能等我修改完後再行出版與翻譯，我還沒收到他們的答覆。」

恩格斯說：「那你打算花多久的時間來修改呢？」

馬克思答道：「應該只要幾天的時間就夠了！你也知道，最難讀的部分是第一章，以往我都直接建議讀者由其他章節先讀起。這一次既然要重新再版，那我就專心的修改第一章的部分即可。我打算將第一章拆成三大部分分別做說明，但是我只會將它們標示成第一節。這樣一來，讀者或許就會讀得輕鬆一些，你以為如何呢？其實我現在已經在做了。」

恩格斯喝了一口茶，想了一會兒後，說：「嗯，應該會像你說的吧！雖然我目前還沒看見，等過幾天你完成了再讓我看看。你的兩個寶貝孩子都還不錯吧？他們的先生都稱職嗎？我已經有好一陣子沒見著他們了。」恩格斯的話題突然一轉，提到了馬克思的兩個女兒——燕妮與勞拉。他的大女兒名字是同於母親的。

馬克思爽朗的笑道：「呵！他們都不錯啊！兩位女婿跟我們兩個老人家的關係可好得很，常常回來看看我們，只是跟你的時間都錯開了。」

「對啊！」恩格斯接著說：「自從去年的冬天見過一次之後，我就再也沒見著他們啦！不過聽你這麼一說，我就放心了。」

等到恩格斯離開馬克思夫婦家已是用過晚餐之後的事了，馬克思熱情的陪同恩格斯出來叫車，兩人在街上又聊了好一陣子。

望著老友逐漸模糊的身影，獨自坐在車廂裡的恩格斯心中默默地唸著：「呵，這樣也好，就讓馬克思回復到如同學者般單純而安靜的生活吧！」

解說

以今日共產主義已逐漸消殞的角度來說，馬克思似乎已經沒有什麼值得一書的地位了，然而果真如此嗎？未必是。我們勿為既有的刻版印象而對馬克思思想產生誤解，那只是政治伎倆的欺騙手段而已！

實際上，自從馬克思提出種種社會弊端與矛盾衝突後，馬克思主義便已經不再只是馬克思一人的思想了，而且其主義發展的程度也是他本人當初所始料未及的，這一點與他預測日後人類社會的走向是大致相同的。

原因正是出在以資本主義為主的社會的確湧現出太多的問題，這使得更多的學者不得不重新於馬克思主義裡尋求解答。現今世界上多數自由經濟體哪一個不是參考過馬克思思想而做過修正的？而且馬克思主義仍在哲學界中延續著。因此，我們只能說馬克思本人已死，然而他的思想卻從沒有消逝過。

年表

公元一八一八年	生於特利爾，猶太裔家族，父親爲一名律師。
一八三〇年	入斐特烈威廉中學就讀。
一八三五年	進入波昂斐特烈威廉大學法律系就讀。
一八三六年	轉入柏林斐特烈威廉大學就讀。
一八四一年	獲得耶拿大學哲學系博士學位。
一八四二年	在《萊茵報》工作，初識恩格斯。
一八四三年	辭去總編輯工作。與燕妮結婚。隔年偕同妻子共赴巴黎，與盧格準備出版《德法年鑑》。
一八四六年	在布魯塞爾與恩格斯完成《德意志意識形態》的主要部分。
一八四七年	「共產主義者同盟」第一次在倫敦召開大會，馬克思未出席。第二次則與會並同恩格斯制定同盟綱領。
一八四八年	被比利時驅逐出境。於巴黎成立「共產主義者同盟」總部。轉往科隆發行《萊茵新報》。

一八四九年	遭普魯士驅逐出境，稍後又爲法國驅逐，轉往倫敦重建總部。
一八五二年	馬克思將「共產主義者同盟」總部解散。
一八六四年	組織國際工人協會（即第一國際），於倫敦召開成立大會。
一八六七年	《資本論》第一卷在漢堡出版。
一八七一年	德意志帝國成立於凡爾賽宮。巴黎公社起義。
一八七二年	第一國際分裂，將總委員會遷往紐約。
一八八三年	馬克思去世，享年六十五歲。

重現希臘悲劇美學的詩人

尼采 Friedrich Nietzschel, 1844-1900A.D.

對於道德與科學，在我的主觀之中認為都是經過蘇格拉底擁護者的無限擴張後，在人類社會中形成的怪物。這是一種很嚴重的文化打擊，使得人類的思維發展呈現出頭重腳輕的怪現象。

女性獨大

當露水尚滯留在一株株不起眼的小草上兀自透著晶瑩之際，一對互搭著肩、耳面相抵的男子正踉踉蹌蹌地胡亂踏著似乎跳動著的路面。離這兩名男子五呎外，就可以嗅得從他們身上散出的悶酒味，鬱鬱地糾成一團。他們倆的手裡還共握著一只空酒瓶子，雖是連最後的半滴瓊液都已被啜飲盡竭，但是這兩人卻仍是忘我的輪番仰灌著，由這等行徑看來，很明顯的，他們已是醉得一塌糊塗了！

當醉漢們狂癲到一處街角時，兩人很努力的朝前方看去，眼前的建築物裡正透著一片燈火，好不熱鬧哩！這兩名男子相依扶持著，鞋尖蹭著腳跟，就這麼磨進燈火之中。迷濛間，兩人彷彿是見到了床，他們開心的跪倒在床前摸索著床板。在各自確認位置後，便將身子一撲，分別臥在上頭睡死了。

「哎喲！」一名婦人霍然發出聲音來，「這是怎麼回事啊？怎麼臥著兩個醉漢！」

經過這麼一叫嚷，教堂後頭的門口隨即出現了兩個身穿黑衣喪服的女人，其中一個年紀最大的問道：「羅麗莎，發生什麼事啦？」

被喚做羅麗莎的女人說：「姊姊妳過來瞧瞧，這裡躺著兩個醉漢！這可會玷污了神聖的教堂啊！況且，我們的弟弟才剛過世，遺體還安置在耶穌聖像之前尚未安葬！」

先前問話的女人在轉頭與身邊的年輕女子說些話後，那女子便閃入門內，而女人則走近羅麗莎。她看著這兩個倒臥在教堂椅上呼嚕大睡的男子，表情甚是嫌惡，她抬起腳來踢踢其中一名男子，企圖喚醒他。

男子被搖醒了，他慢慢的坐起身子，揉揉雙眼咕噥地問：「這……哪裡啊？嗯？」

「我是教堂裡的執事人員羅麗莎，這位是我的姊姊奧古斯特，你和你的同伴怎麼會跑進教堂裡來？」羅麗莎對著這個還進入不了狀況的男子說著。

男子似乎有些清醒了。「原來是間教堂啊！我只記得喝了很多，然後看見光光的…

……進來後又有床可睡，就睡下了。」他一面說著，一面還划動著手腳助力。

在一旁的奧古斯特十分不屑的說：「那是我們爲剛過逝的卡爾所點的燭光，而且你們睡的是教堂裡的椅子，不是床！現在趕快叫醒你的同伴一起離開這裡。」她接著對妹妹說：「羅麗莎，看樣子我們得把教堂的門關閉起來才會安全些。還好今日是來了兩個醉漢，不然就危險了！」

醉漢們離開後，羅麗莎趕緊將他們躺過的地方整理一下，因爲再過幾個小時，牧師就會來做哀悼會，屆時會有許多卡爾生前的親友偕同參加。

說起卡爾，他是這間普魯士境內洛肯鎮教堂的牧師，同時也是音樂家，除了會即興地彈奏鋼琴外，他所譜的樂曲在宮廷裡也頗受歡迎。家中除了有妻子法蘭西絲卡及兒子小尼采三人外，他那兩位未出嫁的姐姐以及母親全都居住在洛肯鎮教堂裡的牧師宿舍。

當法蘭西絲卡與小尼采陪著還在床上熟睡的妹妹相互在房間裡哀哀自憐時，房門響起了敲擊聲。老祖母站在門口說道：「卡爾下葬已是第三天啦！教會剛剛來了通知要我們搬離這裡，因爲下一個新任的牧師馬上就要進來了。法蘭，妳待會兒下樓來，我們得商量商量，知道嗎？」

晚上十點的鐘鳴聲剛剛響起，一樓的廚房中，家中能主事的成員全部都聚集在這裡了。廚灶裡與餐桌上均收拾得乾乾淨淨的，五口人圍著餐桌坐了下來，開始討論著搬家的事宜。小尼采坐在母親的懷中，轉頭看看這裡的一切，腦袋中回想著剛剛與媽媽之間的對話——「這裡即將有新牧師搬進來住，所以我們得另外找一間房住。」

「可是這裡不是我們的家嗎？爲什麼還要搬？」尼采不解的問。

法蘭西絲卡幽幽地道：「唉，這不是我們的家啊，只因你爸爸是這裡的牧師，教會才讓我們住在這裡。現在，你爸爸回到天上了，這裡就會有新的牧師來接替你爸爸的工作，他也需要地方住，也有家人會一起過來，就像我們一樣。如果我們不搬，那他們要住哪裡？更何況這裡原本就是教會的房子啊！」

尼采似乎是聽懂了，他點著頭說：「那我們什麼時候要搬家？要搬去哪裡？我們還會住在一起吧？媽媽。」最後一句問話，又將尼采的心揪了一下。

母親笑著摸摸他的頭：「爲什麼不住在一起？當然是啊！傻孩子。我們得下樓討論這件事情囉，走吧！讓小妹妹一人安靜的睡吧。」

尼采盯著眼前這厚重的木桌子，突然又想起去年的夏天，某日實在無聊得很，他東晃西晃地來到了無人的廚房，一時興起便爬上這個餐桌。站在桌上的他，突然變得如大人一樣，甚至更爲高大，可以看見平日看不到的角度，連壁櫃裡的東西都瞧得清清楚楚哩！他十分開心，一個人在桌上嘻嘻地笑個不停，直到父親進到廚房，尼采高高興興地將這個新發現告訴他，卡爾也隨著兒子高興起來，父子兩人就在廚房裡玩樂……

驀地，啪的一聲將尼采的思緒拉回現況中。他定了定神往聲音的來源處尋去，是祖母將手掌拍在餐桌上的聲音。尼采只聽得她吐出了一句話：「好，就這麼決定了，明天我們找鎮上的工人來搬家當了。奧古斯特，妳負責去鎮上找工人。羅麗莎，妳跟我明天一塊去瑙姆堡一趟，我們去看看那邊的情況。至於法蘭，妳留在家中幫忙吧。」

兩位姑姑及媽媽的表情著實讓尼采猜不透方才到底討論了什麼事情來，只見她們均是面無表情地答應了祖母的要求，僅不到一分鐘的工夫會議便散席了。

在上樓的途中，尼采忍不住好奇偷偷地拉了母親的裙角問道：「媽媽，剛剛妳們說了什麼？我們要搬去哪裡？」法蘭西絲卡停住腳步，轉過身來反問：「什麼？你剛剛沒在聽嗎？」

尼采跟著停在樓梯間，他搖搖頭說：「因爲剛剛突然想起和爸爸以前的事情，所以……」

法蘭西絲卡聽到這裡，心裡一陣感動，她彎身牽起兒子的手，微笑著道：「奶奶希望我們能搬到瑙姆堡去，因爲那裡有她的許多朋友。所以，她明天要與二姑媽一塊去瑙姆堡看看。」

尼采問道：「那裡比這邊好嗎？爲什麼奶奶要全家搬去那裡？」

法蘭西絲卡又笑了笑，回答道：「那邊應該也不錯吧！媽媽不太清楚。你要知道，以後這個家是奶奶做的主，再來是大姑媽與二姑媽，知道嗎？」

尼采又問：「那媽媽呢？」

她搖搖頭，小聲的說：「媽媽只管照顧你跟妹妹就夠啦！」

尼采開心的露出兩排小門牙來。母子兩人相牽著手上樓進房去了，而小妹妹伊莉莎白尚睡得沉熟哩！

思維離群

市政廣場旁的公佈欄上貼著一張廣告，內容寫著：著名的女演員海德維西・拉貝小姐與其劇團將蒞臨萊比錫歌劇院公演兩週，希望本鎮民眾能踴躍前往觀賞……。

路過此處的兩名年輕人停下腳步，靜靜地看著告示。除了文字的敘述外，最能吸引人注意的就是一張女演員拉貝小姐的劇照了。雖然相機與相片已不是那麼稀奇的玩意了，然而貼有相片的公告卻是相當少見的。照片中的拉貝小姐年紀並不大，約略只有二十多歲的樣子，相貌中透著些許的古典美，眼神十分地精亮，散發出一種十分特殊的氣質，會令人不由自主的注視起她的眼睛。因爲是黑白相紙，不能得知她的眸子是何種顏色。

「喂！」突然間，尼采開口對同伴問著：「羅德，我們去看這個劇團的演出如何？」

「怎麼啦？你有興趣看？如果你要去的話，那我就陪你一塊去吧！」羅德回答。

「嗯。」尼采盯著照片回答：「我想去看看她的模樣。」

羅德是尼采轉入萊比錫大學中最親密的朋友，他比尼采小了一歲，卻是一個才華洋溢的青年。之前尼采就讀波恩大學時，主要是以語文學作爲專攻的一門學問，然而當時的環境中除了老師李奇爾外，他簡直再也找不到第二個夥伴了！而波恩大學的環境使得尼采不得不重新考慮，最後，他選擇了萊比錫大學，適逢李奇爾也轉任於此，尼采得以在語文學的領域中繼續研究。

羅德亦是專攻語文學的學生，而且表現上似乎更爲激進，他十分熱中於論辯的過程，甚至可以用好鬥來形容了！不少同學對於羅德的言行並不苟同，然而在尼采眼中，羅德卻相當符合他的標準。對於兩個人的相處過程，若用「他們是同坐在一條與世隔絕的板凳上」來比喻，是不算誇飾的。

觀眾依序進入歌劇院裡，今天的戲碼是《著名歌手》，尼采與羅德也已經坐在觀眾席上準備觀賞拉貝小姐的演出。戲幕準時的拉了上來，尼采十分專注地看著台上的一舉一動——尤其是拉貝小姐！尼采的目光幾乎不曾有過任何閃失。拉貝比起照片上的容貌更爲鮮活動人，這當然也就更吸引住尼采的注意。羅德看見好友這副模樣，就知道他已經墜入情感的漩渦之中。當整齣戲結束之後，拉貝在舞台上接受了許多人的掌聲與祝賀，也有幾位熱情的觀眾上台又是獻花又是獻吻的，而台底下的尼采已經鼓紅了雙掌。

羅德拍拍他，問道：「你很欣賞她吧，要不要也上去表示一下？」

尼采轉過頭來對著好友說：「不了，我還不認識她，但是我得承認她的演技、歌喉、儀態與容貌都已經吸引了我。我喜歡她美麗的眼神，深綠色的眼眸很有特色，不是嗎？」

羅德續道：「是啊！是很有特色，而且就如你說的一樣，我也挺欣賞她的，不過這都不算什麼吧，她可是有著一大堆的戲迷呢。你也都瞧見啦！不過，我可是嚴肅的問你，她要在萊比錫待上兩個禮拜，你要不要每一場都來看啊？」

尼采不假思索的直接回答：「嗯，當然啦！」

這天晚上，躺在床上的尼采幾乎無法入睡，縈繞在思緒中的不為其他，正是拉貝小姐美麗的倩影，尤其是那對綠色的眸子，一會兒像是兩顆深邃的翡翠寶石，不斷地散發出奪目的光彩；一會兒又幻化成深幽不可測的清潭，散發出神秘而攝人的魔力！尼采就像是一個即將滅頂的可憐蟲，已到了無法自救的境地。不知道為什麼，尼采突然就像著魔般地思念起拉貝小姐來，他心裡覺得萬分驚恐，從來就沒有一個陌生人能讓他如此在意。這就是人們所言的愛戀嗎？是這種感覺嗎？他試圖冷靜的剖析著這種情緒。

一個素昧平生的女孩子，只是瞧見她不到一天的時間，她的身影、容貌、舉動，尤其是她的眼睛，就已佔據了我幾乎全部的思緒，這未免太誇張了！到底要如何解釋這種現象呢？是我一時的投入，抑或是會這麼一直下去？我真的不知道！羅德有辦法替我解決這個問題嗎？

真是太奇妙了！居然沒有任何法子來控制自己的思緒不去理會一個陌生的女子，而且愈要阻止愈不可能，她就這麼莫名其妙的闖入了我的心中，而我眞的完全沒有任何防禦能力！那我唸這些書、學習語文學的功用在何處？我老早就懷疑神不能解決我的問題，但是語文學到底是學來幹嘛的？它連一種突然闖入的意念都不能解決了，那我還期望什麼呢？

我現在遭遇到了一個前所未有的困境，跌入一雙美麗眼眸的深潭中，而令我感到緊張的是，如果這只是我一生遭遇中最微不足道的困境之一，那往後該怎麼辦？誰能解決我的問題？現在可以很確定的是打從我入學以來，所學到的知識在這裡都起不了作用，那我也眞該好好反省這些年來是不是都算浪費掉了！難道世間所有的知識都無法解決我對拉貝小姐的思念嗎？

就這麼反覆地想著，尼采還是無法泰然的入眠，最後他乾脆由床上翻起，燃起油燈，來到了桌前坐著。看著桌上的木紋，若有次序的紋路使他腦海中突然亮起了一道光芒。拿出紙、筆，尼采快速地在白紙上畫了好幾道五線譜，沒錯！他要嘗試著譜出曲子來。其實這並不是困難的事情，身懷父親所遺傳的音樂天賦，加上後天的學習，他早在十多歲時已經展露出些許的才氣，關於音樂與藝術方面。對於第一次的愛戀對象，尼采似乎找出了宣洩表達的方式。

接連著幾場戲劇，尼采果眞坐在觀眾席上觀賞拉貝小姐的演出。而他爲拉貝所譜的曲子與詞，也以匿名的方式輾轉送到了拉貝小姐的手中。羅德曾經問過尼采爲什麼不在

《年輕的女釣手》上簽上自己的大名，好讓海德維西・拉貝知道有一位年輕的語文學家仰慕她的風采，尼采只是搖搖頭苦笑著。每一場戲結束後，拉貝仍舊光鮮亮麗的站在台上接受戲迷的喝采，而尼采依然只是躲在觀眾席裡默默地看著心儀的對象，從來不敢留然前進。

「尼采。」羅德說著：「今天是最後一場表演了，你眞的不去表示一下嗎？這可能是最好的機會喔！」

尼采看向前方的舞台，以略顯激動的語氣回道：「其實，我不是不想，但是我眞的很害怕啊！你知道的，向來，我的交際狀況就不怎樣。不！簡直是差勁透頂了。我好擔心，可是又不敢承擔那種窘境，眞是矛盾得很，現在我的心口還是不斷的跳著，好像要從胸膛迸裂出來一樣的難受！我知道內心的慾望正極度的膨脹，可外在的環境及外表的我卻將這股衝動硬生生、結結實實地壓了下來。

其實，這兩週來，我試圖解決這個問題，除了寫了那首詩詞、譜了那首曲子外，我找不到出路了！我一度十分生氣自己爲什麼會陷入這種情境之中而無法自救！我的所學居然讓我連自救的機會都如此的渺茫，那它們算得上是什麼知識、眞理？一個從來就沒上過大學的農夫或工人，若是遇上了問題而無法自己解決那是說得過去的，但是連我也是，可見得我只是如此罷了！現在，我雖然還是很想見拉貝本人，可是我想只以欣賞的角度來看她，而甩脫愛戀的成分啊！我覺得，只能是這樣子了。」

「呵，我同意你的說法，而且也可以了解你的用意，畢竟，我們是夥伴——性情相同的夥伴。你最終還是朝著獨樹一幟的觀點走著。」羅德笑笑的搔了搔頭，「不過，你也提醒了我一點，知識學問要與人生結合好像是我們以往所忽視掉的，除了語文學，我們幾乎就不再碰別的了！嗯，我們該懷疑這玩意兒到底能給我們什麼特別的幫助囉，不過，話又說回來，假設今天喜歡拉貝小姐的人不是像我們這般性格的人，那他應該就不會遇到這種麻煩了吧！你瞧，若是前頭那些人擁有語文學的知識，說不定就成了他的最佳利器啊！哈！」

兩個年輕人很有默契地同時站起身子，尼采望了舞台上的倩影最後一眼，他也笑了，隨即偕同羅德一起快速地離開歌劇院。

悲劇的消逝

惱人煩熱的夏蟲子飛過去了，萊茵河畔也因此換上一派清爽。羅蘭塞克的一處小公園內，三名男人正坐在一條長凳上，為中的是尼采，他已是巴塞爾大學中的語文學教授。這幾年裡，他忙著撰寫一本名為《悲劇的誕生》之書——是關於自身對哲學的探討，而現在已經完成了，他找來了大學時代的摯友羅德以及音樂家瓦格納一起聊著此作品的內容與問題。

尼采站起身來，對著兩位好友說：「關於這些東西，你們覺得如何呢？在結構上、表達上能給我一些改進的意見嗎？」

羅德首先發言：「這個內容寫得很有創見，但是行文上可能比較難被其他人所接受，我所說的是表達的部分。」

瓦格納摸摸鬍子，沉吟了幾秒後道：「我很喜歡你這作品的內容，說眞的我至今還沒讀過這麼精采的文章！但是，我也覺得可能一般人會難以接受吧！」

尼采將雙手插入褲袋中，原地轉了一圈，「那我該重新寫一遍囉？轉換成另外的一種表達方式？」

瓦格納搖著頭道：「其實不必啊！你還是可以將這本書照實出版，只是你若能再將裡面的內容重新安排、補充，這樣子就好啦！」

「嗯，我贊成瓦格納的意見，」羅德也補充道：「我想到了一種形式，就是對話錄，利用一問一答的模式，可能就會讓人比較好理解了。或者日後你有演講的話，也可以編排成講稿的形式啊。」

尼采輕拍自己的頭，蹲下身來笑著說：「唉！從我的觀點看我的文章，與你們看我的文章，居然會有這些落差產生，我以後可得銘記在心了。這是我第一次的傾力之作，說實話，我非常的欣賞自己的見解，而你們的建議我也很喜歡，不如這樣吧！我們來演練一次，你們當作是詢問者、批評者的角色，而我就是捍衛尼采言論的角色，怎樣？」

兩位友人均點頭同意。

羅德問道：「爲什麼你會用日神與酒神作爲書中主要的闡述對象呢？而希臘的悲劇給你什麼樣的啓示？」

尼采正經的回答著，他開始爲書的內容解釋：「其實，我最主要的目的是在批評『理性』這種毒害，我不喜歡看到現今的人們將科學、工業及專業捧得好像是萬能之神一般，所以，我以希臘悲劇的藝術美學作爲人類反省自身的出發點。故而我用了希臘神話中的阿波羅（日神）與戴奧尼休斯（酒神）作爲對立的同時也具有相依性的寫照。人類是群居的社會性動物，彼此間必須靠有次序、有原則性的溝通管道才能建立起關係，但是人類同時也會有情感、有慾望啊！阿波羅是原則與次序的象徵，戴奧尼休斯則是後者的代表，可能一般人在初看我的著作後會誤以爲這兩者有著排斥性的關係，關於這一點，我只能說的確有，但那僅是部分罷了。

我以一齣悲劇來作爲例子，詩人的靈感或感動即是屬於酒神的，而呈現給觀眾的就是屬於日神的，這樣你們了解嗎？這樣子解釋可能會讓人更清楚他們兩者之間的關係。

某天，當一個希臘詩人因爲某件事而讓他心中產生了一股創作的靈感，而這個部分是無限性的，它可以說成是一種慾望的、原始的型態，而詩人必須將這股型態藉由在外界普遍所能理解的原則發揮出來，而所利用的就是舞台、對白、人物角色等等這些規則。無論多麼狂野巨大的想法，它總還得依循著這些原則吧！這就是希臘悲劇的基礎。

從另一個所謂對立性的角度而言，日神在希臘人眼中是最高級的眞理，是完善狀態的象徵，祂不會有酒神般醉狂、瘋顛的現象，然而在日常生活中，有哪一件事是合乎日神的？簡直是稀珍啊！這就是日神與酒神的對立。

再者，牽涉到爲何獨獨談論希臘的悲劇這一問題。悲劇裡的主角是英雄，具有較常人偉大的情操，但是他們也是人，很容易犯下不可磨滅的過錯。你們可以輕易的想見：悲劇英雄象徵日神的高貴理想與原則，然而他們卻也逃避不了身爲人類就容易被慾望、狂野所瞬時支配的宿命，所以，這就是爲什麼我獨獨選擇以希臘的悲劇作爲討論的最大對象，因爲獨有悲劇才能將日神與酒神這象徵很自然的融合、交錯在一起，而且令所有人讀來都有著難以言喻的痛快，會有當下的直覺——讚歎的美感。」

「嗯，好多了。我覺得若是經由你當場再將《悲劇的誕生》一書中的大意用說的方式呈現在一般人面前，是比起獨自看書來得更容易明白了！好，接下來換我問了。先假設我連你《悲劇的誕生》都未讀過，那你要如何向我解釋悲劇爲何會消失的原因呢？」瓦格納說著，可能是他坐乏了，話語進行中他亦站起了身子。

「這個部分是書的重點。」尼采繼續說了：「當悲劇在希臘時代發展到極盛時，蘇格拉底出現了，他可以說是希臘啓蒙精神的導師。他開始教導人們學習分析問題、理性的批判，這就將悲劇中象徵酒神的部分給抹煞掉了；雖說是凸顯了日神所象徵的原則性、完善性與眞理性，但那也已經失去了日神的本來面目。日神並非完全與酒神對立的，關於這個部分剛才也已說過。因此，我要表明的說，與酒神對立的不是日神，而是惡魔蘇格拉底！他破壞了日神與酒神間原本和諧性的對立關係，其旨意是要將戴奧尼休斯完全地從希臘文化中剷除殆盡。而他將理性帶入文化中最高階的地位後，便使得原本的藝術美學不得不朝向新方向尋求發展，最後只剩下音樂了。然而也是音樂讓我對戴奧尼休斯重新體認，而這音樂不是其他，正是瓦格納的音樂哩！」

說到這裡，尼采開始大笑起來，羅德與瓦格納也是。一陣子過後，尼采又說：「眞的，我對瓦格納的音樂創作喜歡得不得了！眞是痛快！全世界的音樂家，我只推崇你瓦格納的作品！只有美的感動，無關乎道德意識，這才是純正的美學！」

瓦格納倒有些不好意思了，他笑著說：「你把我捧上天啦！撇開道德不說，還是有許多好的音樂創作啊！」

「談論到道德，這也僅是蘇格拉底精神下的一種產物罷了！如同基督教這種玩意，我簡直瞧不起這群侏儒，不但氣量狹隘，又是個十足的壞心眼！他們才不關心人類本質上的需求，只想得到精神控制，雖然我也承認他們具有同情心，但究竟是依附在道德之下的。對於道德與科學，在我的主觀之中認爲都是經過蘇格拉底擁護者的無限擴張後，在人類社會中形成的怪物。這是一種很嚴重的文化打擊，使得人類的思維發展呈現出頭重腳輕的怪現象。」尼采語氣高昂地說。

羅德站起身來，拍拍好友的肩膀安慰著他：「雖然我真的很贊同你的觀點，也會義無反顧的支持你，但是我擔心的是，你似乎不段地向傳統、向基督教宣戰，這樣會不會引起過多的反對聲浪？」

尼采嘆了一口氣，以較先前緩和的語氣道：「咳，其實，我不擔心這本書發表後有多少人會攻擊我，哈哈！我只擔心到時候學術界沒有人發出回應啊！如果我找到一條眞理，就算它是個處女地，再辛苦我也覺得很有成就，但前提是必須有人回應啊，無論是褒是貶。否則，沒有一個人知道我發現到了什麼東西，不是嗎？」

瓦格納也過來搭著尼采的肩，笑著說道：「唉！你放心，我跟羅德兩個人都覺得《悲劇的誕生》是本曠世之作，難道你對我們的眼光與胃口不信任啊？依我看啊！屆時必定會有一番唇槍舌戰，你在這裡空憂愁，還不如先學著放鬆心情。拜託！如果照這樣下去，哪天你不得了精神異常症才莫名其妙呢！」說完，瓦格納瞟了羅德一眼。

羅德馬上會意過來，趕緊又說：「對！我們先離開這裡去喝一杯吧！是我不好，剛剛不該提這些怪問題的。走吧，我請你們。」

在瓦格納與羅德的簇擁下，尼采與他們一塊離開萊茵河畔。在十分清爽又毋需裹著厚重外衣的天氣裡，應該是要放鬆心情，何況一本嘔心之作方告一個段落。從尼采的表情中，似乎可以這麼理解他此際的心境吧！

解說

與其說尼采是一位思想家，不如說他是一位詩人可能還更為襯合些。他的思想一方面繼承了叔本華，同時也顯示了是浪漫主義下的產物。

對於希臘哲學以及悲劇，尼采為它們另闢出一條新徑來，那屬於「純粹的美感」，不摻雜任何的道德價值。這是其他哲學家所不敢碰觸的部分，而尼采卻大膽而心細地將這些美感赤裸裸的剖析出來，還它們原本的面貌。或許，與其他哲學家相比，尼采揭示給世人的並不如前者們來得偉烈，然而憑著這股文藝家的氣質闖入哲學界，確實令歐陸哲學的氛圍變得明淨與鮮活多了。

年表

公元一八四四年	生於普魯士之薩克森洛肯鎮。父親爲教會牧師。
一八四九年	父親去世，全家遷往瑙姆堡。
一八五八年	於普伏塔文科中學唸書。

一八六四年	入波恩大學修古典文學與精神學。
一八六五年	轉入萊比錫大學，開始接觸叔本華的作品。
一八六六年	尼采開始與羅德的友誼。
一八六八年	與瓦格納首次見面。
一八六九年	出任巴塞爾大學古典語文學的副教授，隔年升等教授。
一八七一年	《悲劇的誕生》完稿。
一八七三年	尼采開始發表一系列「不合時宜的思想」。
一八七九年	因病重而辭去巴塞爾大學的教職。
一八八三年	於義大利旅遊，並寫成《查拉圖斯特如此說》一、二部。
一八八五年	寫完《查拉圖斯特如此說》三、四部。
一八八八年	首居都靈。撰寫了許多短篇文集。
一八八九年	於都靈開始精神錯亂。
一八九七年	尼采母親病逝，與妹妹遷居魏瑪。
一九〇〇年	病逝魏瑪，享年六十七歲。

現代哲學的標竿

胡塞爾 Edmund Husser, 1859-1938A.D.

「意識」就是人的思維與認知作用的能力，可分為主動與被動兩種。不論是何種，它總是要將客觀的事物轉化為人所能理解的對象，因此我認為，「意識」就是構成人類認知一切的根源！

逃課

最近的幾個白晝裡，太陽突然像是發了什麼威似的，曬得人快昏了！幾乎沒人想在毒辣的太陽底下曬著。沿著林蔭下走著的是負責敲鐘的老人，他扛著一只長柄的木槌子正要踱回宿舍休息去，他方才已經敲完今天第三節的上課鐘。剛走近操場時，老人瞇著眼就見到遠遠地那一頭出現了一高一矮的身影，是一個男人捏著一個小男孩的耳朵，大步地朝著老人這邊而來。

男人的神情是又急又氣，他不理會太陽的那股狠勁，執意地穿越操場中央。他快步地走著，而被捏著耳朵的小男孩也得倉促地緊跟著，兩隻細瘦的腿幾乎是以跑步的速度、前後不停地互換著，爲的就是不使左耳更加地疼痛！然而從頭到尾，他的表情卻豈是一個「疼」字能概括？

快接近教室時，有一些學生瞧見了這種景況，紛紛交頭接耳，不一會兒，泰半的學生都從教室裡投出譏笑的眼神來看這小男孩的窘境，還不時傳出陣陣的笑鬧聲，一時連台上的老師也因學生們好奇的騷動而暫停了教學。

「眞對不住，老師，我這個糟糕的兒子又溜回家裡，我剛剛已經打了他一頓！他以後不敢逃課了，眞的！」那個男人站在一間教室門口向老師解釋著，他每說一句，身子就會稍稍地往前彎一次。「孩子，趕快跟老師道歉！」他突然轉頭朝身後的小男孩輕罵。

那小男孩用手捂著左耳，小心翼翼地拖著腳步走到老師跟前，囁嚅著說：「老師，對不起。我……以後不敢再亂跑出去了。」

老師對那男人說：「沒關係，他可能是第一次離家上課，對環境比較陌生，所以會想要回家，等過一段時間後，應該就會適應了。我也常常遇見過還不太適應的小孩子，沒事的！天氣這麼熱，您還是請回吧！交給我就行了。」

男人又趕緊鞠躬，「麻煩老師了！真對不起，家裡出了一個愛惹麻煩的小鬼……總之，也是拜託老師了！死孩子，還不趕緊向老師道謝啊！」男人向老師鞠躬完後，又推著自己的小孩，要他向老師致謝。

「謝謝老師。」小男孩仍是羞羞地說著，頭也不敢抬一下。

老師摸摸小男孩的頭，「胡塞爾，你真的要乖乖坐在教室裡聽話和上課，可別再讓爸爸擔心了！待會兒下課後，我們可以聊聊，好嗎？」

小男孩縮著頸子，點了點頭。

「好，那進去坐著，待會兒就要開始上課了。」老師說著，並輕輕地推著小男孩的肩膀。

這是胡塞爾第三天上課的情形。第一天，他懷著緊張不安的心情踏進教室裡，坐了兩節課後，他就被環境的陌生感不斷侵襲著，因而害怕的跑回家中，結果被父親訓了一頓。他不斷地斥問著：「怎麼回事？」小男孩只是哭著回答：「不喜歡那裡……」

第二天，母親陪他一塊走來學校，但這依然不能減低小胡塞爾對教室、學校的排斥感，不到中午，他又抓著包包溜回家中。做父親的很難相信「怎麼會有這種小孩？還是自己的！」他耐住性子勸誘小胡塞爾，希望他能乖乖地待在學校裡唸書、結交好朋友……等等。還約定說如果第三天他能正常了，父親就會買他最喜歡的玩具給他。

然而，今天第二節的下課鐘一敲，胡塞爾老早就忘了父親與他的協議，提起包包，趁著老師沒注意的當兒一溜煙地跑回家中。這下子父親氣炸了！他放下店裡的工作，抓著兒子的手臂直往二樓衝，可憐的小胡塞爾就在樓上被父親狠狠地揍了一頓，之後又親自將他「提」回學校。

「來，胡塞爾。跟我來辦公室吧！」中午之際，老師喚著胡塞爾，要跟他好好的聊一聊。胡塞爾聽到後趕緊乖乖地走向老師，頭還是不敢稍抬一下。老師牽起他的手，一塊走向教員的辦公室去。

「胡塞爾，不用那麼緊張，我又不會害你。會嗎？」面對著坐在椅子上的小男孩，老師半開玩笑地說著。

胡塞爾搖了搖頭，眼睛仍是盯著放在膝蓋上的雙手。

老師笑著又說：「學校沒那麼可怕，你看看在你身邊最多的人是誰？老師嗎？還是跟你一樣年齡的學生呢？」

胡塞爾回答：「是學生啊。」

「這不就對啦！大家都是同樣年齡的小朋友，一塊上課，一起遊戲，不是很快樂嗎？這也只有學校才有啊！」老師試著轉換胡塞爾對學校的排斥感。

胡塞爾想了一下，小聲地說：「可是都沒有好玩的課，同學也都不熟……」

老師看著這個小男孩，問道：「來，告訴我，平常你都在家裡做什麼？你覺得什麼最好玩？」胡塞爾略略地抬起頭來，轉轉眼珠子，「我喜歡學我爸爸拿著筆算東西……」

他還是不敢看著老師。

這時，老師坐起身來，轉頭往桌子瞧去，瞥見一本小學數學的教本，突然心裡冒出個想法。「你喜歡看著爸爸算數字嗎？」胡塞爾點點頭，嘴裡發出了嗯的一聲。

老師拿起那本數學教本說：「我們學校裡也有教算數字的課喔！你要不要來聽啊？」老師將教本拿到胡塞爾的眼前，攤開給他看。胡塞爾的目光頓時被紙張上的阿拉伯數字吸引住，他直盯著這些東西足足有好幾秒鐘，並且發出了讚歎的聲音。

「我們明天就要上數學課了，你要不要來學啊？」老師繼續誘導他。正處在驚艷中的胡塞爾，不由得就脫口而出：「好啊！我想要上課，因爲爸爸都沒時間教我。」

一聽到胡塞爾的答案，老師馬上接著說：「對啊！你爸爸生意上的工作很忙碌，平常就很累了，自然沒時間教你，不過沒關係！你天天來學校上課，老師就會教你，而且啊，等你學會了之後，你爸爸就會很高興啊！他還會問你怎麼這麼厲害？這樣……很有趣吧！」

胡塞爾又點點頭說：「嗯，那我要在學校學算數字！」看得出來，他現在是一古腦的只想著趕緊學數學。「不過，胡塞爾，老師要告訴你，不可以只學數學喔，你所有的科目都要會才行，否則你會看不懂題目，不知道它在說什麼那就沒用了！爸爸也就不知道你會算數字了，知道嗎？」老師將胡塞爾的思緒拉回來現實上。

胡塞爾抬頭看看老師，表情有些哀傷地問說：「我也要上別種課嗎？」他終於肯抬起頭來了。老師摸摸他的頭，笑著說：「嗯，我保證，等你眞正上課後，你會知道其他課也是很有趣的！而且，它們可以幫助你看得懂文字，知道其他有趣的故事與傳說，最重要的是一定會讓你知道怎麼算好數字的！等到你都學會之後，你爸爸一定會以你爲榮的！」

胡塞爾終於被說服了，因爲他的心裡面就是想著要趕緊學好算數，這樣一來，他就可以表演給父母親看，讓他們覺得他很厲害！所以，從第四天開始，他眞的不再逃課回家，漸漸地，教室也成爲他習慣待著的場所了。爲此，他還多了許多一同玩耍的夥伴呢！

生變

鄰近維也納大學的一條小巷弄裡，一位騎著單車的信差將車子停妥後，從大袋子裡拿出一疊捆紮成束的信件，那全都是這條巷弄裡的。他拆開繩子，準備挨家挨戶的送著。

「胡塞爾先生！胡塞爾先生在嗎？」叫喚的聲音在一幢屋前傳來。約莫過了十多秒鐘，門裡走出了一個年輕人。「喔，是郵差先生啊！有我的信件是嗎？」年輕人開門一看，是送信的，便向他詢問著。

「嗯，在這裡，拿去吧！」郵差機械式地由一堆信件中熟練地拿出最上頭的一封，很快的遞給了胡塞爾，即轉頭離去。

「謝謝！」胡塞爾接過信，看了一眼署名後，禮貌性地向信差喊了一聲，雖然他已經走得有些遠了。

這是一封由柏林寄來的信件，背後的署名是「韋亞斯特斯」。他是一位著名的數學家，也是胡塞爾在斐特烈威廉大學時代裡最敬重的老教授之一。胡塞爾見到是教授寄來的信，心裡面挺感動的！拿著信件走回書桌前坐著的他，反覆地看了信封許久，最後才從抽屜裡拿出拆信刀小心地割著。

信件的內容是教授親筆寫的，主要是希望胡塞爾能回來斐特烈威廉大學擔任數學助教，以便幫助教授分擔一些工作，而信末也提到了待遇的問題以及希望胡塞爾能儘快回覆等等。胡塞爾看完信件後，覺得信中所提的一切條件都很吸引他前往就任，而且老闆正是頂尖的數學家兼敬重的老師呢！

胡塞爾將信件仔細地收妥後，雙手抱拳地撐著頭，手肘靠在桌面上，眼睛盯著前方，開始認真地考慮自己應該如何抉擇。

「來到維也納已經是第二年了，自己的博士論文也剛剛完成，在這裡生活得倒是挺愜意地，若是和柏林相比……我還比較希望留在這裡！況且，馬沙基一直要我在論文寫完後和他一塊去聽博蘭太諾的哲學講座，我之前也答應他了，這可怎麼辦好呢？

可是韋亞斯特斯教授身邊的助理工作又是一個千載難逢的機會，教授的記性還眞好，還會記得我，他肯定是有好好地看完我的博士論文，否則不會在這個時候寫信給我，嗯，一定是這樣！哈，他應該覺得我是可造之才吧！那我怎能辜負他的美意？哎啊！該怎麼選擇呢？眞是麻煩。算了！等馬沙基回來後再跟他一起商量吧！」他心裡暗自竊喜著，同時也認眞在盤算著。

正當胡塞爾還保持著思考的姿勢未動時，樓下傳來了室友馬沙基回來的聲音。只聽見一陣急促的登樓腳步聲，馬沙基已經出現在胡塞爾的身後。

馬沙基笑著說：「胡塞爾，你在幹嘛？怎麼都不動一下？」說完他走過去搭著胡塞爾的肩膀，搖了他幾下。

「唉！我告訴你喔，博蘭太諾教授已經不幹了耶！」還沒等到胡塞爾的回答，馬沙基又說起自己要說的話。

胡塞爾轉過身來，「爲什麼？你不是說他是維也納大學裡數一數二的好老師嗎？怎麼回事？那我們就不用去聽他的講座囉？」

馬沙基轉身坐在桌沿邊，看著胡塞爾說：「他還是會繼續上課，但是他不再是教授了！他也把神職人員的工作一併辭掉了，現在，他只是一個不支領薪水的講師而已。好像是跟他的婚姻有關係，教會方面不認同他的結婚舉動，所以他乾脆統統都放棄掉。」

胡塞爾笑著說：「喔，原來是這樣啊，那就是他自己選擇的囉！」說完他由抽屜拿出方才收好的信，繼續道：「我這裡有一件更重要的事，就是我以前的老師韋亞斯特斯寫信來，希望我能夠回去柏林擔任他的助教，你覺得如何呢？」他揚起手中的那一封信遞給了馬沙基。

「什麼？」馬沙基大叫了一聲，用著有些不敢置信的神情看著這封信，隨即將內容朗讀了一遍。他開心地說：「眞的呢！想不到你的博士論文剛剛寫完，馬上就有大師找你幫忙了。欸！成爲一代名師之後可別忘了我喔！」他還不忘開起玩笑來。

「你眞的也認爲我回去柏林那裡比較好嗎？」胡塞爾問著。

馬沙基將信還給胡塞爾，雙手交疊、狀似認眞的思考著。過了幾秒鐘後，他說：「嗯，我覺得你還是先回柏林擔任助教好了！因爲這對你在學術上是有絕對的幫助。你想一想，日後別人一見到你的經歷，發現你是韋亞斯特斯的助教，一定會很羨慕的，這對你的工作是有好無壞啊！知道嗎？」

胡塞爾點點頭同意的說：「是啊！我還可以跟著老師多學一些，可是我也想聽博蘭太諾的哲學課，畢竟哲學這門學科，我幾乎可以說是沒有概念。如果我回去柏林，那不知還有沒有機會接觸哩？」

馬沙基拍拍胡塞爾的肩，「我告訴你，一定會有機會的，只是看你要不要而已。相信我，你擔任助教的時間又不是一輩子，而且也沒有什麼衝突啊！柏林那邊一樣會有哲學的課程啊！」

胡塞爾做了一次深呼吸後，道：「嗯，說的也是，那我明天就回信給老師，說我願意回去吧。」

「我有預感，你還是會回來這裡的！到時候，我們再去聽博蘭太諾的哲學。」馬沙基突然又補上了這麼一句。

現象之論

費堡大學的教授研究室裡，有幾位學生正在清掃，他們將櫥櫃一一搬出來外邊的走廊上曬著太陽。雖然研究室的門窗全給打開了，但是燠熱的暑氣並未從這群勞動學生的身上移走，他們每一個人都只穿著最輕便的衣衫，但是如雨露般的汗珠子仍沿著他們的臉龐、臂膀與胸脊滑下。

一位老教授拄著拐杖路過此地，一邊拭著額上冒出的微汗，一邊看著這群學生。他忍不住問道：「你們在做什麼啊？是不是有新的教授要搬進來？」

其中一個學生很快地站起身子來回答：「是的，先生。一位從哥庭根大學轉過來、教哲學的胡塞爾先生要搬來這間研究室，所以我們幾個正在這裡整理，最快應該下午就會到了。」

老教授聽完，撐著不耐熱的身體走了。

「各位同學，我是胡塞爾，是接替維克特教授哲學講座的新老師。這個學期我主要跟各位討論的是現象學的課題。不瞞各位，其實我是半路出家的哲學老師，在約三十年前，我只在數學相關的領域裡研究，一直到遇上了我的啓蒙導師博蘭太諾後，才轉而對哲學產生出興味來，然後就這麼一頭栽進來了！但是我可是很認眞的喔，你們可別以爲我還是個半調子！」胡塞爾在首度面對費保大學的學生時，就先來了一段比較輕鬆的開場白。

接著，他又說：「今天的第一堂課，我先就現象學的一些概念與大家說說。我所謂的『現象』就是指我們的感官、理性與情感都可以獲得對象的客觀事物，另一角度而言，這也就是『本質』，而我們所要探討的重點就在於『如何能獲得事物本質』的課題。我的看法是，能夠得知的這個力量是存在於人的『意識』當中。『意識』就是人的思維與認知作用的能力，可分爲主動與被動兩種。不論是何種，它總是要將客觀的事物轉化爲人所能理解的對象，因此我認爲，『意識』就是構成人類認知一切的根源！

然而所有的事物在人類的認知觀念上都是眞正的原貌嗎？不見得吧！所以，我們先要做的第一步，就是徹底的將人類的成見剝離開來，讓所有的事物回歸到最原初的面貌。記住，我所說的就是指將以往的、既有的、權威的，甚至是常識的事物統統拋棄，不要受到它們的左右。這裡的觀念是受到了笛卡兒的影響——一切都值得懷疑，除了懷疑的本身。

因爲我以往所學的是數學，所以我採用數學中『放入括弧』的概念，將這些值得懷疑的事物統統丟進括弧之內不去用它們，但也不急著否定它們，以先回歸事物的本身原貌作爲理解現象學的第一要務。而重新審視事物原貌的方法是什麼呢？我說過，先拋棄掉一些附加性的雜質，舉個例子吧！一張放在房裡的桌子，在這裡就出現了環境與桌子。我先將關於環境的雜質放進括弧裡，就只剩下一張桌子。然後再進一步說，這是一張松木做成的桌子，我們再把松木這個名稱丟進括弧裡。

再來因爲它是木製，所以這張桌子是可燃物，到了這裡你們看，它從原先的敘述被層層的剝離後，就只剩下它是可燃物的境地，然而它還可以再剝離，一直到最後，一定會變成：『桌子是物』的單一範疇出來。」

胡塞爾說到這裡，稍微地休息了一會兒，他的目光掃過台下的每一個學生，「還要我繼續說下去嗎？還是你們有些疑問想要提出來？」

一位學生馬上舉手回應：「老師，請繼續說下去吧！我想應該每個人都沒有問題要問，因爲……我們還沒完全進入狀況呢！」很多學生都笑了出來。

「看來同學們都很謝謝你呢！我也謝謝你的回應。」胡塞爾笑笑地看著這名學生。

等到大家都靜了下來後，胡塞爾繼續說：「從上述例子來看，你們未必一次就能明白其中的涵義是什麼，然而在這個例子裡，我們可以得知一件事：意識中的『思維』可以不管事物是否有任何的依憑，也就是說，它是純粹意識裡的作用，它能使事物打破時空阻隔的藩籬，進而在意識當中組織起架構來，怎樣的架構呢？就是邏輯組織、運用理性。因此，我認爲凡是所有意識的『思維』作用，都是具有眞實性的，這也可以包括作夢這一件事。我與夢境裡的一切關係都是眞實的，我可能用了一隻筆、坐在一張椅子上面等等，哪怕醒來後發覺什麼都不見了，但是思維的過程中，它確實是眞的。也就是說，意識是具有絕對的超越，不論是意識或意識行爲的本身，連意識的對象也可以是超越的。超越什麼呢？超越時空拘束的藩籬啊！

我之前也說過關於笛卡兒的影響，而他的『我思故我在』在這裡可以與我的觀點作結合。現象學裡的第一要務就是『無成見』，一切都回歸到本身，這就是純粹的『我思』境界，由此我們可以得知的下一步是什麼呢？就是『我知道我在思考』這一件事。

這一件事之下有兩個意義：第一個是因思維而知道我思想主體的存在；第二個是因思維而使『我』可以超越本體侷限來反省自己。這兩者都是建立在思維之中，故而都賦予眞實的意義。

我可能說得很雜亂，但是各位要了解的是，在這種種討論的背後，我所要追尋的目標只有兩個，而且都是人類切身的事：一個是釐清本質，另一項則是反省自我。」他又停下來，這一次每個學生都低著頭在整理筆記，偶爾有人抬起頭來往台上的方向看了一眼，隨即又掃到筆記簿上繼續奮鬥。

「不知道他們能不能完全的理解？沒關係，往後還久得很……」看著這一群第一次上自己課的學生，胡塞爾心裡仍有著高度的期許。

迫害

費保市的街道裡，除了冬季裡特有的刺骨霜雪外，尚瀰漫著一股刺鼻的煙硝味，不少十字街口都懸掛起納粹黨的旗幟，鮮紅火熱的顏色與淒寥陰冷的市容有著極大的落差。一些房舍的門窗已經被毀壞，裡面都是凌亂不堪的家具，只有在夜裡會有一些流浪漢或孤兒瑟縮在裡頭避寒或是躲避日耳曼軍隊的追捕。

街上的人們都在流傳著：「只要是猶太裔血統的人，都會被德軍監禁並集中管理，已經有不少的猶太人被一車車地運往集中營，而且他們還持續地在清查中，不論是白天或晚上，只要上面一下令，就會挨家挨户的清查，有時一個月内就會查個十來次。」

「那猶太人要逃到哪裡呢？」有不少百姓這麼問著。

「我看是沒什麼地方可逃了！整個歐洲都快被希特勒佔領了。你看，法國一個星期就投降了，東歐也是，英國也被炸得體無完膚，往南還有義大利軍隊哩！幸運的話，大概只有美國可以試試了。」一些人同意這種看法。

一間還在營業的酒吧裡，坐著寥寥可數的幾個客人，看去多半是老年人，最年輕的大概也五十多歲了。酒吧的老闆是個大約七十多歲的老頭子，他正在和一位客人有一搭沒一搭地聊著。

「聽說亞洲那裡也很慘，日軍佔領了中國東半壁，兩國打得比我們這裡還激烈，而印度支那的英法軍也都被日軍消滅了。唉，全世界都在戰爭啊！年輕人都打仗去了，一個個成了炮灰，誰還管我們呢？」客人握著酒杯，悶悶地吐著訊息。

老闆雙手撐著下巴，懶洋洋地道：「我們日耳曼人現在還算幸運，總比那些猶太人好多了！起碼我還在這裡賣酒，你也還在這裡吃酒……」

「嘿，眞的呢！起碼我還有酒喝，也不用打仗，眞是幸運啊！」客人又灌了一口酒，暈眩眩的抓不太準位置，一些酒液沿著他的髭鬚濺進他的衣領與大腿，可他全不在意，一口氣將酒給喝到見底爲止。放下了酒杯後，他整個身子也順勢往吧台上倒去。

老闆以爲他醉了，便搖著他說：「老哥，還行嗎？」

客人趴在吧台上咕噥地說：「我……不喝啦！喝來喝去心情也不好，眞倒楣，三十年前我上戰場，三十年後，我兒子們也都上戰場啦！還有我的一些猶太朋友，也都被抓去，一個個都不見啦！管誰是日耳曼人、猶太人……還不都消失了！」

老闆也嘆了口氣：「之前我認識了一個猶太學者，他常和學生來我這裡坐坐，通常是晚上，現在有好幾年沒見到了。聽說他的教授資格被政府取消了，連德國公民的資格都沒了。」

客人低低地笑著，「你說的是不是胡塞爾先生啊？我也識得他。我之前也在費保大學擔任講師，跟他算聊過。他可偉大的！是費保大學的榮譽教授呢！可惜被政府給剝奪了！而他底下的那些日耳曼學生處境一樣很是尷尬，逃的逃，避的避，只剩下一兩個還願意留在他身邊。唉，我聽同事們說美國人希望他過去避難，但是又談不攏，所以他就繼續留在這裡。」

老闆好奇的問：「美國？不是一堆猶太人想去還沒法子嗎？他怎麼拒絕了？是談不攏什麼啊？」

客人終於撐起身子，老闆跟著拉他一把，他坐定後說：「啊！謝謝。是啊！但是他想帶著他的學生一塊去美國，美國人不願意，所以，他也就不去了。」

「那他還留在費保嗎？還是也被軍隊送走了？」老闆有些著急的問。

客人吐了一大口酒氣後說：「沒，政府方面還不太敢動他，怕引起反彈，所以他就還待著，但處境不太樂觀啊！好像……除了醫生與他的學生外，沒有人可以輕易接近他，因為會被監視。」

當他們仍在談論關於胡塞爾的話題時，一個青年模樣的男人突然出現在酒吧門口，他環視了酒吧一眼後，才慢慢地朝著吧台走去。

「老闆，請給我一瓶伏特加酒。」青年向老闆要求著。

老闆看著青年，覺得很面善，但是又想不起來他是誰，只得問道：「年輕人，你要一整瓶嗎？」

青年很肯定地說：「是的，我要買回去。因爲我的老師想喝酒，他好多年不曾喝過了，今天他突然又想起伏特加酒的滋味。以前我們常來這裡，都會喝上一、兩小杯……」

老闆像突然想起了什麼似的，他拍拍自己的後腦勺，「喔！我想起來了，你是胡塞爾的學生嘛！難怪我覺得你好面熟。他老人家現在怎麼啦？我們剛剛才在說哩！」

青年笑了笑，但是神情十分淒苦。他緩緩地道：「半年前，老師得了支氣管炎，雖然一直有在吃藥，但都沒有什麼起色，現在又是冬季，更容易犯咳，他幾乎沒能好好地休息。剛剛他說想嚐嚐伏特加，希望我們能陪他一塊喝，起初我們不答應，後來他動怒了，我只得和分克商量，最後我就出來買了。」

老闆默默地拿出一瓶如同水般透明的新酒瓶交給了青年，「這酒……算我請你們的，希望我有機會還能見到他，也希望他能趕快好起來。」

青年回到了胡塞爾的居所，只見分克已哭得像個淚人兒一般悽慘，他也知道是怎麼回事了。他放下酒瓶，來到了老師仰躺著的床前，輕輕地說：「老師，請安息吧！雖然，我將酒給帶回來了……」話說到這裡，他就再也說不下去了，因爲哽咽的喉頭再也擠不出完整的字句來。

外頭無情、陰冷的風雪仍在傲慢地狂嘯著，一時之間恐怕除了他們之外，還沒有其他人知道又一個哲學家離開人世了。

解說

胡塞爾一生致力於將現象學建立為一個嚴格且徹底無瑕的科學，也因此他將不能在經驗中求證出的現象一概先排拒出研究的範疇，將其置入「存而不論」的範圍內。這個目的就是要確保現象學是精確無誤的一套方法論，同時也宣示了哲學本身就是最終的證明與基礎。

換言之，胡塞爾夢想現象學能成為一套人類終極之學，而他似乎也達成了。我們知道，現今許多人文社會學科均利用了現象學作為研究對象的方法，舉凡心理學、文學評論等等均是如此，從而擴大了研究的範圍。

再者，胡塞爾的思想還直接影響了海德格與沙特。至今，現象學仍是一門熱絡的理論，在以「回歸事物本身」的前提下，現象學的運用只會愈形廣闊與加深。

年表

公元	
一八五九年	生於奧匈帝國莫瓦維亞附近的小村子，爲猶太裔。
一八六九年	到維也納接受中學教育，僅對於數學特別感興趣。
一八七六年	進入萊比錫大學，主修天文學，亦旁及數學與物理學。
一八七八年	轉進柏林斐特烈威廉大學就讀，遇見三位頂尖數學家：岡力卡、昆瑪及韋亞斯特斯。
一八八一年	胡塞爾再度轉入維也納大學，對哲學的興趣日漸濃厚。
一八八三年	完成博士論文《對變數計算理論的一些貢獻》。韋亞斯特斯邀胡塞爾回柏林任助教一職。
一八八四年	回維也納接觸了博蘭太諾，胡塞爾開始眞正研究起哲學。
一八八六年	接受博蘭太諾安排，前往荷魯大學擔任心理學家史敦夫的助教。
一八九一年	完成教授論文《算術哲學》。
一九〇一年	胡塞爾前往哥廷根大學任教，成爲正教授。

一九一六年	又轉往費堡大學擔任正教授。
一九一九年	海德格成爲胡塞爾的助手。
一九二八年	自費堡大學退休。
一九二九年	應索邦大學之邀，前往巴黎做一系列的演講。
一九三三年	胡塞爾的教授名譽被納粹份子剝奪。美國南加州大學試圖要營救胡塞爾，結果失敗。
一九三五年	胡塞爾與其家族的德國公民權亦被剝奪。同年，應邀至維也納演講《歐洲人文危機中的哲學》，旋即又前往捷克做一系列的演講。
一九三八年	留滯費堡的胡塞爾病逝，享年七十九歲。

詠歎生命的哲學大師

柏格森

Henri Bergson, 1859-1941A.D.

生命的價值是絕對超乎物質的機械價值！
生命價值不是建立在機械論之中，
因為是精神生命在領導肉體物質啊！

書痴小子

這一週是法國各級學校開學的時間，一大清早就陸陸續續見到許多提著書包的學生走在往學校的街上，也有一部分的新生是由家人陪同著一塊去註冊的。學生、工人、中產階級、男人與女人，構成了巴黎繁景的生氣。

在市區內一所名為「公多賽」的中學裡，許多新生剛完成報到、領了新書，正坐在指定的教室裡等著未曾謀面的老師進來。多數的學生正忙著與鄰座的同儕互相介紹，不到五分鐘的時間，他們就如同是認識了許久的老朋友一般，有些已經會相互地開起玩笑來，有些則拿著新領到的教材好奇地討論著。在喧嚷吵鬧中，有一個學生安安靜靜地坐在自己的位置上，拿起新的課本開始一頁頁的看著，而且還讀得挺仔細的，對於一旁新同學的聊天嘻笑聲可是一點都不以爲意，周遭的同學們也開始注意到這名沉默的男孩。

有一位學生問著另外三位新夥伴：「嘿，你們見到了沒？那個坐在第一排中間的男孩好像都不跟人說話哩！有誰認識他的啊？」

大夥兒順著方向看去，盯了一會兒後紛紛說道：「不曉得耶！」

其中一個接著說：「那傢伙好像是個很用功的學生，你們看，他一直在看書呢。」

「眞是搞不懂書有什麼好看的？只要學會寫字、認字，會算算術，再加上一些日常生活上夠用的知識就好了啊！爲什麼有一些人總是不斷的在唸書呢？而且還不是故事書呢！」其中一位無端的發起牢騷來。

有人開起玩笑地說：「你啊！是不是唸到中學了還只會看童話故事而已！像〈傑克與豌豆〉、〈人魚公主〉之類的？」大夥兒一聽都笑了。

先前發牢騷的那個男孩子反譏道：「嘿！我只是說故事書而已，而且我說的是小說。反而是你，對這些小朋友看的書籍這麼清楚，連篇名都記得一清二楚，我看哪！你才是只會看童話的人呢！」眾人又反過來笑著另一位男孩。

就於此時，一位年紀在四十多歲、滿頭褐棕色頭髮的男老師突然步入了教室，原本喧嘩的教室在短短的三秒鐘內全靜了下來。男老師推推鼻子上圓形的眼鏡，緩緩的以目光巡視了在場的所有學生後，便拿起手上的一本簿子翻了翻。

他說道：「各位同學，我很榮幸的擔任了貴班的導師。我的名字是『德寶俄』、在往後的日子裡，除了帶領各位熟悉這個環境外，我也將負責你們數學課程的教學工作。現在，我就來點一下班上同學的名字，唸到你們的名字時，希望你們能自我介紹一下，好讓我們彼此都能漸漸的熟悉。」

接著，他就開始一個個的叫名，而每一位同學也都花了約一、兩分鐘的時間來向同學們介紹自己的優點或專長。有幾個學生說得含含糊糊的，十分地具有「笑果」。

「柏格森先生。」德寶俄唸著下一位同學的名字。

只見剛才被討論的那位學生放下了書本，趕緊站起身來，用著有些驚徨的眼神看了周遭一下才說：「各位好！我是柏格森，父親是法蘭西人，母親是波蘭的猶太後裔。我沒別的嗜好或專長，但是我很喜歡看書，而且也喜歡數學與物理學，這兩門學科都是相當有趣的！嗯……就這樣了。」

德寶俄看著柏格森，一見到這個體格細瘦的金髮男孩，便有一種莫名的好感，他對著他微笑的說：「柏格森先生，我相信你一定是一個很愛唸書、也很會唸書的用功學生，希望將來你能爲班上的同學做出好的榜樣來，我知道你應該是沒問題的。據我知道的訊息是你以往各科的成績都是名列第一的，是吧？」

柏格森笑笑地點點頭，原是蒼白的臉頰上略顯紅潤了起來。底下有學生開始傳出窸窸窣窣的聲響：「瞧！老師喜歡上這個書呆子啦！」「看他一副弱不禁風的模樣，大概也只能待在房間裡像個姑娘似的看書囉！」有人偷偷地嫌惡著。

無論如何，新的學期總算是開始了。在第一天裡，柏格森就受到了老師與同儕們的注意。當然啦！『書痴』這個名號也就漸漸在一群頑皮的學生間流傳開了。至於柏格森本人呢，似乎對這檔暱稱事件不大在意。

朦朧之際

師範學校附近的一間咖啡館裡，四名年輕人圍坐在一張小桌子邊，正享受著香醇濃郁的午後咖啡。以順時針的方向來瞧，這四個人分別是若雷斯、包第亞、度米克以及柏格森。今日正是這個學期的最後一次正常上課時間，而他們所有的課程也都在方才告一段落，四個人即相約出來聚聚聊聊。

「哇！課程終於上完，我這下子可以稍微地鬆一口氣了，腦袋都快給那些例行的報告擠爆了！」度米克輕輕地抓起杯口搖晃著他的咖啡。

「嗯，我可是深有同感哪！每個星期都要準備的書面報告、口頭報告，讓人幾乎是一刻都不得閒啊！」若雷斯高聲地附和著。

度米克眼眸突然一轉，他望著柏格森笑道：「欸，不過有一個人可不會這麼想，是不是啊？」他搭著柏格森的肩膀搖了幾下。

「胡說！你們以爲我眞的樂在其中啊？」柏格森拉開度米克的手，認眞地說著。

若雷斯笑道：「哦！我們還以爲你除了唸書的嗜好外就沒有別的啦！難道說你也不是那麼喜歡唸書？」另外兩個人一同看著柏格森，想聽聽他的回答。

柏格森呼了口氣說：「我當然還是喜歡看書啊！但是從我進了師範學校後，這一、兩年來我覺得有些矛盾，在觀念上……」說完，他又嘆了一口氣。

若雷斯好奇的問道：「怎麼啦？你說的矛盾是指些什麼？」

「對啊！對啊！你不說，我們怎麼知道是哪些觀念在相互矛盾呢？」度米克也搶著說。

柏格森笑道：「我有不說嗎？是你們在急吧！我所謂的矛盾是指有一種好像被『喚醒』的感覺，雖然說被喚醒了，但是也還處在迷迷濛濛的階段，也就是介乎兩者之間，你們了解嗎？」

眾人你看我、我瞧你，沒人能夠一下子明白柏格森的意思。

柏格森端起咖啡，緩緩地喝了一口，「在中學時代，我就喜歡上數學、物理學等等學科，當然也十分肯花時間融入其中。最重要的是，我一直受到啓蒙與科學革命的影響，認為這個宇宙、世界可以用機械物理來解釋一切道理，所有的現象都可以用數學來涵蓋……我大概是看太多關於啓蒙思想、科學主義等等的著作了。」

度米克又問：「然後呢？這些理論與現在所學的相違背嗎？我覺得還好啊！你瞧，若不是有了這些人的理論，現在這個社會不會是這種景象的。汽車、輪船、大樓等等都是科學昌明的結果啊！再者，我們的學校也是因為科學觀念的運用，才會有分科教學、各有專職，這些不是很好嗎？」

若雷斯與包第亞也同意度米克的說法，均肯定的點著頭。

「這當然啦！我很贊同你的說法。事實上，我也是這麼認為的。」柏格森回應著。

若雷斯笑著說：「既然你也這麼說了，那還矛盾什麼呢？」他抓起杯子喝了一大口咖啡。

柏格森搖搖頭說：「我同意的部分是：科學的確可以幫助我們這個世界做出良好且十分有效率與秩序的規劃，這是絕對好的一面。但是令我感到矛盾的是：科學眞的能夠解決所有的問題嗎？如果可以，那為什麼還有許多學者會提出相左的意見呢？就如同拉普呂教授，他不就反對科學主義嗎？」

度米克隨即說：「可是你應該也知道，多數的學者都不是這麼看待的啊！目前全世界都跟隨著實證主義、實用主義的腳步前進，而在我們法國，孔德的學說不是最爲流行的嗎？當然，要每一位學者都朝同一個方向看齊，那似乎是不大可能的事情。因爲他們總是認爲自己才是對的；就算是意見一致，那也會被認爲是你還算跟得上我的水準嘛！就是這樣。我的意思是，不必太在意那些少數歧出的理論，聽聽就好。」

「是啊！就像孔德的『三站說』，我覺得很對啊！人類從一開始的矇昧無知到漸漸懂得思考，最後學會利用理智創設文明，並且了解一切，也就是由『宗教』到『哲學』，再到『科學』，三個階段逐一的演進。」若雷斯接著度米克的話說。

「喂！包第亞，你怎麼都不說話？快點幫幫好友啊！他目前跌入一種自詡爲『矛盾』的困境裡，你也說說吧！」度米克突然問著。

「放心吧！他會自己找出適合的路的。」包第亞笑了笑，只淡淡的吐出兩句話。

「以前，我曾經問過我的數學老師德賓俄先生，我說：『數學是這麼地簡潔有力，應該可以應用到其他方面或其他的事上頭吧？』你們猜，老師說了些什麼？」柏格森突然又開口道。

若雷斯揚起眉頭問道：「那他怎麼說呢？」其他兩人也不想胡亂猜測。

柏格森說：「他說：『這是一個瘋狂的行爲啊！』這是我離開中學時問老師的一個問題。來了師範學校後，我起初仍是這麼想著：『應該繼續發展數學與科學吧！』但或許我的觀念應該要修正一下了，尤其是聽了拉普呂教授的課之後。

我印象最深刻的是，他有一回上課提到關於『生命』。一張桌子拆開後再拼湊回去仍是一張桌子，然而若將一隻小動物拆開後再拼湊回去，卻永遠無法恢復先前的狀態——牠已經死亡了！你們不覺得很震撼嗎？科學邏輯的法則居然無法涵蓋一個生命，哪怕這個對象只是一隻小青蛙，甚至是小昆蟲！」

其餘三人聽了柏格森的陳述之後，起先均是沉默了好一陣子。之後，度米克突然說：「說不定再過幾年，科學比現在更加成熟之後，『生命』這個疑問就會被解開了啊，是不是？我們不是都有看過瑪莉・雪萊的作品嗎？」

若雷斯推了度米克一把，「那只是虛構的故事，目前還不能當眞啊！連這個都拿出來說，我們還是得根據事實好不好？」

「其實，我們還是耐心地看下去吧！至於要怎麼相信那都是自己的抉擇，只要有一個完整的看法就夠了，沒必要將理論這種東西弄成一言堂吧！所以啊，柏格森，你現在根本不需要太過焦慮，或許是你之前對數學、科學期望過深，後來漸漸發現它有疑問，又一時無法解釋。那就等著看吧！還是做該做的功課，相信你一定會有辦法的。」包第亞總算主動說話了。

柏格森端起僅剩的微溫咖啡，一口喝盡，心裡同時想著方才包第亞的一席話。或許他說得對，目前也只有繼續不斷的擴充自己的知識，才能理出一條明晰的思路來，否則多半只會像目前這樣，完全不知如何是好哩！

生命哲學

在法蘭西學院的附近開著許多咖啡館，長久以來，店內主要的消費群幾乎都是學院裡的老先生或者是年輕的知識份子。然而，這兩三年來的消費群卻已不是那麼的單純，從某一天開始，這裡突然多了一種人——女人。

這些女士們每一位都裝扮得光鮮亮麗，一見就知道出身自中產階級以上的家庭。約在下午兩點過後，這些女士們就會出現在咖啡廳裡，多半她們不會單獨前來，一定都有兩位女僕陪同，一位會留在女主人身邊隨時伺候著，另一位則是先行到法蘭西學院的講堂裡，以便替女主人佔個好位置。

若是有不明就裡的人詢問，幾位習以爲常的咖啡店主人或是顧客們就會回答：「喔，她們是來聽課的，聽的是柏格森教授的課。」的確，在這幾年之中，柏格森算是法蘭西學院裡最響噹噹的紅牌教授。除了講授哲學外，其他部分的時間裡，他也會講些輕鬆知性的課程，尤其是文學方面，而這些女士們最常聽的也就是他的文學講堂。此時的柏格森幾乎已經完全沉浸在哲學及文學的領域之中，而且相當悠游自在！在一部分的時間裡，創作成了他的愛好之一，加上他溫文儒雅的風範，使得他的聽眾與學生是愈來愈多。

面對著同樣眾多的台下學生與聽眾們，柏格森以慣有的語氣說：「各位，關於上次的文學部分暫時也算告個段落了。今天起，我就要進入哲學的範圍之中，而我主要陳述的不是實證主義、功利主義那一套充斥著科學與理性的學說，而是關於生命這一系列的關懷思考。

首先，我們要明白『生物體』與『物體』的區分。說個例子你們就清楚了，有一天，柏拉圖抓起一隻青蛙解剖時，旁邊正好有一位工人也在拆解一張桌子；當柏拉圖將青蛙四分五裂之後，那位工人也已將桌子拆成好幾塊準備帶走。於是柏拉圖就問他：『朋友，你將這桌子拆完了之後，還能不能完整地裝回去，使功能完全不變呢？』工人回答他：『這有什麼問題？我還可以使它變得比以前更好用呢！』

柏拉圖一聽完工人的回答，又轉頭過去瞧瞧被自己分解的青蛙屍骸，嘆了口氣道：『唉！可惜這隻青蛙卻再也無法恢復到牠先前活跳跳的模樣了啊！』於是他就提出一個觀點：物體的存在法則是全體等於各部的總合，而生命的法則卻是全體大於各部的總合。用另外一種說法即是：生命是精神力的極致展現，他的力量足以控制肉體物質。

這樣，我們就可以知道『生命體』與『物體』的差異性了吧！簡而言之，用一般的數理邏輯法是無法解決生命的問題的。而之後的亞里斯多德又補充了柏拉圖的說法，他以爲物質是部分先於全體，生命則是全體先於部分。

不論是什麼樣的生命形式，動物也罷，植物也好，都具有鮮明的『生物衝力』，就是一種『延續』的特質，就是綿延不斷地『生』的現象。一顆人類看似卑微的種子，只要有陽光、空氣與水分，就算落在磚牆的縫隙裡，它依然能夠發芽、生長，將根延伸進土壤裡，最終極可能還會將磚牆給撐破！爲的是什麼？是要創造一個能夠『延續』的環境啊！也許，過了若干年後，它終究是消殞了，但是它必定還會有下一代。

如此『生生不息』的結果，便創造了突破個體與時間的藩籬，進而達到了永恆。這就是生命的目的性，絕非如現今所流行的機械論那麼單純，或者是那麼的平面式——一套公式就解釋了一切。

所謂機械論那一套説辭，就是『部分先於全體』，他們在審視對象時，先將局部折解，進而分析與歸納後，最末再進行全體性的拼湊。這就是崇信科學主義的後果，他們將生命視爲物質現象的一環，實際上這樣是説不通的。『生命』可能會等值於一輛汽車、一架飛機嗎？機器必定是零件組成的，但生命可不能由零件組合而成。

或許有人會問：『那肉體也是物質之一吧？器官也是一部分、一部分的零件，那生命如何與這些物質接軌呢？』

我以爲，若用『記憶』來作爲兩者間的媒介是必須的，而且還得經由神經系統作爲條件。人在記憶時，腦神經同時也在動，當神經損壞時，記憶也就消失了；但是各位常誤以爲腦神經運動就是記憶，甚至是思想！做個比喻好了，記憶與神經系統的關係就像是衣服與衣架的關係。思想的當時，腦神經系統也在運作，腦神經系統壞了，思想也就停止了。衣架在搖，衣服也跟著晃動；當衣架倒了，衣服也會掉落於地上。雖然他們的關係是如此，但是衣服永遠是衣服，衣架永遠是衣架，兩者不會互相替代！思想與神經系統也是如此，腦神經不會是思想，思想不會變成腦神經。

說到這裡，你們應該知道：生命的價值是絕對超乎物質的機械價值！接下來我們就要談到人性中的『自由』了。當我們了解生命價值不是建立在機械論之中時，那人類是否應該要脫離物質與肉體的種種束縛呢？答案是肯定的！因爲是精神生命在領導肉體物質啊！難不成會有『下屬』在束縛『上司』的決定的嗎？所以在這前提下，我們就應當知道『自由』爲何了。這『自由』並非是外部的自由，而是生命內在的自由，就是你、我意識裡產生的自由，這會影響到『做』或『不做』的選擇判斷。我以爲，這即是人性中的必存法則之一——自由。當意識裡的自由成爲人性法則後，人們所做的一切決定都是心安理得且操之在我的，人就不再只侷限於眼前，而是學會創造了遠景，並一步步地實現，這就是生命的永恆價值處……」

下午的咖啡館裡，除了老先生、年輕人與女士及她們的僕人外，又多了一些關於柏格森的人、事、物來。在店內，老闆新買了幾個小松木書櫃，櫃裡擺放的全是柏格森的著作，而且供人隨時翻閱。幾個遠從美國前來的年輕學者也都聚集在店內，無非是想親睹與聆聽柏格森的風采及講課。

關於「生命」這一件逐漸爲人所遺忘的記憶，又在法蘭西學院裡再度地磨亮了原初神聖的輝煌！

歸依天主

一陣急促又粗暴的敲門聲，使得屋裡所有成員都蒙上了一層恐懼的黑幕。外頭剛下過一場大雪，更添巴黎街頭一股落魄灰敗的景象。戰爭很快的來，也以令人錯愕的閃電速度宣告結束。如蝗災一般，日耳曼的軍隊開始在法國境內大肆搜括，尤其是在古都巴黎。

「來了！來了！」一名婦人強忍著內心的驚慌趕來開門，只見四位身著藏青色軍服的日耳曼軍人荷槍實彈、一派威傲的站在門外。

一名軍官模樣的人以法語嚴肅地問著：「這裡就是柏格森的住處吧！」說完，他手一揮，另外三名士兵就強行進入屋內，完全不顧那名婦人的反應。

屋內除了應門的婦人外，還有三個人——兩位年輕教授及柏格森本人。這時的柏格森因爲長期的關節風濕病症使得他的雙腿已經無法行動自如，必須仰賴著輪椅，而學院方面的工作也老早就辭退了。現在，他只是一個生活隱逸而平靜的老人而已。

那位軍官一邊看著坐在輪椅上的老人及屋內狀況，一邊逕自大剌剌地坐在沙發上頭，仍以法語問著：「你就是柏格森？」

柏格森微笑地點點頭，不發一語。面對這些傲慢的侵略者，柏格森雖然厭惡，但仍保持著優雅的態度。

「我們收到上級的指示，要開始調查德意志領土內的異端份子以及猶太種族，請你好好的配合我們。第一點，你最近這幾月來不斷的利用著人脈關係在爲自己的國家與民族做宣傳，關於這個部分，上級要我來警告你不要再胡來了，這樣對我們彼此都沒好處，懂嗎？你以爲寫了幾篇文章刊登在幾家非領土區的小報紙上，就可以改變人們對戰敗國與次等民族的觀點嗎？

很抱歉！這是不可能的。我可以告訴你，目前德意志的偉大工程正在試圖改造歐洲，總理希望歐洲最終能走向一個由單一民族統治的國度，至於成分混雜或是低等的國家與民族，我們就要採取『淨化』的必要手段。第二點、我們知道你是混著猶太人的基因。這麼一來，我們就得將你列入嚴格監管的名單之一了，除了你以外，你的家族也都必須列名造冊。我們來的目的之一，也就是要確定這一個部分，希望你能老實的回答。你承認自己是猶太民族嗎？」軍官仍是冷峻的說著。

柏格森完全不作停頓地直接回答：「是的！先生，我從來不會因爲我是猶太人而感到一絲絲的可憎啊！我的家族亦是如此，而且我也相信所有正直的猶太人都是如此。再說，我寫的文章都是針對那些侵入者的心態而來，我只希望這個世界能夠擁有展現人性光輝的一日，而不是你爭我奪、恃強欺弱地永無寧日！我相信這是我應該做的事。」他的語氣相當肯定且十分的有信心。

軍官揚起右邊的嘴角冷笑著，同時掏出口袋裡的手冊與鋼筆記錄著柏格森的回答。

另外三個士兵則是四處翻看屋內的擺設，其中一位還打開了書櫃，從裡面拿出一面諾貝爾文學獎牌耍弄著。等到軍官完成了他的工作後，才喝令那些士兵們注意，隨即大搖大擺的離去。

這時所有人才鬆了口氣。那兩名年輕人頻頻地向柏格森致歉，他們說：「老師！眞對不起，剛剛我們都嚇壞了，讓您獨自應付那群德國佬，眞對不起，老師一定失望了！」

柏格森笑著說：「沒事，我不會因爲這樣就被打倒的，更不會對你們失望，何況他們本來就是衝著我來的。只是……我的日子應該也不多了，健康一日不如一日……」他重重地嘆了一口氣。

「現實的世界裡，我並不會眞正懼怕什麼。呵，現在我已垂老，唯一擔心的就是當我死後，上帝不肯接受我而已！希望在我死後，能有一位天主教的神父來親自爲我禱告，這是我唯一的心願啊！如果不能許可的話，那也麻煩你們請一位猶太教的祭司來，但是無論如何，我的心已是歸向天主教了。」他看著白牆上的十字架專心的說著，好像對剛才的麻煩已經忘了似的。

當年的十二月底，巴黎市民過了一個淒苦的耶誕節。又過了九天，這位猶太籍的思想家終於是一嘗宿願地安息在神父的祝福裡。

解說

早在上個世紀初杜威前來中國之時，他就為國內學界介紹了三位當代的西方思想家，其中一位便是柏格森。然而由於當時中國學界因熱中追求民主與科學，因而對於「生命哲學」興趣缺缺。

然而毋庸置疑的是，柏氏哲學確實是當代一大流派，若說他是反科學主義者，未免過於武斷！雖然柏格森極力地想將哲學由科學主義底下拉出來，但他絕對不是一個藐視科學的思想家，相反地，他仍是支持科學的，只是他已經認清了當時許多人未曾見到的盲點而已。

今日，我們都了解到生命與機械物質的差異性為何，也知道機械絕對無法取代任何生命價值，由此我們就更能看出柏格森思想的遠見處。如果用一句話來說明柏格森的思想，那就是「以尊敬生命、維護人性整體的角度作為哲學思想的出發點」。

年表

公元一八五九年	生於巴黎，爲猶太裔家族。

一八七七年	獲得雄辯修辭學榮譽獎學金。同年進入法國師範學校就讀，期間分別遇見拉普呂與布土兩位教授。
一八八一年	柏格森以第二名的成績得到了哲學助教的資格。但他仍愛好數學與物理學，並且十分輕視心理學。
一八八八年	轉入洛陵學院與亨利四世學校任教。
一八九五年	發表《物質與記憶》論文。
一八九七年	於高等師範學校任講師一職。
一九〇〇年	發表《對喜劇的旨意研究：笑》一書。
一九〇一年	入法蘭西學院擔任教授，並且爲政治與道德科學學院的會員。
一九〇七年	完成《創化論》並出版。
一九一四年	進入法國學士院，同年國聯聘他加入知識合作委員會，最後擔任主席。
一九二五年	因健康理由，柏格森職辭去委員會主席一職。之後他便過著如同隱居般的生活。
一九二八年	獲得諾貝爾文學獎。

一九三二年	出版《宗教道德的兩大泉源》一書。
一九四一年	於巴黎逝世，享年八十三歲。

對西方傳統「人觀」的反動

海德格 Martin Heidegger, 1889-1976A.D.

我們都會將「時間」視為一個個「現在」的連續聯結，直到無窮無盡。而事物就是在這種聯結中作為一個「在者」，但是也並非是所有的「在者」都符合「存在」的條件。

相逢

雖然是所謂盛夏的季節，然而對生活於中歐地區梅斯基爾希一帶的人們來說，卻幾乎沒機會體驗過該有的燠熱。這裡擁有的是廣袤而淳靜的田野氛味，四處都是樹林成蔭的鄉間小道，人們行於其間，從不覺得有暑氣瀰漫，何況風還不時地吹拂著，更加讓人沉浸於清清爽爽的舒適感當中。

格婁貝爾正揹著一只簡單的行囊，獨自徒步行走在一條小路上。他深深地吸了一口氣後又緩緩地吐了出來。看看頂上，從林罅間瀉下的光線角度看來，已經是接近正午了。格婁貝爾相中了離路旁不算遠的一棵橡樹，重新拽起行囊朝它走去。

正當他坐在橡樹底休息時，小路盡頭出現了一道人影，格婁貝爾好整以暇地看著這個逐漸清晰的人。「原來是個年輕小夥子！應該也是這一帶的居民吧？」格婁貝爾在心裡打量著這個在趕路的少年。

「喂！朋友，要不要過來休息一下啊？我瞧你也是趕了一陣子路了吧？」格婁貝爾熱情地向少年詢問。

「先生你好！你也是要回鄉嗎？」少年神情愉悅地向格婁貝爾打招呼。

「是啊！我要往梅斯基爾希的方向去。朋友，你要往哪兒去？」格婁貝爾問道。

少年一聽，馬上接著說：「啊！眞巧，我也是要往那兒去的。我叫海德格，父親是鎭上教堂的輔祭。」

「喔！我知道你父親，他可是一位優秀的神職人員啊！對啦，你怎麼會出現在這裡？哈！我都忘了自我介紹，格婁貝爾是我的名字，目前我在弗萊堡的教會裡任職，這次趁著有幾日閒，就順道回家鄉看看。」格婁貝爾對於同鄉的海德格有著極爲親切的莫名好感。

「先生，我也在弗萊堡唸中學，是學校放了假才回來的。」海德格回答著。

「原來是唸書啊！嗯，將來你有什麼打算呢？」面對一個剛認識、還談不上熟悉的人，格婁貝爾卻直接問出這個有些唐突的問題。

海德格看看格婁貝爾，又轉頭往前方望去，絲毫不以爲意，並且笑著答道：「在幾年前，我的願望是成爲一名天主教神父，可是我現在漸漸不這麼考慮了。」

「可以說說嗎？我想聽聽。因爲我就是打算成爲一位神父，而且我也即將達成了！」格婁貝爾歪著頭看著身邊的少年。

「因爲我的父親是教堂輔祭的關係，使得我從有記憶以來就有機會接觸到天主教的彌撒，我經常站在鎮民之中望著這些神職人員站在祭場上，很莊嚴、虔誠地舉行著儀式，那眞的很讓人動容！雖然台上的每一個人員都很令我羨慕，包括我父親在內，但是最莊嚴的還是主祭的神父。說眞的，到目前爲止，我都還可以清楚的說出那種感動。當主祭神父示意大家一塊唱著聖樂時，一時間聖樂班的歌聲便帶領著大家讚美上帝，那時我就會順著教堂的塔往上看去，頸子都已經仰到了極限，但是我眞的覺得頸子還在往上攀升，而且就要與天堂接軌了！」說到這裡，海德格的語調顯得有些激昂。

「而且，我也很喜歡教堂傳來的鐘聲，等長到了十歲以後，我就央求父親讓我去鐘樓敲鐘，沒想到他一下子就答應了！一開始，他還會陪我，然後示範給我看，之後我漸漸地熟練了，他就很放心地讓我自己敲去。有時候，弟弟弗里茨也會跟著我一塊去呢！我喜歡敲鐘的原因是因爲敲鐘除了讓我有成爲神職人員的假想外，還可以捕捉到鐘體被敲擊時那瞬間即逝的震盪，那是一種很清脆的聲音，而且非得在鐘樓裡親自敲鐘才感受得到！哈哈！你知道嗎？敲完鐘後，我都會在上頭多待一陣子，順道看看風景。」海德格繼續說著。

格婁貝爾聽完了這些話之後，微笑了一陣子才又繼續說：「海德格，你眞是個有意思的年輕小夥子，我覺得你若是要成爲一位神父準不成問題的！的確，我也可以感受到你的感受，因爲，我也是如此啊！哈哈……」他又爽朗地笑了起來。

「不過……」格婁貝爾像突然想起什麼似地，又是一臉狐疑，「爲什麼你又說漸漸不想當一名神父了呢？像我可還是把作爲神職人員的志向擺在第一啊！」

海德格搔搔頭髮，遲疑了幾秒鐘後才說：「喔，是這樣的，自從我上了耶穌會的初中之後，開始喜歡起文學作品來，而且我常常利用學校裡的藏書，當時我寢室裡的桌子上擺了近一半的小說，而且你應該聽說過小說家史提夫特吧？我可是很喜歡呢！他的小說我不曾遺漏過任何一本……」

格婁貝爾笑著點點頭，「上了初中後，你又多培養了一項閱讀文學作品的興趣了，那不錯啊！可是就因爲這樣你就想放棄神職人員的志向了嗎？你要改行當個小說家抑或是文學評論家嗎？哈！總之，我覺得到目前爲止聽起來都不錯。」

「謝謝你的讚美，可是恐怕沒這麼單純啊！這只是我初中時的狀況，當我上了高級中學後，發覺又有一項更大的吸引力在召喚我，使得閱讀文學的興趣又漸漸拋諸腦後了。」海德格微笑地說著，似乎正沉浸在那股令他陶醉的吸引力中。

「瞧你的模樣似乎那件東西對你來說是很受用的，是吧？到底是什麼？」格婁貝爾急忙問著。

海德格說：「是哲學。上了高中以後，我發現我對哲學這個領域的興致遠遠超過文學。我這一年來翻遍了學校裡的哲學雜誌，也讀了幾本哲學專著，對於哲學的脈絡與發展也算是有一個模糊的概念了！而這個學期，有些同學也會討論胡塞爾的現象學，這是目前最流行的學術，我自然也跟著去了解啦！後來，我才知道原來現象學的源頭是來自於博蘭太諾的哲學思想，於是乎我就借了一些關於介紹博蘭太諾的書籍來看看。眞的，我覺得哲學的世界很能吸引我呢！」

格婁貝爾伸伸腰骨，隨後站起身來朝海德格說：「時間不早了，我們也休息夠久了，一塊走吧！我們邊走邊聊。」說完，他逕自往鄉道慢慢走去。

海德格先是愣了一下，他原本以爲格婁貝爾會與他聊及哲學方面的事，「可能是他沒有興趣的緣故吧！」他暗自解釋著，隨後，他也追上了這位大朋友的腳步。

「海德格，你有沒有興趣來我家一趟？」格婁貝爾突然問著。

「好啊！不過我得先回家一趟，報個平安後才能去拜訪。」海德格覺得有些莫名其妙，但還是禮貌的回應著。

「如果你眞的對於哲學的東西那麼有興趣，我倒是考慮要送你一樣東西，你應該會感到興趣的。」格斐貝爾接近自言自語地說著。

海德格急切地問道：「什麼東西啊？」他的眼睛漸漸亮了起來。

格斐貝爾轉過身來笑著說：「你方才不是提到博蘭太諾嗎？我那裡正好有他的博士論文《論亞里斯多德關於『是』的多種意義》，應該是這麼唸的吧，我有些忘了……如果你有興趣，我想把它送給你，所以我才請你來我家一趟。」

「好啊！謝謝你！我眞的很想多了解一些關於他的資料，我之前只閱讀過旁人寫的介紹性文章而已，如果能讀到他自己的著作，相信會很有幫助的！」海德格很是興奮地說著。「不過，你眞的不需要它了嗎？我覺得借來看看就好了。」海德格突然又擔心起格斐貝爾來，他認為這麼珍貴的書應該要自己收藏才是，為什麼要送給自己呢？

格斐貝爾笑著說：「呵！我都說要送給你了，你還擔心什麼？書本來就是要給有需要的人來使用，它對我來說比較屬於另一個領域，而我也覺得它比較適合你，所以才有送給你的念頭，知道嗎？」

這會兒海德格眞的放心了。他開心地問道：「那我什麼時候方便拜訪呢？」

格斐貝爾輕鬆的聳聳肩，笑道：「只要是還在工作的時間裡，你都可以過來，而且我也會請你品嚐我拿手的菜餚，同時介紹我的家人讓你們互相認識。」

走著走著，熟悉的那棵大橡樹之頂已經出現在地平線的一處角落上，從明天開始，海德格又可以聽見熟悉的教堂鐘聲，同時他也已經計畫好未來幾天內要好好拜讀博蘭太諾的著作，更要好好的拜訪他的新朋友——格婁貝爾。

現象學課上

馬堡大學裡，兩名學生正走在往哲學系的川廊中，這時上課的鐘聲已經在校園中傳散開來，兩個年輕人便開始急促的走著，沒幾步路後，稍微殿後的學生開始以小跑步的方式移動著。「喂，幹嘛用跑的？搞不好老師可能會遲到哩！」後面的男孩子對突然超前的同伴如此說著。

他轉過頭來，放慢了腳步說道：「你忘了今天是老師的專題演講，他只要是專題演講的課，一定都會提早到教室裡，怕的就是時間不夠啊！快吧，老哥！」

男孩子一聽見夥伴的說明後，登時省悟，馬上也跟著加快腳步，兩個人就這麼一路氣喘喘地直跑進了哲學系的教室裡。海德格已經先他們一步進了教室，並且也在黑板上寫下幾列句子。他看看教室裡的學生，又瞧瞧黑板上的字跡，然後咳了幾聲、清清喉嚨。

他說：「今天的這堂現象學專題演講中，我要說的是關於『存在與時間』，這也是我一篇論文的題目，去年就已經刊在《哲學與現象學研究年鑑》上面，但是我相信在座的各位多數都還沒讀過，因為系上才訂了幾本，而且據我所知，全數都還在教授們的手裡，可能當擺飾啦，或是拿來揍揍孩子。

言歸正傳，為什麼我要說這個題目？主要是因為我要批判現象學的缺失，然後再提出我自己的哲學看法。你們別懷疑自己的耳朵，的確！我就是要批評現象學，雖然胡塞爾先生是我的恩師，但是，在哲學領域上我是抓到錯誤就要攻擊的，而且絕不手軟！

現象學有什麼缺點？它最大的敗筆就是出在一開始就有問題了。胡塞爾對於物我的區分還是走著笛卡兒的路線，一點都沒變！他所謂的現象本質，就是一種主體與客體的分野觀察，先明白客體就能眞正掌握主體嗎？而且在討論『存在』這個議題時，胡塞爾根本就又回到了傳統說法，認為都是意識的作用，根本就不是『回到事物的本身』。所以，今天你們要聽的，就是一場顛覆傳統哲學的演講。

什麼是『存在』？什麼又是『時間』？在以往，前者總是被哲學家們視為最根本、也是最永恆不變的，而且絕不是輕易可見的，這就與時間恰恰相反；後者是一種流逝、變化的過程，而且是不斷地在進行著。傳統的哲學家絕對不會將這兩者擺放在一起，因為這無疑是一種自殺行為。

但是對我來說，這意義就不同了！大家以往只會想到『存在』，而其定義又是那麼嚴肅的東西，那我問你們，你們是什麼？跟『存在』扯上什麼邊了？為了解決這個問題，我就用了一個『在者』來指涉非『存在』的事物。前者就是指具有『實體性』的，後者當然還是『本體性』的。當我問到什麼是眞正存在的在者時，你們會浮現什麼答案？什麼是有資格符合兩者的？

比如說，這個黑板是什麼？它就是一個『在者』，因爲它是一個實體。然而符合本體與實體的又是什麼？是『人』啊！只有人才會意識到『存在』是什麼？同時也具備了實體的『在者』，由於『存在』並非實體，所以它必須依附於『在者』之下才能成立。我要你們知道，我們所處的環境就是一個實在的環境，而人類就是生活在其中的，我們根本就不需要那一套傳統的說法，每一個正常人都是確實的存在於這個世界上——只要你會提問。

各位看黑板，『人，之爲人』。我寫這個就是要你知道，要弄清楚存在，就得先知道自己，先認識自我。人類本來就是生存於這個世界上，因此人的所有能力應該都是要作用於這個世界，換句話說即爲：生存於世界上的能力。所以呢，人的存在絕對脱離不了世界，絕不能與此時此地的生存割裂開來，這就拋棄了主客體分野的觀念，成了一種共存，而且沒有一定性；這也就是説，你們想要成爲『什麼』，端看你們要『如何』在這個世界中生存。

『我在，故我思』，這是第二個階段，你們別以爲我寫反了，確實就是如此！我們爲什麼存在於這個世界？是自己決定的嗎？當然不是！我們是被拋入這個世界的，沒有人請我們來，也不是我們自願的，我們是在完全不能做決定的狀態下出現在這個世上。

因此呢，笛卡兒的話就要反過來說了！我先被拋入這個世界後才存在，之後才會學著思考種種問題。所以，存在勢必先於思考的。思想是什麼呢？只不過是確立了萬物之間的聯繫關係而已！

再來，我們看到『我煩，故我在』。你們一定也覺得莫名其妙，爲什麼又要用『煩』來證明我的存在呢？其實不是證明我的存在，而是要讓人與事物之間的關係呈現出來。所謂的『煩』並非指煩惱，意思反而比較接近『關心』或是『投入』。我舉一個例子：一個科學家與一個雕刻家同時看待一塊岩石，前者只會針對岩石去做理論上的分析與實驗，就算它完成了岩石的研究後，岩石『本身』還是看不到科學家的關心或投入。

但是雕刻家就不同，他起先也是觀察岩石，但是接下來他會投注思想在其中，然後雕刻出一件與原先不一樣的成品出來。岩石使雕刻家獨特的看法得以完全展現出來，這是人與物之間共存關係的表現，是互相依賴的，而不是物、我之間的區分與對峙。

對於人與人之間的關係也是如此，當我與他人在建立關係時，也必須建立在一個共存的關係上，當然最基本的就是靠言語上的溝通。然而言語又可分爲兩者，其一是『言說』，其二是『閒談』。後者對於共存的建立其實是毫無幫助的，因爲它包含了報導、八卦、胡天說地等等，並未直接對建立關係有任何助力，它只有傳遞的功能；而『言說』就是將有意義的、明白了的事物做聯結，也就是說將自身領悟到、明白到的事情用語言的方式與人溝通，這才是『我煩，故我在』的精髓。大抵上這麼說好了，人就是要不斷的關注與投入，讓自己隨時與萬物打交道，才是存在之道。

『將存在與時間合而爲一』是我所要陳述的最後一個重點。依照上一個『我煩，故我思』的結論來看，人唯有不斷地投入與關注，才能凸顯出存在背後的眞正意義來。而『不斷地』這一句話就是時間，『煩』的本質正是與時間相關的，因爲它必須在時間中，因爲它的對象是世界裡的事物，而只要是事物，就必須留存於時間當中。

通常我們都會將『時間』視爲一個個『現在』的連續聯結，直到無窮無盡。而事物就是在這種聯結中作爲一個『在者』，但是也並非是所有的『在者』都符合『存在』的條件，這個我們先前就提過了！如：黑板與人。單就『存在』而言，它只具備本體性而沒有實體性，所以它並不是物，也不在時間之內，但是它又是取決於時間。

注意，我最後說的『時間』並不是指流逝的時間，而是永久保留的時間，你們聽得懂嗎？也就是說，單就『時間』本身而言，我們就不去考慮它的流失性，雖然在時間裡是流失的，但是時間本身卻是被保留下來的！我說時間是會消失的，這是指它的內部性質；但是我又說時間是不可能消失的，這是指它的外部體而言。

所以，『存在』與『時間』的關係就變成了，『存在』必定取決於時間，卻又不是時間性的物（實體）；『時間』不具有存在，因爲時間只是實體，但是它卻決定了存在，而他們之間的繫聯就在於『煩』的上頭。」

在一口氣說了長篇大段後，海德格這時停頓了下來，他看著多數的學生仍是一臉茫然的模樣，笑笑地又說：「嗯，我知道你們心中必定有著諸多的問題，但是這些問號卻是左突右衝地，似乎還抓不到癥結的中心，這是一定的。以往也都是這樣子，我習慣了，而你們也習慣了。而且，我還知道，下回上課時，你們就會準備好許多的問題要與我一塊討論，那我也希望各位能仔細的想一想，雖然這是我自己創發的觀念，但是我相信未來在哲學界必定會掀起不小的回響。好，那我們就一起期待下次的見面。」其實下課鐘老早就響完了，但是學生們依然安安份份地坐在教室裡聆聽海德格的演說。

雖然多數時間裡，他所說的新內容都是學生們一時難以理解的東西，但是海德格卻能一再刺激學生們思考。久而久之，第一次聽不懂，他們也會聚在一起討論，七拼八湊地各說一些，集結起來後再整理過一回，下次上課時學生們就會一反上次的靜默，不停地與海德格互動起來。馬堡大學哲學的現象學課程裡，師生之間就是一再的重複著這種互動，而且均樂此不疲。

納粹餘黨？

一輛行駛中的吉普車緩緩地停在一間小木屋的前院，一男一女從車子裡鑽了出來，佇立在海拔一千多米的高處，四周都是巖聳拔天的針葉林，每一棵均生得鬱鬱蔥蔥，山谷間的風一吹來，空氣中即充滿了芬芳的森林香味。對於一個生活在都市喧鬧之境的人而言，一旦來到這裡，便會覺得頭腦頓時被自然洗滌過一番了，這裡就是德國著名的「黑森林區」。正當他們陶醉在這美景佳山當中時，小木屋的門打開了，出現了一位霜髮蒼蒼的老人。他站在門口，用微笑歡迎兩位遠從都市而來的貴客。

「海德格先生，我們是……」那位女子話都還沒說完，海德格即點點頭，表示他已經知道了，並且伸出右手請他們進到屋裡來坐。

待到客人們在書房裡坐定後，海德格親自端出了茶點請客人們品嚐。放妥了一些小烤餅與花茶後，他也坐了下來，「來，請用吧。妳一定是露西，而你就是包伯了，歡迎你們來到我這個不起眼的小地方。貴社的《明鏡周刊》可是一本很據實以告的雜誌啊，我以前也讀過，呵……」

露西笑著說：「今天能夠見到當今世上最偉大的思想家，並且能親自採訪到您，我們眞的很高興，不瞞您說，我從前天就一直很興奮了！而且我們一路上來，眞的覺得這裡好美！好羨慕您能居住在這種環境裡。」

海德格笑著說：「這只是我『隨物應化』的體現而已。中國的哲學家莊子是最早提出這句話的，意思就是說：一切順應著自然，該怎麼著就怎麼著，但是西方傳統卻是要不斷地利用自然、征服自然，這是不對的！如果這種情況不改，到後來這個世界一定會因脫離天道而亂象橫生，因爲人類只會在技術、科技上求發展，愈鑽愈細，哪還顧得了什麼大道呢？是吧！」

這一番話對兩位記者而言似乎是言重了些，海德格見到了兩位啞口無言的客人，似乎也知道自己製造了哲學上的高台，而那只會令他們尷尬。他揮揮手，自己又笑了笑，「唉，你們聽聽就算啦！當我這個老人發發牢騷就行，我們還是言歸正傳吧！」

記者們這才打破沉默，包伯從袋子裡取出了麥克風與錄音機，露西則準備了一些資料。她陪笑著說：「眞是不好意思，您剛剛的話我們眞的聽不大懂，但是我從您寫的一些文章中得知，您對現代文明技術的發展是持著悲觀的態度在審視著。而且我本人也贊同您的看法，只是您剛剛說的什麼『莊子』、『天道』……因爲學識淺薄，所以我無法接口，希望您能諒解。」包伯也在一旁展現著「陪不是」的笑臉。

海德格笑了笑，端起茶來啜了一小口，表示無所謂。

露西又說：「那我們開始採訪了。我們主要是想了解您於一九三三年希特勒執政時與納粹黨之間的關係到底是如何？因爲國際上一直將您冠上親納粹份子的罪名，甚至說您是忘恩負義之徒，對於胡塞爾的晚景不聞不問，而您也一直不肯正面的澄清或說明，因而造成眾說紛紜的現象。我知道以前您是不接受採訪的，好不容易敝社有榮幸終於訪問到您，也想藉這個機會了解當時的情形。」

海德格聽完露西的話之後，略微沉思了一會兒，之後才道：「一九三三年啊……那是四十多年前的事了！當年我還只是個青壯年，許多細節也多忘了。那時，胡塞爾先生與我的關係是愈來愈差，但是也還不到交惡的地步，就是只維持著淡薄的師生情誼。一九二八年他退休後，引薦我到費保大學擔任哲學系的教授，那時他還不知道我已經提出自己的哲學方法，當他發現後，也開始批評起我的東西，甚至有一次還公開地要與我決裂！其實我什麼回應都沒做，更不用說是反擊了，因爲他是我的老師，一輩子都是！只是，我走出了另外一條路子而已。

到了三三年，希特勒的納粹黨上來了，你們知道那時德國的狀況有多糟嗎？欠了一屁股債，國內還有數百萬的失業人口！而二十二個政黨之中，唯有納粹黨可以解決這些問題。那時，我是太樂觀了些，認爲希特勒可以將德國帶向富強的境地，但是實際上，我很快就知道自己錯了。

某一天，費保的校長來找我，他剛剛被鬥倒下台了！他力勸我出來接任校長一職，原因有二：第一、我是當時德國的學術領袖。第二、只有我出任校長，納粹方面才肯同意，否則他們就要派一個政治幹部來接。當時我是極度的不願意，但是他又找了許多教授來遊說我，最後，我才答應了下來，因爲我也擔心一個不懂教育的人來費保後，不知會搞出什麼狀況來。

第二天，納粹得知我願意出任後，隨即就宣稱我是因爲支持納粹才接任校長，這當然是他們的宣傳伎倆。他們緊接著又要求我入黨，當時我爲了學術與學校，而且對他們還抱有期望，於是也就答應了。親納粹的報刊趁機登出很大的消息，甚至還捏造許多謊言來吹捧希特勒，我都睜一隻眼閉一隻眼，也怕得罪他們。

當然，希特勒見到我加入後，便擅自作主的幫我安排一系列的演講，甚至稿子也是文宣部擬好叫我背熟的。你們想，在那種情形下我能不一一照做嗎？而且我只爲換得費保大學的學術利益，甚至是全國大學的利益。但是，他們的確厲害得很，我想利用他們，反倒是被他們利用了！

沒多久，希特勒開始迫害猶太人，學校方面也還有幾位猶太籍的教授。我才上任不久的某天，學生會會長與納粹衝鋒隊就進了我的辦公室，要求我在校園裡貼上反猶太的公告，我當下就拒絕了。之後，又發生了好幾次類似的事件，如焚猶太人著作等等，但是我還是堅持我的原則，最後就被迫辭職了，期間不過十個月。」

露西又問：「當您從校長一職退下來之後，納粹方面又是怎麼對待您呢？」

海德格笑著說：「呵，說『對待』有些不正確，應該是『看管』比較貼切。之後，我當然被蓋世太保盯上了，行動上極爲受限，所有的信件都被拆封逐一清查，連學術會議都被禁止參加。到了四四年，戰爭快結束了，但是納粹卻仍不死心，他們調動了人力到萊茵河修築防禦工事，我就被徵調去了！呵……當時費堡大學的教授分爲三等，第一等免勞役，第二等服一半的勞役，第三等全勤，而我就是全勤的第三階級。

一年之後我才被放回學校，沒想到才上了不到兩節課，又被抓去擔任防衛隊員，就在防衛隊裡待到了德國投降爲止。而戰後的清算對我來說也十分的不利，法院判了我幾項輕罪，所以我直到五一年才算是恢復教職回到學校裡上課。」

露西繼續問著：「我還想了解的是，在經歷過這些事件之後，對於您的心境上有什麼改變嗎？或者說有什麼樣的感想？」

海德格喝了一口茶，微微嘆了口氣說：「以往，我心裡面只有一股雄心壯志，我如果要做一件事，就要將它做得盡善盡美！小時候，我父親有個小木工場，我常常在那裡學著做，回想起來那時候就已經有這種心態了，因爲我一定會要求自己將成品做到好爲止，否則就不會停止。

之後遭遇到這麼多不如意的事後，我也看開了，開始學會眞正的放鬆自己，以往我的作品一定要求合乎邏輯、嚴密的方式，但這十多年來，我倒是經常在寫詩句呢！呵呵……我喜歡這兒的環境，可以讓我靜下來不去理會學術上、傳統上的一切知識系統，我就抓著自然的腳步、跟著自己的思想走，這是很棒的經驗。」

結束了訪談，海德格又陪著兩位客人在山林間悠遊了一會兒。一個小時候，海德格又是獨自一人了，然而對這名老人而言，這應該不算是孤獨，因爲孤獨容易使人產生畏懼，但是十多年來他並未有此感受。或許，「靜寂」對這位哲人的生活而言，才是更爲合適的形容吧！

解說

作為現代詮釋學先驅的海德格，最大的特別處乃在於他不再將人與世界的詮釋劃分為二，而是將兩者視為一體，這就是「此在」。人於此時此地存在，就是人於世界中存在，也因此人在做詮釋時，完全是取決於其與世界的相處模式。如此衍生也就不存在著世界的客觀性質，只留下自我解釋世界的意義。然而，海德格後期的思想又發生了轉變，他接觸了中國道家哲學後，便又將自我解釋的部分移除，改以「天道」作為解釋的基礎。他認為人之為人的價值，乃在於人能領悟到天所傳達的訊息。而所謂的天道為何？即是自然。

其後的學者如高達瑪雖然將現代詮釋學做了更完善的解釋與擴充，然而其本源仍是不離海德格的思想。

年表

公元一八八九年	生於德國巴登州梅斯基爾希，父親爲教堂的輔祭。
一九〇三年	父親希望海德格日後成爲神父，便送他至康斯坦茨一間耶穌會所

辦的初中學習。

一九〇六年　前往弗來堡一所教會中學唸高中，海德格十分喜愛閱讀文學作品，也開始接觸胡塞爾的著作。

一九〇七年　回鄉時巧遇格婁貝爾神父，獲得一本博蘭太諾《論亞里斯多德關於「是」的多種意義》論文集。

一九〇九年　進入費堡大學神學院學習。

一九一一年　轉入哲學系。

一九一四年　獲博士學位。

一九一九年　胡塞爾提名他擔任助教。

一九二〇年　結識學者亞斯培。

一九二七年　海德格《存在與時間》發表在胡塞爾的《現象學年鑑》。

一九三〇年　胡塞爾於柏林公開批評海德格，兩人關係惡化。

一九三三年　海德格接受希特勒之請，出任費堡大學校長。

一九三四年　對外發表演說，支持納粹政權。

一九四四年	被迫參加修築萊茵河防禦工事。
一九四九年	被列爲戰犯。
一九五一年	被批准恢復工作權。
一九五九年	正式退休，多數時間海德格均隱居在多特瑙山區的小木屋裡。
一九七六年	死於費堡家中，享年八十七歲。

精密邏輯語言的設計者

維根斯坦 Ludwig Wittgenstein, 1889-1951A.D.

怎麼會有人想把自己活得那麼辛苦呢？緊繃的思緒、專注的神情、分秒不想浪費、大量的學習、冷漠的疏離、只想追求真理……維根斯坦，你是個苦行僧嗎？

工業設計家

維也納雖說是一座充滿音樂氣息的人文城市，然而同時卻也包含了許多非純然藝術因子的成分在其中。在這個世紀與世紀交鋒之際，這座城市中確實也出現了一位足以與德國克魯柏及美國卡內基相提並論的人物，他就是布拉格鋼鐵公司的總經理——卡爾。

位於林蔭街十六號的兩層樓大宅裡，女主人列普蒂娜正帶著兩個女兒瑪格麗特與海來妮學著用毛線編織冬季的圍巾。她們三個人在二樓的起居室裡，列普蒂娜坐在一張緊鄰著窗台邊的大搖椅上，裙子上擱著一粒毛線球，雙手架著兩根細長的木棒，她正在示範一些再基本不過的針織法，而兩個小女兒則興沖沖地圍著母親身邊仔細盯著看。

不一會兒，瑪格麗特就嚷著：「媽媽，我要試試看，我已經會了，我現在就織給妳看。」

母親尚未答腔，在一旁的海來妮也不甘示弱地叫著：「哼！我也會了，這跟彈鋼琴一樣簡單呢！先讓我試試。」說完就要伸手去抓列普蒂娜手中的棒針。另一頭的瑪格麗特當然是不服氣了，她馬上也伸出雙手不讓妹妹得逞。

列普蒂娜自是不會讓場面繼續混亂，她以略帶嚴肅的口吻道：「安靜！兩位小淑女們，妳們這樣可是有失氣質的喔！」

經過母親這麼一說，兩位小女孩果然都聽了勸，一起鬆了手。這時，列普蒂娜才微笑地說：「嗯，這才是聽話的好女孩。來，既然妳們都這麼聰明，看了一次就說會了，那我可是要立即驗收成果囉！妳們等一會兒，我再去拿棒針與毛線來，妳們也各自去拿兩張椅子來，我們待會兒就開始了。」

瑪格麗特與海來妮各自搬了一把精緻的小椅子放在大搖椅的旁邊，而列普蒂娜也已經取出了兩副棒針與毛線交與姊妹倆。

她看著兩個小女兒開始有模有樣地編織起圍巾，不禁覺得十分有意思，淡淡的笑容便浮現在臉上。可惜這並沒有維持多久，不到一分鐘，兩個女兒均用著哀怨的眼神向她求救。

「怎麼回事啊？兩個人都一個樣！根本就不專心，還硬說自個兒已經會了！」母親以微嗔的語氣告誡著女兒們。「來，我們從頭再來吧！妳們看好，同時也開始動著妳們的雙手⋯⋯」普列蒂納拿起剛剛織了一小片的「半成品」將它整個拆散後，重新仔細地示範著。

約莫過了一個小時候，瑪格麗特與海來妮逐漸能熟練的控制手裡的兩根棒針，並且也都織出了一小片圍巾的雛型來。兩個姐妹十分有成就感的欣賞著自己的作品，還不時地相互炫耀著。母親在一旁見狀，只是覺得孩子們的舉止實在是又好氣又好笑，不過她也沒再多加訓斥。

這時，叩門的聲音由外邊傳了進來。「夫人，大小姐說有一個驚喜要讓您看看。」是安絲的聲音。

列普蒂娜往門口瞧了一眼，又轉頭對兩個女孩子說：「妳們在這裡待一會兒，要小心地織喔！否則很容易出錯的。我去看一下是怎麼回事。」

她打開了門問道：「海密娜有什麼驚喜要讓我看啊？」

站在安絲後面的海密娜迎向前來，手裡端著一個小小的木製東西。她笑著說：「媽媽，妳看！這是維根斯坦花了一個下午做出來的縫紉機喔！很有意思吧？」她將這台小縫紉機拿到了母親的眼前讓她瞧著。

列普蒂娜輕輕地接過這個小東西，看得很開心，她左右端詳了好一會兒，笑著道：「嗯，好俊巧的縫紉機啊！如果它可以縫一些東西就更棒了不是嗎？」她的眼神仍停留在這台小機器上。「啊，維根斯坦呢？他到哪裡去了？」列普蒂娜突然問起小兒子的去處。

「媽媽，妳別擔心，他現在還在房間裡休息呢，剛才我看他與保爾兩人在玩，現在兩個人都分別回房睡去了。」海密娜說著。

列普蒂娜輕輕地將縫紉機還給大女兒，吐了一口氣說：「吁！我剛剛在教妳兩個妹妹編織圍巾，起初她們不會，還差一點鬧起來，眞是的，都十多歲了還耍小孩子脾氣！」

「媽媽，妳還沒看完呢！這東西眞的可以縫上幾針呢！來，我操作給妳看看。」海密娜對於妹妹的事情似乎不太關心，她又向母親說著關於縫紉機的事情，並且拉著母親進起居室裡準備示範。

列普蒂娜跟著大女兒回到了起居室裡，兩個妹妹也湊上來看熱鬧。海密娜從針線盒裡取出了一條線與一塊小布，就跟操作一般縫紉機的方式一樣，她開始爲這塊布的邊縫出了一道車線來。

這一連串的動作使得圍觀的人都發出了不可思議的讚歎聲，連安絲也跑上來在一旁看得很新鮮。海密娜將這一塊布拿起來交給母親，笑著說：「哈！很有趣吧？它還眞能縫上幾針呢！」

列普蒂娜拿著這塊布反反覆覆地看了好幾眼，微笑著說：「嗯！眞是有意思，沒想到我們維根斯坦居然這麼有天份，等到你們的父親回來知道了，也會很開心的！」

傍晚時，卡爾回到了居所，列普蒂娜隨即推著小兒子向他的父親炫耀著今天的成果。維根斯坦走到父親所坐的沙發前，微笑的看著父親，雙手則藏在背後。卡爾見到兒子的舉動後，笑著摸摸他的頭，「怎麼啦？你身後藏著什麼呢？嗯，我猜猜……是我的禮物？不對啊！我可還沒過生日哩！還是你有什麼新玩具要讓我看看？」

維根斯坦搖搖頭，笑著回答：「不對！不對！爸爸都猜錯了，是我的新發明，小縫紉機！」他將縫紉機拿出來給卡爾看，臉上滿是得意。

卡爾看著這個用火柴棒製造完成的縫紉機，又笑著問：「那你縫一些東西給爸爸好不好啊？」

維根斯坦隨即從口袋抽出早已準備好的材料在卡爾面前表演起來，而結果也令卡爾覺得很有意思。

他抱起兒子放在自己的大腿上，很開心的說：「哈哈！你可眞是厲害啊！嗯，路卡（維根斯坦的小名）果然遺傳到我們家的優良血統，你將來一定會在技術研究上有著可觀的成績，我可是後繼有人啊！」

臨睡前，維根斯坦將這個小小的卻引起家人稱讚的縫紉機謹慎地放在自己的床頭櫃上，他點亮床前的小燈泡，舒舒服服的鑽進被窩裡，隨即又探出頭來觀賞自己的作品，直到眼皮再也撐不住了……第一次，他覺得自己好有成就感。

破繭而出

這一天，剛回到家中的卡爾神情顯得有些古怪，在他還沒向任何人說出口時，列普蒂娜就已經察覺到他的怪模樣了。她關心的問：「怎麼啦？今天出了什麼麻煩嗎？」

卡爾親了親妻子的臉頰後說：「唉，我上午收到了林茨中學校長的來信，信中說到我們的寶貝兒子維根斯坦這一個學期已經曠課達三百節整了！妳說該怎麼辦呢？我把信帶回來了，就在這兒。」他從皮箱裡拿出一封印著林茨中學字樣的公函交給了妻子。

列普蒂娜接過手來，打開信件迅速地瀏覽了一遍後，不禁皺起眉頭來，「真是的！這個孩子都在做些什麼？信上也不太說他心裡在想些什麼……不成！卡爾，我們寫封信去問問他這件事情吧！我擔心不好的事情又要……」她的語氣裡透露著極多的無奈與著急。

實際上，卡爾家的小孩除了三個女孩子外，還有四個男生，最大的是漢斯，再來是魯道夫，排第三的是保爾，最小的就是維根斯坦了。雖說這個家庭是極爲富有又有聲望的家庭，然而孩子們似乎過得並不快樂。在兩年前，大哥漢斯在美國選擇了自殺，這件事令卡爾夫婦十分難以置信，不久後他們才知道原來漢斯一直爲自己的同性戀傾向困擾了許多年。

這一件極爲不光彩的事使得卡爾一家頓時蒙上了一層哀傷與有些難堪的陰影，而夫妻倆除了自責平日疏於對漢斯的關心外，對於魯道夫以降的男孩子也就特別留意起他們的一舉一動。然而，卡爾家中並未因而脫離死亡的陰影，次子魯道夫在今年初竟也離奇地在維也納的某一處角落裡踏上了其兄的步伐，雖然死因不明，但是所有認識魯道夫的人都相信，原因大致與漢斯的問題雷同。

「嗯，我知道，我會寫兩封信，一封寄回給學校，另一封則要好好的了解一下路卡最近的心情，我可不希望再失去任何一位家中的成員了！」卡爾嘆了一口氣，眼中同時透露著堅毅、疑惑、感嘆與憐惜的複雜神情。

很快地，維根斯坦就答覆了父親的關心。他在信上大致敘述著近來的狀況，說是中學的生活令他十分地不能適應，原因是他那嚴格的家庭教育使他在一開始時便受到同學們的嘲笑與好奇。例如他在與人談話時，習慣以「您」來稱呼對方，或者是在姓氏後面加上「先生」的詞彙……諸如此類，令同學們相當不習慣。

另外，中學裡的課程並非是每一項科目都能讓他感到有興趣，起初還能專心地聽個幾週，但時間一久，他也就不想再花費精神再去聽這一些課程，多數蹺課的時間裡，他就窩在房間裡看書或是與斯第格勒在一起。

而他也特別描述了這個奇異的同學——斯第格勒的一些情況，信中說他是個極有才華但是行事極爲與眾人格格不入的同學，但是維根斯坦卻對他特別感興趣，並且也允許他用「你」來稱呼自己。

最後，維根斯坦還提到哥哥魯道夫的死的確令他的心情低落了好久，何況報紙上都刊出了報導，這令他更不願意去面對同學們異樣的眼光，但是他也相信自己應該不會走上兩位兄長的後塵，請卡爾夫婦放心云云。

卡爾隨即又寫了一封信給維根斯坦，意思是身爲父親的他完全能理會小兒子現在的心境，也絕不會一味地苛責他缺課的事情。既然在那裡不能放鬆心情，那不妨就先回維也納好好地渡個假，至於缺課方面的事，就暫時先不去理會，先將心理調適好最爲重要。

或許是維根斯坦有著自己的考量與打算，對於父親的勸說，他並未有過多的考慮，因爲他直到十四歲那一年才從家庭的這個小圈圈中掙脫而出，第一次與家人以外的社會接觸，對他而言，這是一種新的考驗，他不能再躲回家庭溫室裡了。雖然林茨中學給他最後的評語並非很理想，然而他也算是勉強撐過了中學這一個含有過多「矛盾」的生涯！

三分鐘熱度

在柏林市夏洛藤堡工學院的一處實驗室外，兩個年輕人正抬著一只大風箏往旁邊的草坪走去，他們一邊走一邊笑著。

「維根斯坦，待會兒如果這個大X型飛不起來怎麼辦？不是我愛說你，這個東西怎麼設計成這樣？」留著短髮的年輕人說著。

維根斯坦笑著說：「欸！伊克勒斯，你可別小看這個風箏，它可是我花了幾天的時間所設計出來與製作的成果呢！」

說著說著，兩個人已經來到了草坪的中央。今天的風勢還算適宜，這個足足有八尺高的立體風箏已經蠢蠢欲動了。他們先將風箏平置在草地上，伊克勒斯就著風箏旁的草地坐臥了下來。維根斯坦從地面拔起了幾根小草，再用力地往空中一拋。這些小草先是被垂直的丟入空中，旋即就紛紛地往東南邊的方向散落開來。維根斯坦掏出口袋裡的筆記本，又看了一下錶，記錄了今天的風向與時間。

臥在一旁的伊克勒斯看到好友的舉動，又瞧瞧另一頭不動如山的風向儀，抱怨著說：「哎啊！爲什麼校方都不派人來修理這個風向儀呢？它已經壞了一陣子，難道要我們像古人一樣用原始的法子來測風嗎？」

「無所謂，反正我也只是先做個粗略的試放而已！來吧，我們準備開始了。」維根斯坦低著頭，一邊動筆一邊說著。

他們架起了巨型的風箏，並且慢慢地將它升上天空，漸漸地，這只風箏愈攀愈高，體積看上去也就愈來愈小了！約一分多鐘後，它已經穩穩地飛颺在約五十公尺高的空中俯瞰著地面。

維根斯坦與伊克勒斯看著這只風箏持續地飛著，便開懷的相互擊掌以示成功。他們坐在草地上仰著頭，以雙手撐在身後的姿勢看著風箏。

維根斯坦突然嘆了一口氣，「我接下來還要做些什麼呢？之前做過熱氣球了，最近都在做風箏實驗，差不多覺得有些無聊了……伊克勒斯，你幫我想一想還有什麼有趣的實驗或是東西好嗎？」

伊克勒斯聽完好友的話後，轉過頭來看著他，「喂，老哥，你怎麼常常搞這種花樣啊？剛進學校時，你一整個學期都在研究熱氣球，隔了一學期之後，你又轉而熱中於風箏的實驗飛行，現在你又說風箏無聊了！你啊，每一件事只有三分鐘熱度而已！不過話又說回來，你還眞是個天才，短時間內你都可以弄出個還算優秀的成績來！」

維根斯坦笑著說：「什麼優秀？我不過是盡興罷了！根本就稱不上什麼。其實，我也知道自己這個毛病，但就是改不過來，如果改得過來，那我就不會在中學創下四百二十五堂的缺課紀錄了！因爲那些科目上一陣子後就覺得乏了，直到現在進了大學，還是無法根治這種心態，這可怎麼辦好哩？」

「哼！聽你的口氣啊，根本就不把這種毛病放在心上。我可就不一樣了，也沒你天才，所以我從一進來就專心的研究發動機。」伊克勒斯用著勸誡好友的口氣說著。

「發動機？」維根斯坦突然若有所思地說：「嗯，如果我研究發動機也不錯啊！而且飛機的引擎不就是一組組的發動機嗎？這樣子還是可以跟我目前所學扯上關係吧！」他似乎又找到了新的研究動力。

伊克勒斯看著他又動起腦來，而且是朝著發動機而來，不禁用手拍拍自個兒的額頭呼道：「喔！拜託，你眞是的！」喊完後，又瞪了維根斯坦一眼，然而在見到維根斯坦那種熱切的神情後，他又嘆道：「算了，算了！如果你眞想學學發動機的原理或其他的，我們一塊來切磋吧！我把我會的部分全都傾囊相授，如何？」

維根斯坦聽見好友這麼說，開心地拍拍伊克勒斯的肩膀，「哎啊！有什麼好抱怨的？我們一塊學習一定會事半功倍，搞不好眞的會取得一些新的成果出來哩！對不對？走吧！我們回屋內去看看發動機的書籍吧！你可別小氣的不借我啊！」說完他就站起身來，拉著伊克勒斯打算離開草坪。

「欸，風箏呢？你不要啦？你不是很累了嗎？改明天再看又不急。」伊克勒斯拉住維根斯坦，指著風箏。

維根斯坦這才憶起風箏還未收拾，他笑著說：「對啊！我差點給忘了，還好你提醒我，我們將它拉下來吧！還有，我現在不覺得累，所以沒什麼關係，我們待會兒還是依我提議的做吧！」

他們將風箏慢慢地收拾好抬回實驗坪的製作室內，之後，維根斯坦便迫不及待地邀著伊克勒斯一起往新的興趣——發動機的研究上發展下去。

「只是不曉得這一次又能維持多久？」伊克勒斯在心裡偷偷地想著這個問題。

迷人邏輯

享譽歐洲的維也納交響樂團在劍橋的音樂廳裡一共演出了三場表演，自然是吸引了不少的愛樂人士前往聆聽，更有許多自詡爲上流階層的「資產新貴」攜老帶幼、浩浩蕩蕩地前往劇院滿足莫名的虛榮心。從小就沉浸在音樂藝術環境中成長的維根斯坦，自然是不會錯過這幾場來自故鄉的音樂饗宴，更何況他已經離家多年了。

然而現場人群的嘈雜卻使得維根斯坦原本高昂的情緒大受影響，他冷眼看著這些進場與散場時吵吵鬧鬧、嘻笑戲鬧的人們，心中浮現出十分鄙夷的念頭。還好頭兩天因爲不是週末，大約只有六成左右的進場人數，所以還不至於令他到發火的地步。

最後一天的情形就不同了，將近九成的席次都坐了人，而且較前幾場更爲喧嘩與譟動，不少年輕夫婦還帶著稚齡兒童進場欣賞，這對多數的兒童來說可是件折磨人的事。

散場時，維根斯坦繃著一張臭臉氣沖沖地往大門邁去，當他用力拉開玻璃門時，並沒有留意身邊的人，厚重的門撞上了一個男人的額頭，痛得他當場叫了出來。

維根斯坦冷冷的看著這個受了傷的男人，只見他摀著額頭的手掌下是一張扭曲而漲紅的臉。那男人痛苦的說：「你怎麼這麼不小心哪！」他的朋友也緊張地關心著他的狀況。

維根斯坦卻只是淡淡的丟出一句：「我們可能還得進一步的認識吧！」也不等他們反應，直接就轉頭離開了劇院的大門，留下一群不明因果的圍觀群眾與錯愕的當事人。

那男人摸著已經腫起的右額，憤怒的視線穿透玻璃門落於已在幾十公尺外的身影上。他不住的邊喘息著邊問道：「有誰知道那個莽夫是誰啊？」

群眾之中傳來了一個聲音：「他是維根斯坦，三一學院的研究員！」

一時間，聚在門口的人們開始議論紛紛。

幾天之後，在一個學術會議中，幾位學者正在會場外的沙發上聊天。這時，一位滿頭白髮的男士走過去和沙發上的人打了聲招呼，坐著的其中一個人隨即站起身子與他握手致意。

「好久不見，強森博士。」白髮男人面帶微笑地說著。

強森博士也笑著回應：「是啊，是啊！我最近剛由美國回來，還沒時間去拜訪您，眞抱歉！羅素博士。」

「沒關係，我們都幾年的交情啦？這幾位是？」羅素善意地看著其他兩位男士。

強森說：「我來介紹一下！這一位是語言學家亨利博士，而這一位是文學評論家李維斯。」他向羅素介紹了身邊的友人後又繼續說：「這一位呢，就是三一學院最有名的邏輯學教授羅素博士。」

羅素在與他們寒暄過後，笑著指指李維斯的額頭說：「李維斯先生，您的右額怎麼受了傷？」

李維斯下意識的摸摸傷口，半帶著責備的口吻說：「這可是拜貴學院的人所賜！」

羅素皺了一下眉頭道：「我們三一學院的人得罪了先生嗎？是學生嗎？」

李維斯搖了搖頭，嘆了口氣道：「應該不是。」

羅素半開玩笑地說：「不是學生啊，難不成是維根斯坦？」

李維斯無奈地點點頭，「眼睛炯炯有神，沒蓄鬍，臉型瘦削，深棕色髮有些微捲，大致是如此。是他吧？」

接著李維斯就將那天的情況敘述與羅素知道。

羅素聽完後，微笑著告訴李維斯：「他是我最得意的學生。」他輕拍著李維斯的肩膀，繼續說：「不過，那是很久以前的事了！那時候他還是個年輕的小夥子，渾身充滿了學習的熱誠與精力。第一學期結束，他來到我的研究室問我他是不是一個白痴？如果我的答案是肯定的，那他就決定去當一個飛行員；如果否定，那他將來就會是個哲學家！當時我告訴他：『那就先寫一篇哲學論文來看看，到時答案就會揭曉了！』新的學期一開始，他就交了一篇論文來，讀完之後，我眞覺得他是個天才！從那時候開始，他就和我熟絡了起來。幾年的相處下來，中間還經過大戰，他進了部隊，我也去了北京，之後我們的聯繫就愈來愈淡薄。爲什麼呢？因爲他眞的不懂得如何與人相處，他總是獨斷、暴躁又刻薄，他眞的學習得很快，並不時的發表文章攻擊我或其他人，而我總是試圖想維持我們的友誼，但也屢次遭到他的來信拒絕。

哼！終於在二二年八月我們碰了面，自此之後便正式的決裂了！現在他在三一學院裡當研究員，但我們總是很少打照面，不過，我相信以他的天資，絕對是一個很可敬的學者。」

李維斯笑著說：「原來是個不懂人情世故的書呆子啊！他連您都敢冒犯了，更何況是素昧平生的我。算了，就當遇見一個瘋子好了，我也懶得一直掛記著，搞不好以後還有交手的機會呢！」

羅素又說：「我還有一位朋友叫摩爾，十幾年前指導過他的博士論文，結果維根斯坦並沒有按照論文格式來書寫，沒有前言，沒有引文，更無任何注釋，摩爾一看自然是要求他重寫一份，結果維根斯坦回信給摩爾，信中大罵摩爾是個迂儒，與其那麼注重格式，不如好好的欣賞其中的價值，還叫他下地獄去！哈，結果摩爾火大了，一口否決了他的論文，直到兩年前他才拿到博士學位。這個人的確是得罪了身邊多數的人，但是也只有這種人才能擁有這種能力不是嗎？你們想，以前許多傑出的思想家不都是這副模樣嗎？而且被得罪表示他有注意過你，通常他們都是目中無人的。所以，也沒什麼好記恨的，我有時就會這麼安慰自己呢！哈哈哈！」

一旁的強森打趣的說：「是我們才能這麼想，您可不能喔！誰不知道您是當今世上有名的學者，除了歐美，連遠東的國家都忙著請你去了！」

羅素笑著說：「哈！只不過是我比較愛出鋒頭而已，比起眞學問，維根斯坦可是一等的！你如果有機會與他談話，就會發現到他對於語言用詞的表達是要求得極爲嚴格與精準，不容許有絲毫差錯存在——不論是對自己或是他人！這是很累人的一件事，但是他就可以如此。

十多年前，當他還是我的學生時，就常在我的邏輯學問裡挑出問題來，而且多半是極爲直接的！好比是『類型論』，他就指出這種理論是多餘的，事物不可能存在著各種的類型，只需要一種正確的理論去指引即可。之後，他又對『簡約原理』的公式提出了嚴厲的批評，認爲這些東西只是一堆廢話，玩來玩去就只見到一個處處露了餡的小把戲，一點價值與意義都沒有。呵……當年的他不過是個邏輯學的初學者而已，你們說他是不是一個天才？」

在場的人均十分有默契的點頭同意羅素所說的話。

李維斯又問：「那這位天才如今有什麼偉大的『建樹』問世了嗎？」

羅素馬上回答：「有的，只是沒有人注意到罷了！他寫了《邏輯哲學論》後，我也幫他寫了十多頁的序言，但是出版社的意願不怎麼高啊！其實那本書寫得很好，我也十分欣賞，要不我來陳述其中的內容如何？」

羅素一說，自然是獲得大家的肯定，即使這是個與自己無關的話題。

他接著道：「其實，維根斯坦抓住了關於哲學根本問題的重心，那就是『言說』。他認為他已經把哲學的最終問題解決了，為什麼呢？因為哲學上的問題一直為人所爭論不休的原因，就是出在人類本身對於『言說』掌握得不夠徹底！換句話說，人不能完全將思想與語言結合，兩者之間是有落差存在的。至於會產生落差，進而衍生出種種問題，關鍵就在於『邏輯』。邏輯不清晰者，『言說』就出現模糊，就會發生『命題』的錯誤，諸如此類的循環，造就了哲學一直無法解決最終的問題。這樣說，你們大致上應該可以明白吧？」

眾人又是一陣點頭。

羅素又說：「其實，他的出發點就是從邏輯去入手，目的是修正人類言說上的邏輯觀念，所期望的也就是要『能想的就要確確實實的想清楚』、『可以說的就要真正的說到明白』，『不可以說的，那就保持沉默』。當然啦，我在這裡也無法解釋得多詳盡，你們若是能去看看他的作品，或是當面與他談談這些問題，就會相當清楚了。

但是我要提醒你們，如果你們真的想看他所寫的東西得先有心理準備，他的著作並非是傳統長篇大論的文字敘述，而是三言兩語的，就像是語錄、筆記一般簡短，沒有贅言、沒有開頭辭，什麼都沒有，所以讀來是沒有任何思考與喘息的機會的，這也是維根斯坦的一絕啊！喔，時間到了，先聊到這兒，諸位請一塊進去吧！」

羅素在說話的同時，會議正要進入第二個單元，眾人便由沙發往議場從容地移動著。

「怎麼會有人想把自己活得那麼辛苦呢？緊繃的思緒、專注的神情、分秒不想浪費、大量的學習、冷漠的疏離、只想追求眞理……維根斯坦，你是個苦行僧嗎？我倒很想認識你呢！」這位文學評論家跨出步伐的當兒，腦海中卻也思索著這位「曾經傷害過他」的奇特人物。

解說

從許多方面看來，維根斯坦似乎只是一個語言學的改造者，實際上這一點並沒有全然地說錯，然而現今世界上只要與語言相關的派別，哪怕只牽涉到一小部分，諸如：語言分析學、牛津學派、語言哲學及結構主義等等，都逃不開維根斯坦的影響。換句話說，維根斯坦不僅只將語言視為溝通訊息的工具，他更將之看作是人類各種生活模式的主要表現。也因此，單就維根斯坦的角度看來，關於語言的思維則牽連更廣了，舉凡心理、文藝、政治等等均包含在語言研究的範圍。

曾經有人將二十世紀的哲學稱作「語言遊戲的哲學」，這一句話的意涵就是指：自維根斯坦之後，哲學研究是脫離不了語言的。

年表

西元一八八九年	生於維也納，父親爲一著名鋼鐵業鉅子。
一九〇三年	維根斯坦終於離開家中的私塾，進入林茨中學就讀。
一九〇六年	進入夏洛藤堡工學院學習。
一九〇八年	前往英國，進入曼徹斯特大學研究所。
一九一一年	首次接觸羅素。
一九一二年	入劍橋三一學院註冊，與羅素成爲師生關係。

一九一四年	世界大戰開始，維根斯坦參加志願兵。
一九一八年	大戰結束，羅素前往北京大學。
一九一九年	維根斯坦回到維也納，決定當個小學教師，並將百萬家產分給兄弟姊妹。
一九二二年	與羅素在布魯塞爾會面，兩人友誼破裂。
一九二六年	放棄教師工作，前往修道院擔任園丁工作。
一九二八年	於維也納聽布勞維關於數學基礎的演講，又燃起爲新哲學研究的熱情。
一九二九年	重返劍橋，博士論文《邏輯哲學論》通過。
一九三〇年	成爲三一學院的研究員，在裡頭從事研究與教學。
一九三八年	申請英國國籍。
一九四四年	成爲劍橋大學教授。
一九四七年	辭去教授一職。
一九五一年	因病逝世，享年六十二歲。

遊走文化邊緣的搜捕者

傅柯

Michel Foucault, 1926-1984A.D.

當他頂著那個大光頭出現在群眾與媒體前，所有人全部準備聽他那生動、精采的演説，尤其是在那一場關於「死刑議題」的活動中……當他初次踏入這個酒吧時，確實也引起了極度的騷動。

等待

傍晚時，香榭大道上出現了不少蹓狗的民眾，各種品種的狗兒在人行道上愉悦地與牠們的主人一塊閒遊，順道欣賞著已不再是炙熱毒辣的餘暉，有更多的人就坐在大道兩旁的椅子上，悠悠然地看著晝夜交替的巴黎街景。日暮的紅霞染紅了西半邊的天空，營造出一股鬆懈慵懶的情境。

這當中有一個身著黑色西裝的光頭男子，鼻上掛著一副粗框的墨鏡，略顯薄的嘴唇微微地上揚，看那模樣，除了瀏覽眼前的風光外，主要目的應該是在等人吧！只見他雙手一直插在褲袋中，不曾伸出衣外，嘴角也一直保持著原先的弧度。

他站在此地約有十多分了，期間有幾隻狗從他身邊走過，甚至還有一隻米格魯獵犬駐留在他的褲管處嗅聞著，害得女主人紅著臉連聲地向他道歉，而他也只是稍稍地搖搖頭不發一語，嘴型僅有兩秒種的擺平，隨即又回復成原先的狀態。

足足有十八分鐘又十二秒了，光頭男子第一次抽出左手看著腕上的錶。這時，他的身後突然逼近了一個帥氣的金髮青年，離他不到兩呎的距離。這名戴墨鏡的男子尚未察覺，仍兀自將頭朝著香榭大道的中央擺著。

「我在這兒！」金髮的年輕人突然發出了聲音，令光頭男子嚇了一跳，不過他馬上回復到鎮定的神態。

他轉過身來面對著金髮年輕人，笑著拍拍他，兩人接著就互相擁抱起來。他拿下墨鏡，看著對方道：「你這個壞傢伙，什麼時候躲到我的背後去啦？我可是等了將近二十分鐘呢！」

年輕人漾著滿臉的笑意回道：「剛剛的確是耽誤了一些時間，我們那個座談會晚了約十分鐘才開始，中途又被了一些小事情耽擱，不過，我可是第一時間就離開會場的，遠遠的我就瞧見了車，之後又瞧見了你，故意繞了圈子逗逗你，結果從頭到尾你都沒瞧見。」

「我老早就從研究室出來了，害我白站了那麼久。剛剛還有一隻小獵犬在我的褲管旁一直嗅著，我想可能是香水的味道刺激了牠，結果那位小姐倒是比我還緊張呢！想到就覺得有趣，走吧，我餓了，去吃晚餐吧？」光頭男子這麼說著，同時也以手指指著他剛剛被聞的褲管。這會兒終於是看清楚他的年紀了，雖然臉上的皺紋並不明顯，但是眼睛周圍的皮膚卻顯露了他的歲數——大約是個五十歲的男人。

年輕人蹲下身來，學著狗去嗅他的褲管，這個舉動令兩個人不住地大笑。年輕人笑著說：「你呀！全身上下都沁著古龍水的香味，難怪會招引小狗！不過嘛，或許牠只是要找根柱子撒泡尿而已，所以那小姐才會那麼緊張。」

光頭男子對於年輕人的話一點都不以爲意，也笑著說：「管她的！假如眞的尿了，她就得賠我一條褲子。好了，我眞的餓了，走吧！」他攬住年輕人的肩，兩人一邊笑著，一起朝著不遠處的一輛銀灰色「積架」跑車走去。

酒吧

喧鬧的曲子由門縫中些微地流瀉出來，這裡仍是巴黎市區，四周圍並沒有亮晃晃的路燈，卻有幾根曲成字母的冷藍色霓虹管牢貼在磚牆上，作爲辨識大門位置的唯一照明。

一輛汽車由遠處一端疾駛過來，在快接近霓虹燈時開始煞車，輪胎摩擦地面的刺耳聲驚動了一隻蜷伏在垃圾堆中的流浪狗，牠驚慌地站起身子，發著綠光的眸子緊盯著這個製造噪音的對象，卻又牠隨即低下頭去，發出了一陣低鳴後又轉了個身子，依舊蜷伏著要繼續睡去。

停妥後的車子並未馬上熄火，連車頭燈也未關閉，周遭的環境像是曝了光似的，頓時變得一覽無遺。原來這是一條小小的巷道，附近的房舍看來都是由磚牆砌成，像極了廢棄的工廠區，因爲磚牆底下都是隨處丟棄的垃圾與各型廢棄物，唯獨貼著霓虹管的那一面牆腳下算是乾淨的。

那車子貼著暗色玻璃紙，根本瞧不見裡面的情形。約十多分鐘後，引擎突然熄火，車門才被雙雙的打開來，是先前的光頭男人與金髮年輕人。他們在車頭會合後，即互搭著肩、熟練地踏著漆黑的路面，有說有笑地走向霓虹管下的那扇門。

老闆多邦東帶著微笑，大聲地喊著：「歡迎我的貴客——傅柯和吉貝爾！請快過來吧。」他迎上前去，先與光頭男人互相擁抱後，又摸摸金髮青年的臉頰。裡面的燈光雖然較外頭亮些，但是多數的地方還是呈現著暗沉色調，只知中間的舞池裡擠了一些正在跳舞的男子，其餘的就看不眞切了。

這是一間另類的酒吧，知情的或是會來的人多半都是同性戀者，而且以男性爲主。老闆多邦東是在六九年開始營業的，當時他還只有三十歲，只是一個剛剛確定自己『性向』的父親……十年過去了，他早就拋棄了家庭與另一位「女性」同居，兩人一起經營這間奇異酒吧。

「爲什麼還放著這麼熱鬧的音樂啊？」傅柯大聲地問著多邦東。他素來就不喜歡太過熱鬧的氣氛，有時他還會因此而大發雷霆哩！

多邦東自然知道這位來了五、六年的老顧客的脾氣，他連忙向傅柯比了一個「沒問題」的手勢，先將他們兩人帶到老位子後，隨即衝向後頭將音樂給切轉成靜止。沒有人因此而抗議，所有人都知道是傅柯來了！這長期培養下來的默契，主要也是因爲多數的顧客都是熟客，不僅是與老闆，他們彼此間也已形成一個共識團體，還會不時地相互聯絡哩。

傅柯更是當起其間的領導者，因爲從七〇年代以後，傅柯儼然成了一位社會運動者，而且還極爲地鋒健。當他頂著那個大光頭出現在群眾與媒體前，所有人全部準備聽他那生動、精采的演說，尤其是在那一場關於「死刑議題」的活動中……當他初次踏入這個酒吧時，確實也引起了極度的騷動，他們全都臣服在他的丰采下，自然也就被拱爲這兒的、甚至是巴黎同志圈內的領袖人物！

極度體驗

傅柯站到舞池的中央後，慢慢的轉動一圈環視所有的人——愛人、熟人與少數的陌生人。繞了三百六十度之後，依舊是維持著嘴角上揚的弧度，他擎起手中的酒瓶，示意著他將要說話了。

他道：「各位，剛剛多邦東告訴我說今天他得到了一批新貨，希望今夜在場的人、所有的人都能一塊共襄盛舉！我相信再過幾分鐘後，我們場中的每一個人都能體驗到什麼叫作『意識的迷幻』，好嗎？」最後的幾句話，傅柯是愈說愈響亮，酒瓶也不斷地在頭頂上空舞者、旋著。

周圍的人也跟著情緒高張了起來，他們齊聲的歡呼著。

「既然是要體會所謂的『迷幻意識』，那我們也得放放音樂助興吧！我知道多邦東也是個樂痴，一定會有我們需要的音樂。來吧！爲六〇年代的迷幻搖滾詩人莫瑞森（Morrison）乾杯！我們要他、就是要他！敬偉大的迷幻天才——死於巴黎——」傅柯舉起雙手，更是大聲地說著。

這時門戶樂隊（The Door）的音樂由揚聲器裡慢慢地流瀉而出，漸漸盈滿了整個空間。所有人的情緒此刻已高過方才，不少人更是不停地喔——喔——喔——地喝著。

多邦東從櫃子裡取出了一組酒精燈、湯匙、帶頭的針筒及一包白粉，再把東西統統放在吧台上，他的『伴侶』則熟練地將火點燃，剔出一些白粉置於匙杓裡，又加了一些水，接著開始加熱及攪拌，等到匙杓裡的混濁液體沸騰了之後，多邦東便取出針筒就著匙杓汲取著。

「嘿！這東西純得像是剛下的雪。」多邦東捲起袖子，他的『女人』以適度的力道拍擊他手肘關節的靜脈處，微紅了之後，斜口的鋼針輕易地就穿刺了皮膚的底層直達血管。「啊……眞爽！一股熱漿在我的血管裡流竄著，天底下只有它才能比性愛還刺激，哈……哈！」注射完後，多邦東昂起頭來深深地吐了一大口氣，舒坦地說著。他的伴侶輕輕地接過針筒，繼續著製藥的程序。

先注射完的傅柯單獨地走回沙發上躺著，他的腦袋裡開始出現了幻覺，身子也漸漸地感到輕鬆了，每回這種輕盈的感覺都會讓他特別地舒服。他記得第一次接觸這種玩意兒是在一處清水碧天的野外；在一群同志們的野外聚會裡，他第一眼就看中了吉貝爾，因爲他的面容及身材是當中最出眾的，加上他也是個才華洋溢、風流倜儻的年輕作家，這使得傅柯對他更是傾心。

那一次的聚會之後，傅柯不僅有了新的感情，更有了新的玩意兒——海洛因。多半的時間裡，傅柯都喜歡在野外享受著迷幻帶給他的快感，當然，大麻菸他也經常嘗試。今天晚上是他頭一回在酒吧裡吸毒，只因純粹地想要。

幻覺持續地在擴張，他瞥見外頭有許多黑影在晃動，忽近忽遠，就像鬼魅般的飄蕩。他開始覺得每一條黑影都是要壓迫他的神經、搥打他的腦殼……是詛咒！他聽見了一個熟悉但十分遙遠的聲音傳了過來：

「你的腦袋裡有著什麼東西？爲什麼會想選擇這一條路？那是很辛苦的你知不知道？啊？搞什麼東西嘛？」

他仔細的睜大了眼睛，企圖搜尋出聲音與影像，好不容易地，他終於找到了，但仍不太清晰，像是隔了一層馬賽克般，只見一個少年人正被一個父親模樣的身影訓斥著。他想弄清楚是怎麼回事，便安靜地坐在一旁看著，而那對父子似乎對於傅柯的出現完全沒有察覺。

少年站在那裡低頭不語。父親又喝道：「你今天就給我說清楚，不要半句話都不吭一聲！你到底是要服從於我，還是根本就不甩我地堅持走你的路？啊？」

約三百秒後，少年將頸子伸直，看著他的父親，淡淡地說：「我對不起您了……」

當父親的一聽到這句話後，簡直是氣炸了，他吼了兩三聲後才罵道：「米歇爾，你不配當我的兒子！當醫生有什麼不好？我一直希望你能走我的路子，但是直到今天，我應該是要徹底的失望了，是不是？」

坐在一旁聽到「米歇爾」這三個字的傅柯突然嚇了一大跳。「這不是我的名字嗎？難道我回到了過往？誰在跟我開玩笑？」正當他極力地想明白發生什麼事情時，從他的後面又傳出了一位女性的聲音：「親愛的，別大聲嚷嚷好嗎？我從頭到尾都不知道米歇爾犯了什麼樣的錯誤，竟值得你這麼大發雷霆！」

父親從鼻子發出一聲冷笑，「這個小子居然要違背我的意思不肯去唸醫科！我問妳，該怎麼辦？」傅柯見到母親走到父親的身後，拍拍他的肩膀，「沒關係！來，我們到房裡談談。米歇爾，你先待在這裡，知道嗎？」不等孩子與父親回答，母親就推著父親往房間裡去。

這時只留下傅柯與這名少年在這個書房裡，傅柯很想走近仔細瞧瞧他的模樣，然而無論他怎麼接近，就是永遠保持著那樣的距離，永遠像是隔著一層馬賽克般。「這是怎麼回事？」他記起來了！過往的印象像是突然被抽拔出來般，赤裸裸的呈現在他的眼前……

十七歲那年，他剛剛通過聖斯塔尼斯拉中學的畢業會考，取得了極為優異的成績，接下來當然是要朝著升學的路子來選擇，偏偏問題出現了！當他告知家中想朝文史哲的方向追求學問時，身為外科醫師的父親卻極力的反對，因為這就破壞了他為兒子舖造的道路，兩人均為自己的理念而僵持著。

傅柯這會兒全想起來了！他抬頭想再看看當年的自己，卻發現自己又跑到巴黎高師院的宿舍走廊上。這時，走廊上突然竄出了兩三個驚慌失措的人，他們不斷地叫嚷著：「傅柯又瘋了！他要拿刀追殺我們，趕快去通知舍監與警方啊！」

在他們身後約十多公尺處有著另外一名男子也在奔跑，手中還緊握著水果刀，嘴裡則不時地發出像野獸似的嚎叫聲。不少其他房間的學生們瞧見了，都嚇得紛紛躲避，唯恐這名失心瘋的男子將自己給砍傷了。站在走廊目睹況狀的傅柯，心中不由得產生一股恐懼感，他突然生怕自己也將被「他」傷著了，連忙退到廊柱後邊緊緊挨著。但是失了理智的傅柯似乎發現到廊柱後邊有人躲著，他舉起刀來，一步步地逼近，很清晰地可以聽見他嘴裡發出的怪聲，像是囈語，又像是低嗚。這時，躲著的傅柯雙手霍然被人給箝制住了。

「傅柯！傅柯！怎麼啦？你看起來怪怪的。」吉貝爾握住傅柯顫抖的手，試圖將他拉起來，「你爲什麼會縮在地板與沙發間的角落？我扶你起來。」

傅柯坐回沙發上，瞧了瞧四周——仍是在昏暗的酒吧裡。吉貝爾端了一杯開水讓他喝下。傅柯回過神來，喘了一口氣說：「吁！這玩意你試過了嗎？」吉貝爾笑著說：「還好啦！他們只有一支針，輪流傳來傳去的，我見他們大夥兒搶著要打，所以只要了一點白粉，全沾著吸進去啦！現在還有一點飄然哩！」

傅柯搖著頭說：「不行，我在這裡不習慣！剛剛看到了以前不大愉快的事，可能是空間過於壓迫吧！還是在郊外感覺比較棒。」

吉貝爾摸摸傅柯的臉頰，「以後別在這裡用那些玩意了，剛剛我在你旁邊恍恍惚惚的時候，是被你的聲音給驚醒的，就見你縮在地板上一直抖著，我才趕緊叫醒你啊！」說完，又用指尖輕輕的滑過他的臉頰。

「呵，我剛剛看見自己在高師的宿舍裡瘋了，拿刀要砍人，我害怕吧！所以身子縮到廊柱後面，沒想到竟是滾到地板來了！唉，我瞧瞧……已經十點啦！我們進來也快三個小時了，其他人呢？都還在發癮中嗎？」傅柯站起身子朝其他地方看了幾眼，見到多邦東在吧台那邊與他的伴侶兩人衣衫不整地癱疊在一起，其他的人不是橫倒在地上，就是昏睡在沙發上。

「走吧，我們該跟這裡道聲晚安了，明天我們都有事情得做哩！」傅柯一邊整理著衣著，一邊對吉貝爾說著。

當兩人走到吧台附近時，傅柯突然蹲下身子抓起一條牛仔褲，「嘿，這是多邦東的褲子吧？有印象嗎？」

吉貝爾想了一會兒，回道：「沒什麼印象了。不過既然是丟在這裡，若不是他的，肯定就是格拉蒙的，他倆誰都一樣吧！」

傅柯笑了一會兒，將自己的皮夾子翻出來，數了數鈔票，拿出幾張便塞進那條褲子的口袋裡。他又輕輕拍著多邦東的臀部，而這自然是叫不醒已經精疲力盡的酒吧老闆的。

知識考古學

一進入法蘭西學院的研究室裡，傅柯還覺得不太舒服，大抵是昨天浮現的陰影還殘留在他的腦皮質內。打開了研究室的窗戶，他佇立在窗邊，大口大口地吸氣又吐氣，並且拍拍後腦勺，企圖讓自己提起精神來。過了一分鐘後，他才回到座位上開始準備待會兒上課的內容。

在這間有著四百年歷史的法蘭西學院，上課方式與大學可說是完全的不同，因為學院所開的講座大抵上都是自由的，而聽課的學生也是如此，從不強迫學生們要坐在教室裡。這是因為能在法蘭西學院上課的教授，必定在某方面有著相當傑出的成就，才有可能被委員們選進來成為法蘭西的一員；況且此學院是由國家所贊助，經費上幾乎是不成問題，若稱它為法國最具權威的學術單位，實在是名副其實。

傅柯站在講台上看著台下近三十個學生，開口說：「上回我們說到哪裡了？知識考古學的起源是吧？有誰願意回答我的？用最精簡的方式。」話一說完，馬上就有一個坐在前排的女孩子舉手。傅柯指著她說：「好，我請這位同學為我們說明一下。如果有今天才來的，也希望你們能了解。開始吧！」

那女孩以自信的表情陳述著關於知識考古學的定義：「考古學原本就是在追求並分析最初、最原始的實物，而它的對象也一定是實物，主要就是在幫助歷史學所不足之處，但是它所關注的對象必定是早於歷史學的。兩者的區別還是在於後者是產生在文明之後，前者多半專攻在史前時期。至於知識考古學，顧名思義，這門學科的研究方法必定也是分析探究最初的知識，而不涉及到其他周邊的文化、歷史背景等等，就是單就『知識』本身做研究而已！

爲什麼要做這一分析，是因爲傳統的學問，如以歷史學來說，歷史學家總是將各種事件做聯繫、並列，企圖使歷史產生出一連串的連續性，有過去、現在以及將來性。實際上未必每一件事都能如他們所願地發現到其間的關聯，不論它們是顯性或者是隱性的聯結。總之，傳統的方法均企圖使事件趨向一個大一統的局面，假若他們還是遇見了『間斷性』的出現，那就得很勉強地搬出一套能自圓其說的理論，甚至是東拼西湊的怪物！

然而這些東西的出現根本解釋不了『間斷性』、『突變性』存在的事實。所以知識考古學就是要解決『間斷性』與『突變性』的存在可能。而我們也知道知識的來源便是『論說』，因此知識考古學就是要在『論說』上面去發掘出它自身的問題。其中包含了種種可能的一切，但是不會去旁及它以外的事物，而『論說』則涉及了所謂的言談、文字等等一切可供陳述觀念的媒介！嗯……我這樣子解釋還可以吧？」女孩笑笑地問著傅柯。

傅柯推了推眼鏡，笑道：「這位學生說得還算馬馬虎虎，但是也應足夠你們清楚了！呵，妳可別難過喔！好，那我們今天就繼續說說知識考古學方法中的幾個分析原則。實際上，在知識考古學方面，我最初並不清楚有什麼原則、方法，也是累積了一段學術研究後，才慢慢的歸納出我所用過的此些種種。

前面說過，知識考古學的對象是在『論說』，它可能是語言意義抑或不是，那我們就用『符號』來概括吧！因此論說本身是很活潑的、可以伸展至各個層面的，更是實踐性的！而知識考古學便是抓住這一實踐性來做分析，我稱之爲『新穎原則』。

第二個，知識考古學旨在分析『論說』之間的差異性，不會也不能將分析出來的內容形成某種具有科學性的觀點，誇張地說也就是『去科學化』！爲什麼呢？因爲知識考古學不能再重蹈傳統歷史學的錯誤！你們記住，不是所有事情都具有符合科學規範中連續的過度性與轉換性質。他們極可能有著間斷性、突變性！所以呢，這個原則稱之爲『矛盾分析原則』。我有科學觀念嗎？當然有！但是我未必盲目地臣服於它的腳下。

接下來，是『比較描述性原則』。在知識考古學裡所著重的是『論說』，但絕非只是分析單一的論說而已，而是將各個分析完的『論說』在某一個特定關係裡提出來做比較，例如：以《精神病與人格》這本拙著來說，即在探索精神病與人格之間的關係；而《詞與物》同樣是我的拙著，裡面則揭示了語言學、政治經濟學、生物學之間關於歷史性的關係。

再來，我們談談『變化』在論說裡面扮演的角色。既然知識考古學的分析方法是要突顯『間斷性』等等非連續性所能解決的問題，那當然就要好好的審視『變化』。這裡所謂的變化在某種程度上也可說成是『派生』——岔出去的枝節，卻已經與原先分離了！或者乾脆說是『另起爐灶』，斬斷之間的延續。不論是何種的非連續性質，論說的彼此之間還是脫離不開相互影響的可能。關於這一個分析的原則，就稱爲『變化標記原則』。

我還是忍不住要批評傳統的方法，雖然他們進一步地想囊括所有的現象，表面上看來他們似乎是做到了，但是骨子裡卻是實實在在地支離破碎，是個胡拼亂湊的大雜燴！它的根基是很脆弱的，只要我在那些強補的地方隨手一敲，大概就會隨之傾倒了。

然而我們的知識系統居然長久以來都是建立在這種假象之上，你們不覺得很可怕嗎？這些思想若再讓它們存在，爾後繼續有著一批批的學子照舊學習，我可以預估不久這些錯誤將會因無法再彌補而終歸完蛋！

所以，呵呵……你們來上我的課實在是很幸福的事情，等到你們搞清楚知識考古學的分析方法後，所有的學問都將逐一被你們顚覆，並且重新建立，這不是一件很有成就的事嗎？呵……說『成就』是開開玩笑，但是眞的會走出一條新的思想道路倒是眞的！你們也知道我常跑精神病院的，所以可以證明一件事：聽一個神經病說話，未必就得不到好處！」

傅柯再解釋完知識考古學中的四項原則後，仍不忘與聽課的學生們一塊輕鬆一下。

學生們都喜歡上傅柯的講座，因爲他不僅是陳述學問這麼簡單而已，他生動的演講方式常常會令學生們聽得十分有興致，加上他的行事作風異於其他學者，因此學生們視他爲「前衛偶像」，在多數的時間裡，對於「傅柯」這一個完整的個體而言，的確是符合了前衛的標準。

猝死

主治醫師一臉沉重的模樣，令傅柯不禁捏了一把冷汗。只見醫師拿著檢驗單喃喃地唸著，雖是只隔著一張桌子的距離，然而傅柯卻完全不能理解醫生喃喃唸著的內容究竟爲何。他吞了一口唾液，只覺得自己的心跳聲漸漸地大了起來，聲音之大令他覺得連耳膜都快被震破了；震動之強讓他連坐在椅子上都壓抑不住身子急速的顫動！

「我建議你馬上接受抗生素治療，因爲是陽性反應——」醫師突然衝口而出，可能連他自己都害怕吧，精神顯得有些不夠集中。

傅柯一聽，不禁喘了一口氣，「我是陽性反應？意思就是說我染上了愛滋病是嗎？」語氣十分地不連貫。

醫師失望地看著傅柯，緩緩地點了點頭，小聲地說：「我爲你感到遺憾，因爲目前全世界的醫學技術對於這種病還無法根治……」

傅柯緊張地問道：「那我……還可以活多久？」

「很遺憾！我無法告訴你。」醫師低下頭去，沉重地說著。兩個人均沉默了約半分鐘之久。醫師突然抬起頭來，又說：「傅柯先生，如果你願意配合我們醫院的療程，也許奇蹟就會出現。」

傅柯沒再回應什麼，他緩緩地起身道了聲「謝謝」後，便轉頭離開醫院。在外頭等候的吉貝爾再怎麼問他情況，傅柯都只是淡淡地回道：「嗯，就是這樣……」然而在停車場時，傅柯卻一反常態地要求吉貝爾開車。

「吉貝爾，我還有一些書沒寫完，最近我想好好地將它們趕完。」傅柯在車上說著。

吉貝爾道：「爲什麼？你前幾天才因爲昏倒所以來醫院就診，現在一回去又要趕著寫書，我覺得不太好。你應該先休息個幾天，等回復了之後再來寫吧！」

傅柯呆呆地看著擋風玻璃前的景物，不再說話。

吉貝爾趁著停紅燈時轉頭看著他，問道：「怎麼啦？在想些什麼？」

「不行！我得先完成我的工作，誰都別想阻止——」傅柯突然咬著牙忿忿地說著。

吉貝爾知道傅柯必定是有事瞞著他不說，當下也不再說什麼，直接開車送他回家。

一進家門，傅柯突然像是洩了氣的皮球，一下子就癱倒在地上，使得吉貝爾趕緊將他扶回床上，並且打了通電話到醫院……終於，他也知道眞相了！

往後的幾天，傅柯都住在薩爾佩特利耶爾醫院裡接受屬於「安慰人心式」的治療。

「嗨，你們來看我了。我剛剛還準備修改《肉慾的供詞》呢，坐吧！吉貝爾，請你倒些開水來吧，謝謝。」傅柯在病房裡看見費爾德、蘭東兩位老友，十分開心的先放下手邊的書寫工作來招呼他們。

費爾德與蘭東也知道了消息，他們在面對傅柯時實在不知道該怎麼開口才好。蘭東只得問道：「怎麼樣？什麼時候改完這些作品？」

傅柯笑著說：「放心！死以前一定改得完，到時候就看得到了。」從這一席話聽來，傅柯似乎已經不再懼怕面對死亡。他正常地做一些平常的事情，只是地點改成了醫院，也不得已的暫停了講課，如此而已。

但是就在一切都看似正常的時候，傅柯突然像殺豬般地哀嚎著——他的病痛又開始折磨他了！吉貝爾趕緊將傅柯按回床上，並且請兩位訪友讓醫師趕緊過來。主治醫師一來，就先打了一劑嗎啡減輕傅柯的痛苦。

等到他平息了之後，醫師拉著吉貝爾到一旁說：「傅柯先生的情況愈來愈惡化了！他疼痛的頻率愈來愈高……」

吉貝爾問道：「難道……你們放棄了？」他有些激動地抓住醫師的袖子。

「不是放棄，而是……我們盡力了！面對這種『絕症』，我們眞的無能爲力了。目前，全世界的愛滋病患沒有一個能在發病後還救得活的……如果……傅柯先生也是的話，我希望你們都要有心理準備，很抱歉了……」醫師幽幽地嘆息著。

吉貝爾鬆了手，點了點頭。他回過頭去看著傅柯，見他已經睡沉，兩位訪友也先行告辭了，頓時，房裡好像只剩下極度的空蕩與失落。

他走回床邊，看著傅柯的表情，輕輕地說：「你眞的捨得下嗎？這裡的一切，如果你眞的準備好了，那我也不該再對你不捨了，不是嗎？」說完，他摸摸傅柯的臉頰，又吻了他，之後便輕悄悄地趴在他的身邊。一切的時間與空間，在此處似乎都顯得安安靜靜地，沒有所謂的進行，只有停滯……

解說

傅柯思想的最大貢獻處是在於他顛覆了長久以來哲學的一統性，將一些以往疏漏於哲學範疇外的東西，如：瘋癲、疾病與性等等，一一的囊括進來而成為可研究的對象，這有一大部分原因要歸功於他先天的人格特質。

另外，他在知識考古學上則致力於重新閱讀歷史，將非理性與間斷性一併討論，如此一來即打破傳統人為迷思中的連續性與理性，將歷史還原至原初面貌。換句話說，傅柯就是要將以「正常人」為中心的思想拔除，建構一嶄新的視界。

由於考古學是一種方法，自然可以運用至其他學科上面，故而只要是關乎經驗或歷史的學科，都可以用考古學的方法加以釐清，這就是傅柯思想的精華處，也是給予我們最大的啓示。

年表

公元一九二六年	生於法國普瓦提埃，父親爲外科醫師暨醫學教授，母親亦爲外科醫師之女。
一九三〇年	進亨利中學小學部讀書，初中亦在亨利中學完成。
一九四〇年	轉入生斯塔尼斯拉教會中學唸高中。
一九四六年	考取巴黎高等師範學校，認識阿圖賽，加入共產黨。
一九四八年	獲得哲學學士學位。隔年跟隨名醫師、精神分析家與巴黎大學文學院教授拉加施學習普通心理學和社會心理學，獲得心理學學士。

一九五一年	取得法國大學與中學哲學教師資格，到法國國家科學研究中心準備博士論文。應阿圖賽之邀去巴黎高師上心理學課。
一九五三年	開始認眞研讀尼采著作。參加拉岡主持的研究班。
一九五四年	出版《精神病與人格》。
一九五五年	赴瑞典烏普薩拉大學執教。
一九五八年	就任波蘭華沙大學法國中心主任，重寫博士論文《瘋狂與非理性——古典時代瘋狂的歷史》。
一九六一年	通過國家博士論文答辯而獲得國家博士學位。
一九六二年	被任命爲克萊蒙費朗哲學系心理學教授、系主任。
一九六五年	前往巴西聖保羅大學講學。
一九六八年	參加突尼斯大學學生運動，歸法後創建樊尚實驗大學。
一九六九年	在學潮中傅柯與警方發生衝突被捕，於警局關了一夜。同年出版《知識考古學》。
一九七〇年	被認命爲法蘭西學院教授。

一九七一年	與一群學者及藝人走上街頭遊行，反對法國當局的暴政，替罪犯發言。
一九七三年	出版《我，皮埃爾·里維葉爾殺害了我的母親、姊妹和兄弟》一書，描述十九世紀弒親罪。
一九七六年	與德勒茲交惡。出版《性慾史》第一卷。
一九七八年	繼續研究精神病學。在家門口遭汽車撞擊頭部。
一九七七年	《詞與物》一書在俄國出版。
一九八四年	一邊接受治療；一邊撰寫《肉慾的供詞》、《快感的享用》。同年病逝，享年五十八歲。

經典智慧系列

《漫漫古典情》

配合現代人匆忙的生活步調，本書以精緻短幅內容爲重點，讓人隨手拈來，依興之所致閱讀，短短的一首，無壓力、無負擔，輕鬆欣賞古典詩詞。讀者每天翻閱一首，天天享受浪漫感人的詩情。

樸月／編著　定價／300元　特價／199元

《從名言中學智慧》

作者將這些名人所講過的話，依照不同的性質，而排成十二篇幅；分別是智慧、憂鬱、幸福、愛情、快樂、待人處事、學習、工作、自信、行動、成功、人生，然後化成一篇篇生活化地散文，每一句名言的含意使它變爲一種正面生活態度。

賴純美／著　定價／300元　特價／199元

3

《點燃哲人的智慧》

本書精選160則古代哲人短篇言談或著作中的故事或寓言精選的名人佳句，經由作者精妙的譯寫文字，對故事的體會或心靈哲思爲讀者提供的處世哲學，並透過故事中的廣博哲理，一解人生的疑難解惑。

黃晨淳／編著　定價／250元　特價／199元

4

《紅樓夢》

本書總錄紅樓夢中200多首詩詞名句及書信，以章回爲分段，內有引經據典的精詳註釋、流暢優美的譯文以及編者經半世研究的精闢賞析，是一本實用功能極強，並且亦是一本文學欣賞集。

王世超／編著　定價／320元　特價／199元

5

《從名句看世界名著》

此書是西洋故事集，著重百年不朽經典名選自著名文學126則故事，全書分爲四個篇章：聖經篇、世界名著篇、希臘羅馬神話篇及戲劇篇，透過作者的名句剖析加上精粹的故事摘要以及對生活的默思，呈現出智慧的沉澱。

柯盈如／編著　定價／200元　特價／99元

經典智慧系列

6

《中國傳奇事典》

中國經典故事是人生智慧的沉澱，借用前人的智慧可以當作借鑑，用來規範言行，本書收錄神話、歷史、成語故事、佛教傳奇、古典詩詞、俏皮話典故共156則中國經典傳奇，藉此可以了解歷史，還可以啓發思想增加人生智慧。

卓素絹／編著　定價／280元　特價／149元

7

《百年經典名著》

本書編寫的目的，即是爲了讓一般民眾也能親炙文學大師的風采，用一種淺顯易懂的筆調介紹眾所皆知的文學經典，使人們可以藉此窺探文學大殿，並由此對經典中的智慧能夠快速吸收，而能獲益匪淺。

柯盈如／編著　定價／350元　特價／199元

8

《中國詩詞鑑賞辭典》

本書蒐集先秦至清末民初，文人學者所創作的詩詞曲，橫跨中國二千多年，集詩歌名句之精華於一，以朝代及作者爲軸，一一條列，除了簡要的賞析翻譯之外，並附有原詩詞，書末再附註筆劃索引，可供讀者於最短時間內查詢所需資料。

白英、潤凱／編著　定價／450元　特價／299元

9

《中國散文鑑賞辭典》

本書蒐集先秦至清末民初歷代的散文經典名句，以朝代及作者爲軸，一一條列，除了介紹出處與書名外，另附簡要的賞析翻譯，不僅爲先哲對人生和世界的思考與頓悟，也是一中國巨大的智慧寶庫。

天人／編著　定價／900元　特價／499元

10

《權謀智典》

看歷代偉人權謀策略的運作，學習利用智取的成功策略。因之，競爭的社會裡，智取是最有效的成功捷徑。我們歸納中國五千年的權謀方略，共120則經典的權謀故事，使我們能在競爭的社會中獲得最大成就。

黃晨淳／編著　定價／250元　特價／199元

經典智慧系列

《失樂園》

改編自一萬多行的《失樂園》原著，精采故事來自聖經的《創世紀》，敘述天國中撒旦的叛亂、與神的抗爭、帶領天使逃亡墮入地獄與人類祖先亞當、夏娃被逐出天堂樂園的悲壯史詩。生動的文字敘述與五十幅杜雷經典插畫，精緻唯美，呈現繽紛的美麗故事。

劉怡君／編著　定價／250元　特價／149元

《絕對小品》

此書匯集90位近代的文學家、哲學家、智者有培根、蒙田、泰戈爾、歌德、卡內基、紀伯倫、羅素等人的120篇生活小品文。並對生命、愛情、生活、知識四個層面作經驗的分享精煉的人生的智慧，閱讀的同時可以隨時補給心靈的枯竭，輕鬆閱讀的同時將會源源不斷內在的能量。

徐竹／編著　定價／220元　特價／149元

13

《聖經的故事》

《聖經》是全世界發行量最多、讀者群最廣的經典作品，分為《舊約》，探討神耶和華與選民以色列民族的關聯。《新約》，記載基督教徒的救世主，以及使徒們的傳道活動。本書並配合200幅杜雷經典插畫，以文字開展《聖經》故事，文筆簡潔有力，故事生動自然。

郭素芳／編著　定價／450元　特價／299元

14

《蒲松齡的失意哲學》

蒲松齡，一位追求功名的典型中國文人，不得意的人生，造就他文學上的卓越成就。《聊齋誌異》，一部在虛幻中尋求桃花源的小說，經由它我們得以營造一個自現實壓力跳脫的理想世界。本書精選100則《聊齋誌異》中最精彩的故事，每個故事有一段改寫者的小小心得。

潘月琪／編著　定價／300元　特價／199元

15

《紀曉嵐的人生啓示》

大清第一才子紀曉嵐，唯一傳世的著作《閱微草堂筆記》，寫得不是經世濟民，而是一篇篇從他人、鄉里或親自見聞的人鬼狐故事。本書節選其中最生動最富含人生哲理的140篇，從中我們可以了解紀曉嵐喻大義理於嬉笑怒罵的故事的實質用心。

黃晨淳／編著　定價／250元　特價／199元

經典智慧系列

《閱讀大師的智慧》

本書的寫作方向以當代著名哲學家、詩人、文學家等的作品爲主，共十九位哲學家大師，將他們的精闢論點，用一種改寫的方式節錄而出，以形式簡短的文章呈現，內容富有深度，爲一種文簡易賅的經典小品文，共有150篇經典哲理散文。並且此書爲哲學家、詩人、文學家等的思想結晶，內容簡潔，富有意味，値得人們沉吟再三。

張秀琴／編著　定價／300元　特價／199元

《影響中國散文100》

自先秦至清朝，精選74位古文名家，共100篇傳世散文，一生不可不讀的絕世文章；100篇散文，74種人生態度，內含名人們的人生體悟與生活實錄，更多的是智慧的累積，及反覆閱讀的不同收穫，讓你體驗出人生百態，豐富你的一生。

李麗玉／編著　定價／450元　特價／299元

18

《智慧的故事》

這是一本典藏猶太民族三千年的生活藝術，有流傳已久的民間故事有寓言、英雄傳奇、幽默故事，來自其宗教著作像是《聖經》、《塔木德經》、《律法書》，透過這些故事可以了解猶太人生活的智慧和樂觀的民族性，更敬佩先知的睿智，値得令人學習的生活智慧。

劉煖、何竣／編著　定價／350元　特價／299元

19

《閱讀名人的心靈》

以74位世界上成功的名人爲主，介紹其奮鬥成功的歷程與如何堅持成功的原則，而這些原則與經歷，値得令人學習的地方。從名人故事當作主軸，帶出名人的人生的智慧、愛情智慧、成功智慧等等。充滿知名人士的精髓；每一頁都可以化成是積極向上的活力泉源。在分享了名人的人生經驗後，定能有所啓發，能更有信心地去擷取屬於日己的成功果實。

王雅慧／編著　定價／190元

20

《唐吉訶德》

本書將世界名著《唐吉訶德》重新編寫，並配合杜雷名畫150幅開展內文，唐吉訶德夢想也成爲一名騎士雲遊天下，於是憑著這股傻裡傻氣的熱情就出發了，在文中看似荒唐的行爲中，卻透著善良的動機，生動有趣的故事，値得細心品味！《唐吉訶德》出版後被譯成六十多種文本，是譯本種類僅次《聖經》的近代偉大作品。

塞萬提斯／編著　劉怡君／改編定價／220元　特價／149元

經典智慧系列

《神曲》

神曲是法國詩人－但丁歷時十年，長達一萬四千二百三十三行的詩歌創作，全書分為地獄篇、淨界篇、天堂篇三部份，本書將詩歌形式改寫成有趣故事，帶引出神曲書中各部份的精采情節，讓讀者彷彿身歷書中情境一般。

但丁／原著　郭素芳／改編　定價／400元　特價／249元

22

《傳世的箴言》

猶太人有最寶貴和古老的精神遺產：律法、格言、箴言、故事，時時圍繞在他們的身旁，這些古老的格言充滿無比的力量，教導人們如何從經典箴言中，領悟人生的種種難題和挫折，讓他們可以隨時學習成功的秘訣！透過這本書，你將可以閱讀猶太的古老智慧，並從律法、格言、箴言、故事，學習他們成功的智慧。

楮松、郭朝／編著　定價／300元　特價／169元

23

《古水手之歌》

本書除將長詩改寫為小說外，並於書末附有原詩及原詩翻譯，內容描述一位性孤僻不知感恩的水手，因射殺了一隻指引迷津的信天翁，而引起神的憤怒，促使全船二百位水手在海上漂流後死於非命，而後水手在懺悔下得到救贖。全詩情節緊湊，情感動人對於人性的描繪有其獨到之處，在柯立芝建構的強烈生命意識與自然幻想讓人深感自然與人類的不可分割、信仰與心靈的融和。

柯立茲／原詩　劉怡君／改寫　定價／160元　特價／99元

24

《紅樓迷夢》

紅樓夢是中國四大章回小說之一，故事情節動人，人物描寫細緻，結構嚴謹，是一部份中外馳名的著作。而曹雪芹筆下的人物角色的塑造，更是為人所稱頌，本書就是以大眾所熟知的十二金釵為主角，以紅樓夢的故事脈絡，將十二個女人一一獨立出來成為十二篇單篇人物小說，將她們各自的個人性格及特色充份的表現出來，並藉此十二篇小說將紅樓夢濃縮串連。

星佑／改寫　定價／230元　特價／169元

25

《一首詩的故事》

本書嚴選100篇精彩動人的詩詞故事，讓你低詠讚嘆詩詞意境的優美，一探詩人的親身經歷，與隱含在詩詞背後，亙古流傳的眞摯情誼、大時代的變動與悲嘆，不論是詩人的情感糾葛，或是對外物的執著衝突，都可以在這100篇故事與詩詞中淺酌低吟、回味再三。

張盈雅／編著　定價／320元　特價／199元

名言集

《孔子名言的智慧》

精選150劇論語中的名言智語，以符合現代社會的宏觀角度，深入淺出詳細解說，汲取孔子的人生智慧與積極的處世態度，讓你可以圓融處世、積極進取精進生活、增強智識。

黃雅芬◎編著 定價/220元

2

《韓非子名言的智慧》

精選150句韓非子名言，透過現代人的人生觀，以符合現代社會需要的宏觀角度，深入淺出詳細解說並與西方哲學家的名言相對照，完全呈現法家思想的積極意義，爲動亂的時代注入安定的力量，爲平和的生命帶來豐活的生機。

陳治維◎編著 定價/250元 特價/199元

3

《老子名言的智慧》

選老子名言150句，不僅適用於職場、家庭、社會、個人，可以說是一本廣爲世用的智囊寶典。也同時給予賞析說明，讀者可以從中取用他的某些原理，進而更樂意從古書中汲取生活智慧，注入帶有時代色彩的新思維，形成新的觀念、準則。

黃晨淳◎編著 定價/250元 特價/149元

4

《孟子名言的智慧》

精選其中名言150句，適用於教育、自我成長、社會和政治，可謂爲現代爲人處世的智囊寶典。此外，對於精選名言更是給予賞析說明，可帶來具有時代色彩的新鮮思維，形成新的觀念，使讀者溫古知新，進而修身養性、智慧處世。

江佩珍、陳籽伶◎編著 定價/260元 特價/169元

5

《莊子名言的智慧》

中國人向來說「得意時是儒家，失意時是道家」，亦即勸人處順境時，要以儒家義理來開拓胸襟、提升境界；處逆境時，則當以道家智慧來療傷止痛、休養生息，因此，我們希望藉由本書，讓先哲的智慧洞見能穿越時空，走入我們的心靈，跟我們現身說法。

黃晨淳◎編著 定價/260元 特價/169元

6

《荀子名言的智慧》

荀子的性惡說一直以來不太被人接受，傳承儒家的荀子當眞對人性持此悲觀的信念？本書將讓你一解荀子學說中人性與教育，人性與道德中的衝突與調合，讓你對人性有更正面的觀感。

賴純美、陳籽伶◎編著 定價/260元 特價/169元

寓言堂

❺

《寓言的密碼》

你知道寓言中的「知魚之樂」，當惠施與莊子辯駁時，莊子是如何的強詞奪理？韓非子寓言的「和氏獻璧」中，和氏竟是最無私的奴才？而列子的「愚公移山」，假如是智叟來總結報告，那又是什麼狀況呢？人文思想家張遠山即以他鋒利的文筆解析千年來的歷史現象，還原寓言最初的精神。

引錄原文　編著／張遠山／定價230元

❻

《百喻經的寓言智慧》

文學家魯迅極力推崇，《百喻經》原名爲《癡華鬘經》是一部古老的佛經寓言，以九十八個寓言，合卷首的引言和卷末的偈頌，共一百篇，簡單的寓言卻深含哲理，古老的故事卻透露出現代人類的荒謬，不僅是人生的寫照，也是一面時時刻刻可反省的鏡子。

引錄原文　編著／王雅慧／定價230元／特價149元

❼

《托爾斯泰的寓言智慧》

此書蒐集俄國大文豪－－托爾斯泰的123篇智慧寓言，他的寓言故事裏的主要角色爲民間的一般階層如農夫和商人，並藉由動物故事如＜狐狼與大象＞<三個問題><說謊的小孩>＜豪豬與野兔>當做題材來諷諭人類達到道德性的啓發和教育的意義，蘊含高度人生智慧，深深地諷喻人性的弱點，作品表現高度的藝術成就。

引錄原文　編著／徐竹／定價190元／特價129元

❽

《克雷洛夫的寓言智慧》

此書蒐集俄國的最偉大寓言家－克雷洛夫的200篇寓言，其寓言特色是善用動物寓言來嘲諷當時社會的腐敗及貴族的墮落，藉由作品的批判來表達他對社會的人道關懷，並把寓言的警示意味和俄羅斯的文學特色結合起來，使其每一篇寓言都非常生動和有趣。

引錄原文　編著／張秀琴、張合宜／定價350元／特價199元

寓言堂

❶ 

《伊索寓言的智慧》

＜龜兔賽跑＞、＜狼來了＞、＜北風和太陽＞、＜城市老鼠和鄉下老鼠＞……等120篇精彩故事完整收錄。現代觀點重新詮釋，開啓塵封思路汲飲智慧活泉。

附英文版原文　作者／伊索改寫／劉怡君／定價250元／特價99元

❷ 

《中國寓言的智慧》

精選120篇中國寓言，如「守株待兔」、「鷸蚌相爭」、「鄭人買履」、「螳螂扺臂」……等等，反映人生大局，啓迪思維，開闊視野，是五千年來中國人智慧的萃鍊，而能應用於現今e世代人們，是一本耐讀耐思，開卷有益的書。

引錄原文　編著／石良德／定價250元／特價99元

❸ 

《佛經寓言的智慧》

本書摘錄了120篇寓言，並分爲「智慧篇」、「慈悲篇」、「戒愼篇」、「精進篇」四章，拾取佛陀的智慧將之融入生活，使您播開人世的紛擾，突破一切生死掛罣礙，澄澈心靈，不再困惑於炫麗的大千世界。

引錄原文　編著／王雅慧／定價230元／特價99元

❹ 

《卡夫卡的寓言智慧》

此書選取卡夫卡作品裡的69篇寓言，編者從電影、文學、生活現代化的角度和眼光來闡釋《蛻變》、《城堡》、《審判》等作品，輕鬆剖析卡夫卡的寓言爲何充滿現代人的生活智慧，並探討卡夫卡洞察人性的智慧的眞知和見解，解開現代人生存的迷惑和無奈。

引錄原文　編著／張秀琴／定價200元

九九方略系列

❶ 

《雄霸天下的大謀略家—曹操》

正所謂時勢造英雄，曹操一生橫槊賦詩，年輕時即展現雄才大略，後人說他是「治世之能臣，亂世之奸雄」，在三國時代集政治家、軍事家、文學家、權謀家於一身，成功地推向權力的高峰，說他是「非常之人，超世之杰」不爲過也。

史林／編著　定價／300元　特價／149元

❷ 

《叱吒商界的大謀略家—胡雪巖》

胡雪巖以錢莊的學徒出身，在短短二十年中事業崛起，進而協助左宗棠「西征」事業，以商人身份獲得慈禧太后的召見，歷數大清兩百多年的歷史，能富比陶朱成爲紅頂商人，僅胡雪巖一人而已。

史源／編著　定價／350元　特價／199元

❸ 

《足智多謀的大謀略家—紀曉嵐》

紀曉嵐從傳奇出生到倜儻風流的少年，進入官場的宦海浮臣，可謂精采；曉嵐才華洋溢集詩人、小說家、評論家、編纂家爲一身，其曠達的人生觀，寄學識於情趣之中，能慧黠地處世，呈現智慧人生的九九方略。

彭文遠／編著　定價／320元　特價／199元

❹ 

《縱橫政商的大謀略家—呂不韋》

戰國末年，大商人『呂不韋』，不僅買賣貨物，還作成古今中外最大的生意……買賣王位!並且縱橫政商執掌大權十二年之久，締造出一番豐功偉業，爲日後秦始皇統一天下奠定了基礎，顯露出高超的處世經驗和權謀智慧，值得我們一讀再讀，學習而應用之。

史源／編著　定價／350元　特價／199元

❺ 

《霸業崛起的大謀略家—劉邦》

劉邦，他出身卑賤細微，在秦末亂世中，首先翦滅暴秦，並在短短五年裡，將霸王項羽圍困在垓下，迫他自刎烏江、創立了空前強大的漢帝國。也就是這樣一個人，軍事才能平庸，卻懂得將驅使韓信、蕭何、張良的謀略智慧讓他無後顧之憂，直登上帝王寶座。

李偉／編著　定價／320元　特價／199元

發現文明系列

《人類的故事》

本書是一部描述西方的歷史故事書，全書共分六十四章，作者房龍以幽默有趣說故事方式，將人類歷史最值得記載的大事從地球的形成、史前人、希臘羅馬文明、中世紀文藝復興、美國革命…貫穿西方千年歷史的更迭，歷史的演進，用淺顯易懂的方式，配上親自繪製的精美插圖，點明故事的含義，讓讀者清楚了人類的歷史。

房龍／著　定價／350元　特價／199元

《科學的故事》

科學發展已有千年歷史，宏偉的科學知識體系是最值得引以為豪的人類文明，作者以趣味故事加上清楚的架構，訴說科學的萌芽、階段發展、重要成就、發明，科學家的故事，並以清楚的脈絡來闡述和解說影響全世界並改變人類生活的科學論點和學說。諸如上漢代張儀的【地動儀】、牛頓的【三大運動定律】、愛因斯坦的【相對論】等等…。

張光熙、宋加麗／著　定價／450元　特價／299元

《哲學的故事》

這是一本貫穿西方兩千年哲學史，描述哲學家的故事諸如蘇格拉底、柏拉圖、黑格爾、康德近代的羅素、杜威等人，探討他們的思想和學說；輔上哲學家的生活趣事，讓人更可以了解這些偉大的的學說不管是心理學、倫理學、政治學等各種方面為何哲學家如何影響世人的生活的思考模式。

威爾杜蘭特／著　定價／450元　特價／299元

《文字的故事》

蒐集史上有趣的故事來探討文字的典故和源頭，並以許多精彩的譬喻將文字的奇妙之處引導出來，像是文字如何連結宗教、社會習俗、姓名、禁忌、數字、猜謎、十二生肖和天干地支歷數文字的演變過程：甲骨文、金文、篆書、隸書、楷書到宋朝的行書，破解對文字的謎思。

李梵／編著　定價／380元　特價／299元

《文學的故事》

文學的發展已有數千年，從上古的口述文學、聖經文學、希臘羅馬文學、文藝復興，止於二十世紀文學，千年來主要作品包羅萬象，作者在此書引導讀者一覽世界文學的梗概，介紹不同時期與不同區域的文學，用有趣的方法敘述經典文學的來龍去脈，並讓讀者在閱讀之間能清楚了解作品的優劣之處。

約翰梅西／著　定價／450元　特價／299元

神話誌

1 

《希臘羅馬神話故事》

神話是先人流傳下來的文化寶藏，是一種最質樸活潑與無拘無束的表現方式，內容反映出一個民族的信仰、情感和價值觀。現代人們在神話中可以接觸永恆，發現『人』的意義，參悟自然的道理。換句話說，透過閱讀神話，人們學習生命的智慧，咀嚼先人留存的經驗，思考出自然的奧祕。

黃晨淳／編著　定價／350元　特價／199元

2 

《埃及神話故事》

一萬三千年的埃及是古老神話的起源地，強大的宗教力量讓許多事物有了神秘色彩，信仰神的根深蒂固，堅信世界是眾神創造，造就埃及神話故事的多彩多姿，有了各種豐富的神話傳說此書蒐集埃及流傳已久的古老神話故事有眾神的故事，創世神話的太陽拉、冥神奧賽里斯的復活故事、法老故事，並介紹古老遺蹟如金字塔、人面獅身像、羅賽塔碑的興建由來，並特別收錄具有道德啟示的智慧文學等等。

黃晨淳／編著　定價／400元　特價／299元

人物誌05

影響世界的哲學家

編　　著／陳治維
總 編 輯／鄧茵茵
文字編輯／葉孟慈
美術編輯／李靜佩
發行所／好讀出版有限公司
台中市407西屯區何厝里19鄰大有街13號
TEL:04-23157795　FAX:04-23144188
e-mail:howdo@morningstar.com.tw
http://www.morningstar.com.tw
法律顧問／甘龍強律師
印製／知文企業（股）公司　TEL:04-23581803
初版／西元2003年4月30日

總經銷／知己圖書股份有限公司
郵政劃撥：15060393
台北公司：台北市106羅斯福路二段79號4樓之9
TEL:02-23672044　FAX:02-23635741
台中公司：台中市407工業區30路1號
TEL:04-23595820　FAX:04-23597123

定價：300元
特價：199元

如有破損或裝訂錯誤，請寄回本公司更換
Published by How Do Publishing Co.LTD.
2003 Printed in Taiwan
ISBN 957-455-413-9

國家圖書館出版品預行編目資料

影響世界的哲學家／陳治維編著.── 初版. ──
臺中市　：好讀, 2003[民92]
面：　公分，──（人物誌;05）

ISBN 957-455-413-9（平裝）

1.哲學-西洋-傳記

140.99　　　　　　　　　　　　92004100

讀者迴響

書名：影響世界的哲學家

1. 姓名：______________ □♀ □♂ 出生：____年____月____日
2. 我的專線：（H）________________ （O）________________
   FAX ________________ E-mail ________________
3. 住址：□□□____
4. 職業：
   □學生 □資訊業 □製造業 □服務業 □金融業 □老師
   □SOHO族 □自由業 □家庭主婦 □文化傳播業 □其他______
5. 何處發現這本書：
   □書局 □報章雜誌 □廣播 □書展 □朋友介紹 □其他______
6. 我喜歡它的：
   □內容 □封面 □題材 □價格 □其他_________
7. 我的閱讀嗜好：
   □哲學 □心理學 □宗教 □自然生態 □流行趨勢 □醫療保健
   □財經管理 □史地 □傳記 □文學 □散文 □小說 □原住民
   □童書 □休閒旅遊 □其他
8. 我怎麼愛上這一本書：
   ____
   ____
   ____

『輕鬆好讀，智慧經典』

有各位的支持，我們才能走出這條偉大的道路。

好讀出版有限公司編輯部　謝謝您！

請填妥後對折裝訂，直接投郵即可，免貼郵票。

廣告回函
台灣中區郵政管理局
登記證第3877號
免貼郵票

好讀出版社　編輯部收

407 台中市西屯區何厝里大有街13號1樓
電話：04-23157795　傳眞：04-23144188
E-mail:howdo@morningstar.com.tw

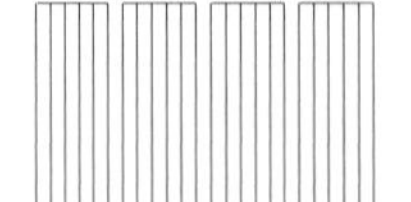

新讀書主義—輕鬆好讀，品味經典

請沿虛線摺下裝訂，謝謝！

更方便的購書方式：

(1)信用卡訂購　填妥「信用卡訂購單」，傳眞或郵寄至本公司。

(2)郵 政 劃 撥　帳戶：知己圖書股份有限公司 帳號：15060393
在通信欄中塡明叢書編號、書名及數量即可。

(3)通 信 訂 購　填妥訂購人姓名、地址及購買明細資料，連同支票或匯票寄至本社。

◉單本以上9折優待，5本以上85折優待，10本以上8折優待。
◉訂購3本以下如需掛號請另付掛號費30元。
◉服務專線：(04)23595819-231　FAX：(04)23597123
◉網　　址：http://www.morningstar.com.tw